KB273364

문·화·사·목·총·서 001

디지털 시대의 문화 복음화 & 문화사목

The Evangelization of Culture and the Cultural Pastoral in a Digital Age

평사리
Common Life Books

디지털 시대의
문화 복음화와 문화사목

초판 1쇄 펴냄 2008. 6. 19

지은이 | 김민수
펴낸이 | 홍석근
펴낸곳 | 평사리 Common Life Books
신　고 | 313-2004-172 (2004. 7. 1)
주　소 | 서울시 마포구 신수동 448-6 B동 2층
전　화 | 02-706-1970
팩　스 | 02-706-1971

Homepage www.commonlifebooks.com
e-mail jontong@jontong.co.kr
ISBN 978-89-92241-05-2 (94230)
ISBN 978-89-92241-04-5 (세트)

가격은 표지에 있습니다.

디지털 시대의 문화 복음화 & 문화사목

The Evangelization of Culture
and the Cultural Pastoral in a Digital Age

김민수 이냐시오 신부 지음

평사리
Common Life Books

<일러두기>

* 이 책에 나오는 성경구절은 한국천주교중앙협의회에서
새로 번역하여 2005년 발행한 『성경』에서 인용하였다.

“여러분은 먹든지 마시든지,
그리고 무슨 일을 하든지
모든 것을 하느님의 영광을 위하여 하십시오.” (1코린, 10, 31)

문화의 복음화란 무슨 일을 하든지,
어떻게 살아가든 자연스레 하느님의 영광을 위한
삶이 되는 것을 의미한다.

‘문화의 복음화’라는 용어는 전혀 새로운 것이 아니다. 이미 1975년에 교황 바오로 6세는 사도적 권고 「현대의 복음선교Evangelii Nuntiandi」에서 문화의 복음화를 제시하였고 또 이것이 교회 사명임을 강조했다. 이 교황 권고는 제2차 바티칸공의회 문헌 중의 하나인 현대 세계의 교회에 관한 사목헌장 「기쁨과 희망Gaudium et spes」(1965)에서 문화를 비중 있게 다룬 데서 비롯된다.(53-62항 참조) 나아가 교황 요한 바오로 2세도 제2차 바티칸공의회 정신과 전임 교황 바오로 6세가 강조한 문화의 복음화를 지지한다. 교황 즉위 즉시 문화의 복음화에 지대한 관심을 표명하며 1982년 교황청 산하 ‘문화평의회’를 신설하고 임기 내내 사목의 모토로 문화의 복음화를 회칙, 교황 교서, 연설 등으로 다양하게 펼친다. 그는 문화의 복음화를 '죽음의 문화에서 사랑과 생명의 문화로' 혹은 '새복음화' 등으로 강조해왔다. 현 교황인 베네딕토 16세 역시 전임 교황의 뜻을 이어갈 것으로 기대된다.

문화의 복음화는 이 시대를 위한 교회의 사명이다. 역대 교황들과 로마 교황청은 전 세계 교회와 함께 역사적 사명을 가지고 이를 지속적으로 실천하고 있다. 한국 가톨릭교회는 최근에서야 이러한 사명을 인식하게 되었고, 문화의 복음화를 위한 이론 정립과 문화사목의 다양한 실천을 시도한 것은 불과 몇 년 전이다.[1]

교회는 21세기 문화 시대에 적합한 문화적 실천을 선교와 사목 등 여러 분야에서 다양하게 추구하고 있지만, 문화의 복음화와 문화사목에 관한 이론은 제대로 정립되어 있지 않다. 따라서 국내는 물론 외국에서도 관련 자료를 찾기

1. 필자는 1998년 문화의 복음화 논문을 『사목』에 실으면서 문화의 복음화에 대한 이론적 정립 작업을 시작하였고, 2003년 1년 간 『사목』에 그에 관한 본격적인 작업을 실시한 바 있다. 주교회의 매스컴위원회에서는 문화의 복음화에 관한 세미나를 몇 차례 실시해왔다. 사적 모임인 문화아카데미에서 문화의 복음화 그룹 스터디를 3년 이상 해왔고, 최근 주교회의 매스컴위원회 교육분과 산하 문화의 복음화 기획팀을 구성하여 매월 문화에 곤한 워크숍을 진행 중이다. 문화의 복음화에 대한 교육이 산발적으로 여러 교구와 수도회에서 실시되어 왔고, PBC Cable TV를 통해 문화사목을 소개하고 설명하는 프로그램을 2006년에 방영하기도 했다. 인천 교구에서는 문화복음화원을 개설하여 연극과 음악을 활용한 문화 프로그램으로 복음화에 기여하고 있고, 각 본당이나 단체에서 미디어나 대중문화를 활용하는 사례들이 늘어나고 있다.

가 어렵다. 설사 자료가 있다고 하더라도 문화는 시대, 장소, 사람 등에 따라 차이가 있기 때문에 일괄적인 이론이나 실천을 참조하기엔 다소 무리가 있다. 현장 문화사목에도 어려움이 있기는 마찬가지다. 문화사목의 방법론이나 실천 전략을 제시하는 데, 첫째 걸림돌은 대중문화의 급격한 변화이다. 교회는 디지털 문화의 급속한 발전을 동시에 따르지 못하는 한계를 가지고 있다. 둘째는 문화사목을 복음이 빠진 일회성 행사나 볼거리로 모는 몰이해적 태도이다. 셋째, 사목자 대부분이 문화사목의 필요성은 공감하지만 전폭적인 인적·물적·시간 투자에는 망설이고 주저한다. 따라서 이 책은 전 세계 교회의 상황을 고려하면서 특히 한국 가톨릭교회에 나타난 문화의 복음화와 문화사목을 한국 사회의 독특한 문화 환경을 토대로 소개하는 데 목적이 있다.

새로운 시대에 '새 술을 위한 새 부대'(마르 2, 22)가 필요하듯이, 교회는 문화의 시대에 복음화와 사목을 위한 새로운 패러다임이 필요하다. 필자는 여러 해 동안 '문화의 복음화'와 '문화사목'을 이 시대에 적합한 패러다임으로 인식하고 이것을 이해시키고 실천하며 확산하는 데 심혈을 기울여왔다. 당장 눈에 띄는 구체적인 성과가 나타난 것은 아니지만 주춧돌이 되었다고 자부한다. 몇 년 전만 해도 문화의 복음화, 문화사목이라는 용어는 교회 안에서 생소하였다. 하지만 이제는 많은 사람이 이 용어에 익숙해져 있으며 그 중요성에 대한 공감대가 형성되면서 여러 분야에서 문화의 복음화와 문화사목이 점차 확산, 실시되고 있다.

이 책의 주요 독자층은 문화의 복음화와 문화사목에 참여하고자 하거나 관심을 가진 사목자, 수도자, 신학생, 평신도이다. 교구나 수도회, 본당에서는 이 책을 통하여 시대에 적합한 선교와 사목이 이루어지는데 필요한 이론과 실제, 방향성과 방법론을 얻을 수 있을 것이다. 특히, 문화사목의 중요성에 동의하지만 구체적으로 어디서부터 어떻게 시작해야 하는지 난감해 하는 이들에게 많은 도움을 줄 것이다. 미래의 예비사제인 신학생 역시 사목 현장의 감각을 미리 익힐 수 있어 문화의 시대에 적합한 사목자로 양성될 수 있을 것이다.

이 책은 크게 3부로 나눈다. 제1부에서는 문화의 시대에 한국 가톨릭교회는 어떤 상황인지를 다양한 각도에서 진단하고, 그에 상응한 대안으로 왜 문화의 복음화가 필요한지를 서술한다. 거대한 전 지구적 문화 변동의 축에 중요한 역할을 해온 세계화, 정보화의 양상을 소개하면서 문화의 세계화, 정보화에 따른 한국 사회의 급속한 변화를 다룬다. 모든 분야에서 높은 삶의 질을 추구할 뿐만 아니라 아시아를 비롯한 전 세계를 향하여 한류 열풍을 일으키는 한국이기에 문화 사회로 전환하면서 종교와 실생활에도 많은 득과 실이라는 영향을 끼치고 있다. 한국 가톨릭교회가 위기를 맞고 있지만 오히려 위기를 호기로 삼아서 새로운 도약을 모색하려면, 문화의 복음화가 그 대안으로 합당한 것임을 역설한다.

제2부는 문화의 복음화에 대한 전반적인 이해를 추구한다. 먼저 그것에 대한 이론화와 개념화 작업을 시도한다. 그 이론적 틀은 복음과 문화의 관계성을 이해하는 데서 비롯된다. 궁극적으로 복음과 문화는 상호소통적 관계를 통해 서로가 서로를 쇄신시키는 '상호복음화'로 나아가야 한다는 것이다. 문화의 복음화는 크게 세 가지로 나누어 개념화할 수 있다. '문화를 통한 복음화', '문화에 대한 복음화', '문화에 의한 복음화이다. 이는 교회의 사명인 복음화를 어떻게 전개해 나가야할지 그 방향성과 과제를 제시한다.

제3부는 문화의 복음화를 구체적으로 실행하는 단계인 문화사목을 다룬다. 문화사목은 문화의 복음화를 목표로 지향하며 사목적으로 실천된다. 문화사목은 전통적인 사목을 벗어나 새로운 사목으로 등장한 것이다. 따라서 제3부에서 가장 먼저 다루는 것은 전통적인 사목과 새로운 사목의 비교이며, 이 시대가 요청하는 새로운 사목은 다름 아닌 문화사목임을 피력한다. 구체적으로 문화사목의 정의와

이론, 그리고 목적을 알리고 하위 문화사목 군집단을 분류한다.

제3부 끝부분은 문화사목의 실제, 즉 방법론을 다룬다. 여기에는 '문화를 통한 사목', '문화에 대한 사목', '문화에 의한 사목' 세 가지로 구성된다.

첫째는 '문화를 통한 복음화'를 실천하기 위한 다양한 현대 문화의 사목적 활용이다. 문화를 복음화의 도구로 활용하여 문화의 시대에 하느님 나라를 건설하려는 것이다. 각종 예술 장르와 대중미디어 문화를 사목에 잘 활용한다면 신앙생활을 풍요롭고 활기 있게 해줄 것이다.

둘째는 현대 문화에 대한 식별, 비판, 그리고 사목적 대안이다. 이것은 '문화에 대한 복음화'를 위한 것으로, 선과 악이 공존하는 현대 문화를 식별하여 사회공동선에 이바지하는 문화를 장려하고, 비복음적 가치관이나 비인간화시키는 소비, 여가 문화에 대해 비판하고 대안을 제시하는 예언자적 사명을 수행하는 사목이다.

셋째 방식은 토착화, 교회 문화, 복음화에 관한 것이다. 복음과 신앙의 토착화를 위한 사목, 전통 문화와 현대 문화를 수용하면서 한국적 교회 문화를 창조하는 사목, 새로운 교회 문화의 비판과 정화, 더 나아가 교회 문화를 통해 신앙인과 비신앙인, 마침내 이 세상을 복음화 하는 사목이 바로 문화에 의한 사목이다.

마지막의 글에서는 문화사목이 제대로 실현되기 위해서 필요한 조건을 살펴본다. 그리고 문화의 복음화와 문화사목의 실천이 지향하는 문화의 영성을 다룬다. 그것은 삶의 방식인 문화 안에서 저항과 창조 활동을 통해 표현된다.

교황 바오로 2세는 다음과 같은 질문을 던진 적이 있다. "교회의 메시지가 새로운 문화들, 현대인의 사고방식과 감수성에 접근할 수 있는 방법은 무엇인가? 교회의 업적을 대단히 자랑스러워하면서도 동시에 인류의 미래를 현대인의 마음에 그리스도 교회가 파고들 수 있는 방법은 무엇인가?"[2] 앞으로 전개되는 내용은 이 질문에 대한 올바른 답을 제시하는 데 최선을 다 할 것이다. 이 시도가 다소 미흡할지라도 전 세계 교회와 한국 가톨릭 발전에 디딤돌이 되길 바란다.

끝으로, 이 책이 나오기까지 수고한 분들이 많다. 우선, 주교회의 매스컴위원회 "문화의 복음화 포럼 기획단"과 필자와 함께 오랫동안 문화 전반을 공부해온 스터디 그룹 "가톨릭 문화아카데미"에서 이 책의 원고를 읽고 좋은 제안을 해주었다. 주교회의 번역실에 있는 이종범 박사와 가톨릭 문화영성 대학원 겸임교수인 박문수 박사가 원고를

2. 요한 바오로 2세, 교황청 문화평의회에 행한 연설(1985년 1월 15일).

수정하였고, 여러 아이디어를 주었다. 이 모든 분들께 진심으로 감사드린다. 이 책의 출판을 기꺼이 맡아주신 평사리 사장인 홍석근 님, 그리고 꼼꼼하게 원고 교정을 해주신 분에게 감사의 정을 드린다. 특별히, 이 책이 나오기까지 많은 관심을 가지고 격려해주시고 기도해주신 주위의 모든 분뜰께 마음을 모아 고마움을 표하고 싶다.

서울 역촌동 성당에서

김민수 신부

Contents

들어가면서 6

제1부: 문화 시대의 한국 가톨릭교회

1장. 문화의 부상과 새로운 이해 18

1. 신데렐라가 된 문화

2. 문화의 새로운 패러다임

2장. 한국의 문화 변동 41

1. 문화의 세계화

2. 한국 사회의 변동

3장. 21세기 한국 가톨릭교회의 당면 문제 67

4장. 문화의 복음화 필요성 82

제2부: 문화의 복음화

5장. 복음화의 의미 96

6장. 문화의 복음화를 위한 이론적 시도 103

7장. 문화의 복음화 개념 120

1. 문화를 통한 복음화

2. 문화에 대한 복음화

3. 문화에 의한 복음화

제3부: 문화사목

8장. 사목의 이해 168

1. 전통적 사목

2. 새로운 사목

9장. 문화사목의 이해 175

1. 문화사목의 정의

2. 문화사목에 관련된 이론들

3. 문화사목의 목표

4. 문화사목의 분류

10장. 문화사목의 실제 196

1. 문화를 통한 사목

2. 문화에 대한 사목

3. 문화에 의한 사목

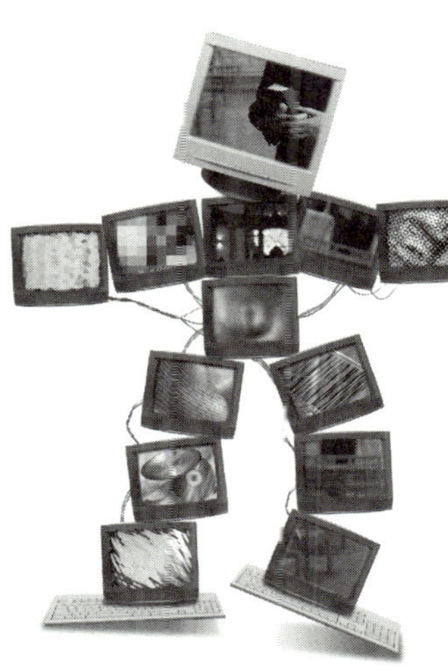

나오면서 271

1. 문화사목을 위한 조건

2. 문화의 영성을 향하여

제1부

문화 시대의 한국 가톨릭교회

1장. 문화의 부상과 새로운 이해

2장. 한국의 문화 변동

3장. 21세기 한국 가톨릭교회의 당면 문제

4장. 문화의 복음화 필요성

문화의 부상과 새로운 이해

1. 신데렐라가 된 문화[1]

20세기 말까지 세계는 자본주의와 공산주의 사이에서 이데올로기 투쟁으로 냉전구도를 견지해왔다. 당대 문화는 부엌에서 기다리고 있는 신데렐라와 같았다. 몇몇 사람만이 그녀의 가치를 인식할 뿐 공적으로 영향력을 행사하지 못했다. 그것은 문화가 이데올로기 투쟁에 가려져 못생긴 자매인 정치와 경제에 종속된 탓이었다. 그러나 자유라는 요정이 찾아오고 근대성의 종말을 경축하는 연회에 역사라는 왕자가 초청장을 보냈을 때 문화라는 신데렐라는 빛을 발했다.

1980년대 말 사회주의 체제 붕괴로 탈냉전 시대가 열리고 세

1. 이하는 다음을 참조하였음. Michael Paul Gallagher, SJ., *Clashing Symbols: An Introduction to Faith and Culture*, Paulist Press: New York, 1998, pp. 1~9.

계화, 정보화가 급속히 진행되던서 재편된 세계질서에 문화가 핵심 코드가 되어왔다. 미국 정치학자 새뮤얼 헌팅톤S. Huntington은 개인과 국가의 번영에 문화가 차지하는 중요성을 여러 사례를 들어 증언하고 있다.[2] 그 사례 가운데 하나가 한국과 아프리카 가나의 경우이다. 1960년대 초 두 나라는 경제적인 면에서 같은 수준이었으나, 30년 뒤 한국은 세계 경제 14위가 되었고 가나는 한국의 15분의 1 수즌에 머물렀다. 헌팅턴은 이런 격차의 요인을 다름 아닌 '문화'에 있다고 말한다.

문화는 자본과 권력을 형성하고 유지하는 데 있어 중요한 위치를 차지한다. 할리우드 영화 『쥬라기 공원Jurassic Park』, (1994)이 한 해 동안 벌어들인 수익이 우리나라 현대 자동차 1백59만 대를 수출한 액수를 능가해, 문화가 지닌 경제적 가치를 극대화하는 문화 산업 정책이 더욱 강력하게 늘고 있다. 문화가 풍부하고 아름다운 도시를 가진 국가는 이미지와 브랜드 가치를 크게 높이고 있다. 도시 경쟁력의 핵심이 문화 예술이기 때문이다. 문화가 관광과 경영 기술의 결합으로 부가가치가 높은 하나의 산업으로 변신한 것이다. 또한 문화는 정치권력의 주요 변수로 자리 잡고 있다. 월트 디즈니가 만화 영화를 통해

2. 이하는 다음을 참조하였음. S. P. Huntingtor and L. E. Harrison, *Culture Matters: How Values shape Human Progress*, N.Y.: Basic Books. (새뮤얼 헌팅턴 · 로렌스 헤리슨, 이종인 옮김, 『문화가 준요하다』, 2001, 김영사. 8~9쪽).

미국의 대내외 정책에 협력해왔음은 주지의 사실이다. 미국 뉴스 전문 케이블 TV인 CNN은 전쟁을 비롯한 세계적인 주요 사건·사고를 생생하게 현장 중계하여 해당 국가의 정책 결정에 큰 영향을 미치는 이른바 'CNN 효과'를 낳고 있다.

문화가 중요하다는 사실은 일상의 삶에서 구체적으로 경험한다. 미국의 트렌드 전문가 페이스 팝콘Faith Popcorn은 자신의 저서 『클릭! 미래 속으로』(1999)에서 미래의 소비를 주도할 큰 흐름 열일곱 개를 뽑아 분석한 바 있다.[3] 그 가운데 대부분은 감성 문화 예술이나 건강과 관련된 사적인 관심사로 큰 것이 아닌 작고 자질구레한 지극히 평범하고 일상적인 것이다. 따라서 이 시대에서는 일상 문화가 중요하며 지배적이라 본다.

궁극적으로 문화는 인간에게 생존을 넘어서 높은 삶의 질로 나아가게 한다. 이에 대해 언론인 홍세화의 이야기를 들어보자.[4] 그는 '파리의 택시 운전사' 시절, 국제 미아가 되어 생존의 위협을 받았을 때, 어린 딸아이가 "왜 우리 집은 우유 안 사?"라고 물어볼 때를 이렇게 회상했다고 한다. "빵(생존)에 대

3. Faith Popcorn and Lys Marigold, *Clicking: 17 Trends That Drive Your Business—And Your Life*, Revised, N.Y.: Harper Business, 1998. 열일곱 가지 트렌드는 다음과 같다. 1. 코쿠닝 2. 유유상종 3. 환상모험 4. 반항적 쾌락 5. 작은 사치 6. 마음의 안식처 7. 개성 찾기 8. 여성적 사고 9. 남성 해방 10. 99가지 생활 11. 행복 찾기 변신 12. 건강장수 13. 젊어지기 14. 소비자 감시 15. 우상 파괴 16. S.O.S. 17. 공포의 기류.
4. 권태호, 「아침햇발: 빵과 장미」(한겨레신문, 2006년 11월 9일) 참조.

한 불안감은 장미(인간의 존엄성)에 대해 생각할 겨를조차 주지 않았다." 그리고 "빵이 장미의 조건임에는 틀림없지만 그렇다고 해서 빵에 너무 집착할 때 장미 자체가 사라진다."고 했다. 빵도 중요하지만 장미라는 문화 역시 빵 못지않게 중요하다는 것이다. 우리는 문화를 향유하지 못할 때 삶의 의미를 찾을 수 없다. 어르신들은 여가 문화 프로그램에 참여하면서 살기 힘든 세상을 헤쳐 나간다. 이주노동자 중에는 보컬 그룹을 형성하고 연주하는데 몰두함으로써 강도 높은 노동과 외국인 차별의 고통을 치유하고 극복해 나가는 경우도 있다. 문화가 인간의 존엄성을 고양시켜준다는 면에서 그 힘은 매우 크다.

　문화는 인간에 국한되지 않는다. 문화와 종교가 만나면 초월적 능력을 드러내거나 높은 차원으로 승화되는 가능성이 열린다. 예로부터 종교 문화는 인간의 존재와 삶의 의미를 부여했으며 요즘은 급속히 발전하는 강력한 현대 문화에 힘입어 막강한 영향력을 행사한다. 문화가 교회와 사회를 매개하는 중추적 기능을 담당하고 있는 것이다. 예술문화뿐만 아니라 소비, 여가, 공간, 미디어 문화도 하느님과 인간을 연계한다. 교황이나 마더 테레사 같은 종교적 인물이 전 지구적인 미디어를 통해 재현되면서 전 세계인에게 가톨릭 이미지는 긍정적으로 형성, 확대 재생산되고 있다. 특히, 종교는 현대 과학 문명이 발달하면서 공공 영역에서 윤리, 도덕적 기준을 더욱 많이 제시하고,

사회와의 소통도 다각적으로 하고 있다.

2. 문화의 새로운 패러다임

문화는 시대, 장소, 사람에 따라 차이와 다양성을 동반하므로 문화 인식 또한 카멜레온처럼 변할 수밖에 없다. 근대 사회에서는 고유한 민족문화가 대접을 받았지만, 오늘날 세계화된 지식정보사회에서는 맥도널드와 코카콜라 같은 '글로벌 문화'나 국적이 없는 '혼성 문화'가 생겨나고 점차 확대되고 있다. 전통적인 문화 인식으로는 급변하는 세계와 다양한 문화 현상을 이해하기 힘들다. 이미 고정화된 의미를 수용하던 근대적인 문화 상황도 존재하지만, 많은 경우에 문화적 헤게모니 투쟁을 통해 역동적으로 의미를 만들어내는 탈근대적 문화 현상이 지배적이기 때문에 새롭게 문화를 인식해야 한다.

역동적인 문화의 한 예로써, 최근 우리 사회에 잠깐 반짝였다가 곧 사라지는 '패드fad'[5]가 있다. 일시적으로 유행하는 재테크 요령, 최신 다이어트법, 자기 계발서, 자녀 양육법 등 주변에서 매우 쉽게 패드를 접하게 된다. 교회 안에서도 인기강사와 강좌가 있으며, 여기에 몰려다니는 일명 쫓아다니는 신자

5. 패드(fad)란 'for a day'의 이니셜을 조합한 말로 '짧은 기간 동안 급속히 인기를 얻었다가 정점에 도달한 뒤 곧바로 인기를 잃는다'는 현상을 말한다.

들seekers에게서 패드 현상이 엿보인다. 패드는 부상, 대유행, 퇴출이라는 세 단계의 라이프스타일로 구성되어 있는데,[6] 사람들은 왜 이러한 것에 집착하는가? 이유는 변화하는 삶을 끊임없이 추구하기 때문이다. 즉, 많은 이가 변화를 사회와 개인의 진보와 성공의 상징으로 여기고, 따르지 않을 경우 남에게 뒤쳐진다는 두려움과 강박관념에 사로잡혀 있기 때문이다. 패드 현상은 우리 사회의 급속한 문화 변동을 반증해주는 예다.

21세기 문화의 시대에 교회 역시 문화를 새롭게 이해해야 한다. 교회 사목자 중에는 성음악이나 성미술과 같은 고급 예술 문화만을 문화로 인정하는 반면에 일상 문화(교통 문화, 주거 문화, 음식 문화, 소비문화, 여가 문화, 대화 문화, 미디어 문화 등등)는 선교나 사목의 영역에서 배제하는 경향이 있다. 어떤 사목자는 문화를 '총체적인 삶의 양식'이라고 진술하지만 실제 사목 현장에서는 신앙과 삶을 연계하는 문화 실천에 전혀 관심이 없는 경우도 많다. 이는 모두 이 시대에 적합한 문화이해가 부족한 데서 비롯된 상황들이다.

문화 변동의 소용돌이 속에서 교회가 문화를 새롭게 인식할 때, 자신에게 주어진 시대적 사명인 문화의 복음화와 문화사목을 제대로 이해하고 실천하게 될 것이다. 교회는 역사적으로 문화 인식의 정도에 따라 다양한 태도를 취해왔다. 어느 때는

6. 조엘 베스트 지음, 안진환 옮김, 『댓츠 어 패드』, 사이 출판사, 2006.

교회 자신의 전통문화만을 고수하고 현대 문화는 거부하는 보수주의적인 태도를 취한다. 이런 경우 현대 문화 내지 대중문화는 저급한 것으로 폄하되고 신앙에 해를 끼치는 것으로 간주된다. 문화가 교회와 사회를 이어주는 가교 역할을 제대로 못하는 것이다. 반면에 교회가 문화를 무분별하게 수용할 경우 자칫 세속적인 문화적 가치에 함몰되어 비복음적인 태도를 드러낼 수 있다. 궁극적으로 교회가 문화를 제대로 이해하고 접근할 때 바람직하고 적절한 선교와 사목이 이루어질 수 있다.

1) 문화의 어원과 기원

문화culture는 라틴어 명사인 'cultura'에서 파생된 것으로 '경작', '재배', '개간', '양성'을 의미한다. 그리고 이는 다시 '경작하다', '개간하다'('to till' or 'to cultivate')라는 의미에 해당하는 라틴어 'colore'에 기원을 두고 있다.[7] 따라서 문화는 "자연 상태의 어떤 것에 인간적인 작용을 가하여 그것을 변화시키고 새로운 것을 창조해낸 것"[8]을 말한다. 결국 문화라고 부르는 모든 것은 자연 그대로 되어 있는 것이 아니라 인간의 행위를 통하여 변화되거나 창조되었다고 본다.

---

7. Robert E. Webber, *The Secular Saint: The role of the Christian in the Secular world*, 1984. (로버트 E. 웨버, 이승구 옮김, 『기독교 문화관』, 도서출판 엠마오, 12쪽)
8. 김창남, 『대중문화의 이해』, 한울아카데미, 1998, 10쪽.

사실 문화의 어원은 단순하지만 문화의 기원은 두 갈래로 나누어져 대립하고 있다. 하나는 그리스도교 문화관에서 말하는 문화의 기원으로 오래전에 성서적으로 규정된 개념이다. 창세기에서 하느님은 당신이 만드신 인간에게 모든 창조물을 맡기시고 다스리게 하시며 이름을 짓게 해주셨다.(창세 1, 28; 2, 20) 여기에서 문화의 기원이 하느님에게서 비롯되었음을 알 수 있고 이는 하느님의 '문화명령' Cultural Mandate이다.

개신교의 문화 신학자 김영한은 하느님의 문화명령을 다음과 같이 기술하고 있다.

하느님의 창조 행위가 근원적이고 문화적인 행위였다면 인간의 문화적 사명이야말로 하느님이 창조하신 원문화적 창조의 질서를 개간하고, 다스리고, 그 위에서 살기 좋은 공동체를 만드는 것이 된다. 따라서 문화적 사명은 하느님의 창조명령이요 축복이다. 이러한 창조명령은 동시에 인간이 하느님 앞의 피조물이라는 사상을 말하고 있다. 그런 점에서 인간은 문화적 존재요, 하느님은 초문화적 존재이다. …… 하느님은 인간에게 문화 활동을 할 수 있는 은사를 부여하셨다. 그것이 곧 하느님의 형상성Imago Dei이다.[9]

9. 김영한, 『한국기독교 문화신학』, 성광문화사, 1995, 33쪽; 신응철, 『기독교 문화학이란 무엇인가』, 북코리아, 2006, 24쪽. 필자는 인용문에서 하나님을 가톨릭 용어에 맞게 하느님으로 수정하였음을 밝힌다.

다른 하나는 일반적이고 세속적인 문화관이다. 세속적인 면으로 보면, 아담과 하와가 선악과 사건으로 에덴동산에서 쫓겨난 이후에 이루어진 인간의 활동 전체를 문화로 보고 있다. 이 선악과 사건이 하느님과 인간과의 관계가 단절되어 인간 스스로 문화의 주체가 되었음을 의미한다. 문화는 그 이후 인간이 토지를 갈아엎고 경작하는 행위에서 찾을 수 있다. 성서적으로는, "주 하느님께서는 그를 에덴동산에서 내치시어, 그가 생겨나온 흙을 일구게 하셨다."(창세 3, 23)는 데서 근거를 둔다.

요약하면, 그리스도교 문화관은 넓은 의미에서는 창조, 타락, 구속의 관점에서 문화를 파악하는 것이다. 이는 문화의 진행 과정에 끊임없이 하느님의 섭리와 계시, 은총과 구속의 역사가 들어있다는 사실을 전제하는 것이 된다. 반면에 문화를 인간의 자유에의 활동으로 규정하는 일반적이고 세속적인 문화관은 문화 창조의 원동력이 궁극적으로 인간에, 인간의 창조적 활동에만 의존하고 있다는 사실을 전제하는 것이다. 따라서 양자의 입장은 근원적으로 다를 수밖에 없다. 앞으로 전개되는 문화의 이해는 그리스도교 문화관에 따를 것이다.

2) 올바른 자연관을 통해 문화 바로 보기

우리는 문화를 '자연'과 동떨어진 것으로 생각하기 쉽다. 그 이유는 인위적으로 노력하여 얻어진 어떠한 결과물로서 자연

상태를 넘어서 존재하는 모든 양태를 문화의 일차적 의미로 여기기 때문이다.[10] 이런 각도에서 초기 인류학자 테일러E. B. Tylor는 문화를 "지식, 신앙, 예술, 도덕, 법률, 관습, 그 밖에 인간이 사회의 구성원으로서 습득한 능력의 습관을 포함하는 복합적 전체Complex whole"[11]라고 정의한다. 이러한 문화 정의는 인간을 행위의 주체로 보고 자연을 대상화시키거나 아예 배제한다.

'문화가 자연에 대립되는 개념'이라는 사고방식은 전통적인 그리스도교 자연관을 형성하는 배경이 되었다. 이러한 자연관은 대체로 그리스도교의 인간 중심적 세계관Anthropocentric world-view과 이원론Dualism에 초점을 맞추었다.[12] 그것은 '하느님의 모상'이나 '땅을 지배하라.'는 성서 구절을 문자 그대로 해석하였기 때문이다. 하느님 모상으로서 인간이 창조의 정점에서 고유한 우월성으로 철저하게 자연, 즉 인간 이외의 다른 피조물의 탈신성화를 수행하여 자연의 착취/지배를 개발이라는 명목 하에 정당화시켜 왔다. 또한 영혼-물질, 초월-내재, 인간-자연이라는 그리스도교의 이원론적 가치체계에 의해 인

---

10. 이상훈, 「신학적 문화 비평, 어떻게 할 것인가?」, 예영커뮤니케이션, 2005, 212쪽.
11. Tylor, E. B. *The Origin of Culture*, N.Y: Harper and Row, 1958, p. 1.
12. 이하는 다음을 참조하였음. 멍영선, 「토마스 베리의 우주론적 생태신학」, 「우리 신학」, 2002, 창간호, 78~143쪽.

간의 자연 정복이 당연시 되었다. 이런 개념이 오늘날 생태계에 위기를 초래하는 결과를 가져왔다고 본다.

우리는 그리스도교 관점에서 문화를 올바르게 재음미해야 한다. 문화는 '하느님의 창조물에 인간의 손이 닿은 모든 것'을 포함한다. 즉, 자연은 원래 저절로 이루어져 있는 원초적인 상태로 존재한 것이 아니라 하느님이 이미 창조하신 것이다. 자연은 하느님의 산물로써 그분의 정신, 의지, 사랑을 담고 있어 신성하다. 자연과 대립하는 문화 이해에서 자연은 그저 인간의 손이 닿아야 하는 대상에 불과하지만, 오늘날 그리스도교적 문화 이해로 본다면 자연은 신성하고 신비한 존재로 착취와 지배의 대상이 아니라 하느님과 인간이 함께 하는 유기적인 하느님의 창조물로 재신성화再神聖化되어야 한다. 문화가 발전, 진보, 개발만을 고집한다면 환경재앙을 부르고 생태계가 파괴되어 결국 인간은 죽음을 피하기 어렵다.

하느님은 문화명령을 통해 인간들에게 창조 과정을 이어가는 임무를 맡기셨기에 우리는 누구나 '하느님 창조 사업의 동반자'이다. 따라서 문화는 하느님이 주신 선물인 동시에 종교적 의무이자 책임이다.[13] 유대 문화와 이방인 문화, 민족문화와

13. Romanowski, William D. *Eyes Wide Open*, Brazos Press, 2001. (윌리엄 로마노프스키, 정혁현 옮김, 『맥주 타이타닉 그리스도인: 기독교 세계관으로 대중문화 읽기』, IVP, 2004, 66쪽)

"하느님은 농부들의 호미 끝에, 학생들의 펜 끝에, 광부들의 곡괭이 자루에, 밥 짓는 여인들의 젖은 손끝에 계심을 기억하라."라고 전하면서 삶 자체인 문화에서 하느님을 만나야 한다고 했던 떼이야르 드 샤르뎅 신부.

대중문화, 전통문화와 디지털 문화 모두가 인간의 손길로 창조된 문화지만 인간의 소유물이 아니라 하느님의 영역에 있다. 다시 말해서, 참된 그리스도교적 문화관은 문화를 인간의 작용이나 인간 역사의 산물로만 보려는 인본주의의 한계를 넘어 하느님의 유비쿼터스적인ubiquitous[14] 내재를 체험할 수 있게 해준다. 그리스도론적인 우주 진화라는 독특한 해석을 내놓았던 떼이야르 신부는 그런 하느님의 모습을 다음과 같이 표현했다.

14. '유비쿼터스(Ubiquitous)'는 사용자가 네트워크나 컴퓨터를 의식하지 않고 시간과 장소에 상관없이 자유롭게 네트워크에 접속할 수 있는 정보통신 환경. 라틴어로 '언제 어디서나 존재한다.'는 뜻으로 무소부재하신 하느님의 속성을 표현하는 용어이기도 하다.

"하느님은 농부들의 호미 끝에, 학생들의 펜 끝에, 광부들의 곡괭이 자루에, 밥 짓는 여인들의 젖은 손끝에 계심을 기억하라."[15] 삶 자체인 문화에서 우리는 무소부재하신 하느님을 느끼고 만나서 하나가 된다는 사실을 기억해야 한다.

3) 정적 개념에서 동적 개념으로 변환되는 문화

문화는 정적이며 동적인 개념으로 나누어 생각해볼 수 있다. 문화 분류의 기준 가운데 하나는 문화가 지니고 있는 의미와 가치가 변화할 수 있는지 없는지에 근거한다. 그러므로 문화에 포함된 의미와 가치가 고정되어 있는지, 아니면 늘 생성되고 있는지에 따라 정적 혹은 동적 개념의 문화로 구분된다. 특별히 일방향적 문화 흐름을 주도하던 매스미디어가 쌍방향적 디지털 미디어로 자리바꿈을 하면서 문화는 정적 개념에서 동적 개념으로 변환되고 있다.

(1) 정적 개념

문화는 공유된 의미나 가치체계이다. 의미나 가치가 이미 주어져 고정되어 고착 상태로 전해지는 문화가 있다. 정신문화, 예술문화, 전통문화가 여기에 속한다.

---

15. 떼이야르 신부가 언급한 말을 다음에서 재인용하였음. 김용기, 「첨단 과학 시대에 걸맞은 신앙 이해: 떼이야르 드 샤르댕1」, 『생활성서』, 2007, 1월호, 20쪽.

a. 정신문화

정신문화는 "지적, 정신적, 심미적 발전의 일반 과정"[16]으로
인간 본성을 구현하는 핵심이 된다. 서구의 계몽주의와 깊이
연관되어 있으며, 계몽주의의 완성을 곧 문화의 과정으로 보고
있다. 다시 말해 문화는 야만에서 문명으로 넘어가는 과정으로
인식되면서 유럽 중심주의적 문명화가 득세하게 된다. 문화는
문명이라는 개념과 연결되거나 혼용되어지고, 서구 중심의 진
화론적 관점이 바탕에 깔려있다. 유럽 문화만 유일한 문화로
인정하고 다른 문화는 경시하는 오리엔탈리즘의 시각은 지금
도 계속 되고 있다.

최근 미국에서 발생한 9.11 테러 사건 배후에 텔레반 정권이
버티고 있음을 알게 된 이후 미국은 이 사건을 서구 대 이슬람
의 대결구도로 압축시켜 '선 대 악', '문명 대 야만', '진보 대
보수', '자유 대 억압'이라는 흑백논리 이데올로기를 CNN과
같은 글로벌 매체를 이용하여 다른 국가에 전파함으로써 은연
중에 서구 문화 논리를 강요해왔다. 이러한 문화제국주의적 태
도는 서방에 우호적인 대부분의 글로벌 미디어 기업들에 의해
전 지구적으로 확산되어 제3세계의 언론들은 이것을 재생산하
고 있다.

예를 들어, 서방 언론들은 전쟁 전 '텔레반 정권 아래 여성의

16. R. Williams, *Keywords*, London: Fontana, 1983, p. 87.

인권이 무참히 유린되는 현실'과 전쟁 후 그와 같은 '억압된 현
실에서의 여성 해방'의 모습을 보여줌으로써, 그 전쟁을 정당
화시키고자 했다. 그러나 그와 같은 보도는 단순히 텔레반의
여성 문제에 국한된 것이 아니라 '서구 문명'과 '이슬람 문명'
의 선악 대결로 그림으로써 미국에게 '슈퍼맨'의 지위를 부여
해주었다. 그러나 이러한 유럽 중심주의적이며 문화제국주의
적 태도는 문화인류학적 관점과 정면으로 대치된다.

b. 예술문화

예술문화의 개념은 지배 계급의 의식 생활과 연관되어 점차
그 계급이 누리는 예술 분야를 가리키게 되었다. 즉, 문화는
"지적, 특히 예술적 활동의 산물이나 실천"[17]으로 간주되기 때
문에 정치, 경제, 사회 등의 영역에 포함되지 않는 다른 부문인
음악, 무용, 연극 등 구체적인 장르를 지칭하는 개념이 되었다.
따라서 문화는 일반적으로 특별한 예술 행위들과 동일시되었
다. 이러한 심미주의적 문화관에는 자연스럽게 상류 또는 고급
문화적인 시각이 내포되어 20세기에 들어와 고급/저급 문화로
양분되는 계급 문화 간의 갈등이 나타났다.

예를 들어, 클래식이나 오페라 공연 관람은 고상한 취미이
고, 대중음악 공연을 보러 가는 것은 질적 수준이 낮다는 사고

17. R. Williams, *Keywords*, London: Fontana, 1983.

는 개인의 취향을 고려하지 않는 발상이고 대중문화는 하류층의 문화라는 고정관념이 만들어 낸 편견이다.

c. 전통문화

문화는 "특정 민족이나 시대, 집단이 공유하는 특정한 삶의 방식"[18]이다. 인간 사회는 저마다 각기 다른 역사를 거치면서 고유한 삶의 방식을 발전시켜 왔다. 대문에 단 한 가지만의 유일한 문화를 내세우지 말고 다양한 문화, 서로 동등한 문화의 존재를 인정해야 한다. 문화적 상대주의와 다원주의의 정착은 다른 문화 속에 살고 있는 사람들이 평화롭게 상호 공존할 수 있는 원칙이 되고 있다. 특정 문화의 우월성이 허용되지 않고, 다만 문화의 차이만이 존재할 뿐이다.

문화인류학은 "문화들"이라는 복수의 문화를 인정하도록 공헌한 학문이다. 이 개념은 일차적으로 모든 학문과 실천 분야에서 토착화 작업을 위한 원동력이 되어왔다. 서구 문화의 침투로부터 전통적이고 고유한 민족문화를 보호, 육성하려는 제3세계의 노력이 이론과 실천의 토착화 과정으로 표출되었다. 오랜 기간 서구 세계는 비서구 세계의 발전을 시간적 차이만 인정하였을 뿐, 공간과 지역적 차이는 인정하지 않았던 것이다. 교회 역시 이런 문화에서 토착화 작업을 해왔다.

18. R. Williams, *Keywords*, Loncon: Fontane, 1983.

1962년 10월 로마 성베드로 대성전에서 열린 제2차 바티칸공의회의 개회식 광경. 공의회란 그리스도교 신앙과 교회 규율에 관한 사항을 의결하기 위해 교황이 소집하는 회의다. 이 공의회가 이룩한 개방과 쇄신과 적응의 정신은 가톨릭교회에 대한 이해를 새롭게 하고 교회의 삶에 자극과 활력을 불어넣는 계기가 됐다.

가톨릭교회는 제2차 바티칸 공의회 문헌 중 현대 세계의 교회에 관한 사목헌장 「기쁨과 희망Gaudium et Spes」(1965)을 통해 인류학적 문화관을 제시하였다. 여기에서 "문화는 광의로는 인간이 정신과 육체를 연마하고 발전시키는 데 이용하는 모든 사물을 말한다."(53항 2절)고 규정하고 있다. 여기서 문화는 폭넓은 의미로 다양한 문화를 포함하고 있다. 이러한 인류학적 개념은 역사적으로 물려받은 제도에서 각 인간 공동체의 고유

전통, 각 민족과 시대의 사람들이 속하는 역사적 특정 환경으로 형성됨을 전제한다. 다수 내지 복수의 문화cultures를 논할 수 있는 이 관점은 현대 사회의 시대적 감각을 역행하는 기존의 유럽 중심적 문화관을 벗어나 복음의 토착화를 제대로 논의할 수 있는 계기가 된 셈이다. 전통문화에 그리스도교의 토착화는 그 문화가 지닌 역사적 의미, 오랫동안 사람들에게 끼친 영향력을 고려해야 하는 것이다.

전통문화 내지 민족문화라는 고유문화는 정체성을 확인시키고 유지시켜준다는 면에서 긍정적이다. 하지만 문화 간의 차이를 절대화하고 고착시킬 위험도 존재한다. 외국 이민이 세계화된 오늘날 대부분의 선진국은 제3세계에서 몰려드는 이주노동자에 대한 민족적, 인종적 차별을 심각한 문제로 다루고 있다. 최근 유럽에서는 극단적 인종주의자인 '스킨헤드족'[19]이나 이주노동자들의 소요 사태[20]로 국제 정세를 혼란케 하고 있다. 궁

19. 최근 극단적 인종주의자 스킨헤드족이 독일과 러시아에서 외국인을 대상으로 집단폭행이나 살해를 자행하고 있다. 다음은 러시아의 스킨헤드족에 대한 기사이다. "소련 붕괴 후의 혼란과 슬라브 민족주의 발호 속에 싹튼 인종혐오 범죄는 6만여 명으로 추정되는 스킨헤드족이 주도한다. 스킨헤드족은 소수민족에 대한 우월감과, 이들의 존재에 '신분 불안'을 동시에 느끼는 10대 후반~20대 초반의 백인 남성들이 대부분이다. 일부는 히틀러를 숭배한다."(한겨레신문, 2006년 4월 25일)
20. 2005년 11월 6일 밤과 7일 새벽 사이 아프리카계 이슬람 청년들은 서부도시 낭트와 오를레앙, 렌, 툴루즈 등 프랑스 전역에서 화염병을 던져 1408대의 차량을 파괴했다. 이는 소요사태가 발생한 이래 최대의 피해다. 청년들은 또 경찰서·학교·우체국 등 공공시설물을 공격했고, 경찰은 파리 남쪽 에브리의 한 건

극적으로, "모든 폭력은 타자의 다름을 다름으로 인정하지 않고, 다름을 같음으로 동화하려는 욕구의 표현"[21]으로 나타난다.

문화가 정신적, 순수예술적, 전통적으로 인식될 때 그에 따르는 의미는 고착된 상태로 전수되어 정태적이고 고정불변한 것이 된다. 이러한 문화의 속성은 영원불멸하는 자연의 원리인 '자연화' Naturalization에 근거한다. 따라서 어느 집단의 구성원이 그 집단의 고유문화를 거부하거나 새로운 문화를 추구할 때 여러 가지 제재가 가해지는 경우가 발생할 수 있다.[22] 그러나 오늘날의 문화는 국가 경계를 넘어 빠르고 밀접하게 상호교류하고 소통을 한다. 따라서 문화는 단 하나의 고정된 의미만 내포하지 않고 다양한 방식으로 새롭게 거듭나는 동적인 대상이라는 인식의 전환이 필요하다.

(2) 동적 개념

문화는 늘 변화한다. 다시 말해 머물지 않고 움직임을 뜻한다. 그것은 문화가 '의미화의 실천'[23]이기 때문이다. 이러한 개

물에서 사제 폭탄 제조시설을 발견했다. 한편, 7일 독일 베를린 중심가 모아비트 구역에서 차량 5대가 방화로 추정되는 불에 탔다. 또 벨기에 브뤼셀 남쪽의 이민자 거주 지역에서도 6일 밤새 차량 5대가 방화로 불탔다.(조선일보, 2005년 11월 8일)

21. 박구용, 「역사는 발전하지 않는다」(한겨레신문, 2006년 8월 16일).

22. 문화의 자연화 속성에 대해서는 다음을 참조하시오. 김창남, 『대중문화의 이해』, 16쪽.

념은 편협하고 고착된 의미에서 벗어나 우리의 일상사, 그리고 상징 행위에서 변화되는 의미까지 확장시켜준다. 영국 문화 연구가인 윌리엄스Williams는 "문화는 하나의 사회적 질서가 반드시 그것을 통해 전달, 재생산되고 체험, 탐구되는 의미화 체계"[24]라고 주장한다. 따라서 문화는 현실 세계를 이해하고 의미를 만들어 내는 의미화 실천이다.

코드, 기호, 상징, 브랜드, 이미지는 현실을 해석하는 의미체계들이다. 시공간에서 끊임없이 변화하는 의미체계들의 계열은 의미투쟁을 통해 생성 소멸한다. 유행은 문화의 변동 과정이다. 가치관끼리도 서로 투쟁한다. 문화가 의미투쟁의 장이 되는 것은 문화를 활용해서 권력이 형성되고 유지되며, 자본의 축적이 이루어지기 때문이다.

인간과 인간관계, 집단과 집단관계 등 모든 관계에서 나타나는 갈등과 투쟁이 문화적으로 해석되고 이해된다. 한 가지 에피소드를 들어보자.

초장부터 며느리의 기를 눌러야 한다고 생각한 시어머니가 있었는

---

23. 의미화(Signification)는 문화를 실천하는 가운데 의미를 만드는 과정이다. 예를 들어, 미사 중에 여성은 미사포를 머리에 쓴다. 미사포를 사용하는 행위는 여성을 성차별한다는 의미로 나타날 수 있고, 다른 면에서는 신심을 드러내기 위한 도구의 의미가 될 수도 있다. 이처럼 문화 실천은 서로 다른 다양한 의미를 생성하여 의미 투쟁을 유발시키기도 한다.
24. R. Williams, *Culture*, Fontana: London, 1981, p. 13.

데, 어느 날 시어머니가 며느리를 불렀다. "새아가! 나는 긴 말하는 거 싫어한다. 손가락을 이렇게 까닥하면 오라는 신호니까. 그리 알고 잽싸게 오너라." 이에 대해 며느리가 다음과 같이 대답을 했다. "예, 어머니. 저도 긴말하는 거 싫어해요. 제가 이렇게 고개를 좌우로 흔들면 못 간다는 신호니까 그리 아세요."[25]

현 시대가 얼마큼 변화되었는지 잘 알려주는 이야기이다. 전통적인 '시집살이 문화'도 지속되고 있지만, 시어머니가 며느리 눈치를 보는 '며느리살이 문화'도 함께 존재하고 있음을 시사한다. 시대가 변화하면 당대 가치관도 바뀌기 마련이다. 현대는 시어머니와 며느리뿐만 아니라 부모와 자녀, 남과 여, 자본가와 노동자, 교사와 학생 간에 가치관의 차이와 문화의 충돌로 자주 부딪치고 있다.

반 퍼슨Van Peursen은 "문화는 명사가 아니라 동사"[26]라고 주장하며 역동적인 문화 개념을 더욱 뒷받침해주고 있다. 여기에는 '열려진 텍스트'와 '능동적 수용자'라는 배경이 있다. 이러한 배경 속에 문화는 '다의적 해석'으로 다양한 의미를 생성한다. 첫째, 문화를 일종의 '열려진 텍스트'로 보는 것이다. '닫

25. 박광수, 『광수생각』, 소담출판사, 1998, 128쪽.
26. C. A. van Peursen, *Cultuur in stroomversnelling: Een geheel bewerkte uitg. van Strategie van de cultuur*, Elservier, 1975. (C.A. 반 퍼슨, 강영안 옮김, 『급변하는 흐름 속의 문화』, 서광사, 1994, 15쪽.)

힌 텍스트'는 '일원적인 해석'만 존재하지만 텍스트가 열려 있으면 다의적 해석을 하므로 많은 의미가 생성된다. 성직자와 평신도 관계문화가 과거엔 권위적이고 수직적이었다면 오늘날은 평등하고 수평적으로 변화되고 있다. 과거 제도적 교회관이 이제 친교와 봉사의 교회관으로 전환되고 있다는 것은 성직자가 평신도에게 더 이상 권위적이지 않음을 말한다.

다양한 의미가 나타난 것은 다양성, 차이성, 타자성을 의식하고 수용하는 '다원주의'가 등장했기 때문이다. 다원주의는 삶의 여러 양상이 고정불변이 아니라 가변적이고 유동적으로, 주변에 떠있던 '낯선 것', '이질적인 것', '타자'가 이제 선택 가능한 항목으로 들어섰다는 것이다. 예를 들면 이혼, 독신, 고령화의 급증으로 '나 홀로 가족', '한 부모 가족' 뿐만 아니라, 국제결혼, 이주노동자, 새터민 등 우리 사회에 터를 넓혀가고 있는 다문화 가정이 증가하고 있다. 가족 형태의 다양화는 낯선 삶의 방식이 사회 문제로 표출되면서 갈등을 겪고 있지만 이를 해결하기 위한 사회적 제도가 필요하다.

다양한 삶의 방식이 일상화되면서 어디서 어떻게 먹는가에 따라 외식 문화, 먹거리 문화가 생기고, 여가를 어떻게 활용하고, 소비를 어떻게 하느냐에 따라 여가 문화, 소비문화가 생겼다. 다양한 선택을 할 수 있는 삶의 방식으로 문화도 끊임없이 변화, 확장되면서 '문화의 일상화'가 이루어진 것이다. 특정한 사람이나 장소, 사물에만 적용되던 고급문화에서 탈피하여 일반적인 사람들도 일상적 삶에서 문화 혜택을 누린다. 교회 안에서도 '일상 문화'의 시각으로 모든 조직, 활동, 관계 등을 바라보아야 한다.[27] 성직자와 평신도 간 또는 평신도 간의 '대화 문화', 단체 안에서의 '친교 문화', '기도 문화', '성경공부 문화', '미사포 문화', '봉사 문화' 등 다양한 문화가 존재한다. 이러한 문화들도 의미가 고착되거나 불변이 아니다.

그리스도인은 대부분 일상 문화의 실천 속에서 신앙을 증거하고 자신을 (재)정립해 나갈 수밖에 없다. 그러한 일상 문화는 현대 대중문화에 밀접하게 영향을 받으며 끊임없이 형성 변화되고 있다. 교회는 복음의 빛으로 일상 문화를 조명하여 생명과 사랑의 문화로 변혁해야 하며 그 문화를 통해 그리스도교 문화를 창조하는 새로운 토착화 작업도 병행해야 한다.

---

27. 한국에서 "경제성장과 더불어 삶의 질 문제가 제기되면서 생활세계와 일상성이 사회학적 연구의 중요한 대상으로 떠오르고 있다. 일상 문화의 사회학은 일상적인 삶의 방식 속에 숨어 있는 복합적이고 심층적인 의미를 읽어내고 그것의 현재적 쟁점을 부각시키는 것을 목표로 한다."(정수복, 「지하철 속의 일상 문화」, 『일상속의 한국문화: 자기성찰의 사회학2』, 일상 문화연구회 편, 나남출판, 1998, 18쪽) 한국 가톨릭교회 역시 교회 내 일상 문화를 사회학적으로 읽어냄으로써 그 안에 내재된 의미나 역학적 관계를 밝혀내어 선교와 사목의 상황을 보다 잘 이해하고 효율적인 실천이 될 수 있게 하는 과제를 안고 있음을 인식해야 한다.

2장

한국의 문화 변동

오늘날 세계는 거대한 문화 변동을 경험하고 있다. 그 세계는 "이미 군사력이나 경제력 같은 전통적인 하드 파워Hard Power 위주의 경쟁에서 벗어나 문화나 이미지와 같은 소프트 파워Soft Power 중심의 경쟁 구도르 급속히 전환하고 있다."[1] 조셉 나이Joseph Nye 역시 탈냉전 시대의 세계 질서를 결정지을 주요 변수로 부상하고 있는 문화의 힘에 주목하고 있다.[2] 이제 문화의 힘이 세계화 과정과 맞물리며 생활 세계와 의식에까지 그 영향력을 확산하고 있다.

한국은 압축적인 근대화와 민주화를 성취한 후 높은 삶의 질을 추구하게 되는데, 전 지구적으로 급속히 확산되는 문화의

---

1. 박재복, 「한류, 글로벌 시대의 문화경쟁력」, 『Seri 연구에세이』 제36권, 삼성경제연구소, 2005, 11쪽.
2. Joseph S. Nye. Jr., "Soft Power." *Foreign Policy* 80, Fall 1990, pp. 153~171.

세계화와 조우하며 글로벌 문화Global Culture와 로컬 문화Local Culture 사이에 복잡하고 중층적인 문화 교류를 실행해왔다. 여기에는 한류라는 한국 대중문화의 인기가 중국과 일본 등 동남아를 비롯하여 세계적으로 퍼져나가는 현상뿐만 아니라 인터넷이나 휴대전화와 같은 IT산업의 발달에 따라 사회제도 및 삶의 방식에 큰 변화를 주고 있다.

한국의 문화 변동은 종교에 직간접적으로 막대한 영향을 미치고 있다. 소비와 여가 문화, 디지털 문화, 복지 문화, 환경 문화, 교육 문화. 가정 문화, 공간 문화 등 새롭게 출현했거나 변화된 다양한 문화 현상은 기존 종교 제도나 의식을 위협하기도 하고 변화시키기도 하면서 긍정과 부정이 동시에 나타나고 있다. 교회는 문화의 세계화가 가져오는 글로벌 문화와 로컬 문화 사이에서 한국적 상황에 따른 신앙의 위기와 도전을 진지하게 성찰하고 적극적인 대안으로 문화 패러다임을 수용하여 시대에 적합한 선교와 사목을 재편하고 실천하는 노력이 필요하다.

1. 문화의 세계화

1) 문화의 세계화 이해

세계화라는 말은 이제 익숙한 일상 언어이자 경험적 현실이다. 전 세계의 뉴스, 영화, TV 프로그램, 광고, 대중음악이 인터넷과 위성방송을 통해 여과 없이 우리의 일상생활 속으로 깊이 파고든다. 따라서 세계 대중문화와 정보 상품이 쏟아져 들어오고 있다. 다국적인 복합 미디어 기업들은 해외직접투자와 금융시장의 '국경 없는 세계'[3]로서의 전 지구적 네트워크를 구축하여 문화의 세계화 주역을 담당해왔다. 또한 미디어 혁명이 가져다주는 소비와 여가 문화의 세계화는 일상생활을 크게 재구조화시키면서 문화생활 전체가 급격하게 변동하고 있다.

세계화는 '세계의 압축'과 '전체로서의 세계라는 의식의 강화' 양쪽을 의미한다.[4] 전자는 압축에 의한 전 지구적 상호의존성의 증가라는 객관적 세계화를, 후자는 전 지구적 의식이라는 주관적 세계화를 뜻한다. 다시 말해 세계화는 상호의존이 심화되는 시대에 걸맞도록 주관적이며 객관적으로 의식과 제도를 바꿔 나가는 과정이다.

세계화는 비록 경제 영역에서 시작했지만 문화 영역으로 급속히 확대되었다. 인터넷, 휴대전화, 위성방송, 여타 의사소통 네트워크의 성장 등 뉴미디어의 출현과 진화는 문화의 세계화를 가속화하고 있다. 문화의 세계화는 제도적 통합뿐만 아니라 세계를 하나의 단위로 이해하려는 의식의 심화까지 포괄하고

3. Ohmae, K., *Beyond National Borders: Reflections on Japan and the World*, Tokyo: Kodansha, 1987.
4. Ronald Robertson, *Globalization: Social Theory and Global Culture*, London: Sage, 1992, p. 8.

있다는 점에서 정치 및 경제의 세계화와 차별화된다. 즉, 문화의 세계화 현상은 한편에서는 보편적인 글로벌 문화를 형성하지만, 다른 한편에서는 특수하고 고유한 로컬 문화의 저항이나 변형에 따른 문화적 재구조화가 발생한다. 보편과 특수, 글로벌과 로컬 사이의 대립과 갈등 혹은 순응과 타협 과정은 다양한 형태의 문화적 세계화를 드러낸다.

문화의 세계화는 세 가지 층위를 가진 문화교류Cultural Flow를 분석할 때 이해가 빠르다.[5] 문화교류의 첫째 층위는 '문화지배'Cultural Dominance로서의 교류이다. 문화교류의 흐름이 한쪽에서 다른 한쪽으로 일방적으로 흐르거나 주입되는 것이다. 이것은 사실상 문화적 종속을 의미하는 것으로 식민지 지배와 문화제국주의의 속성을 강하게 드러낸다. 둘째 층위는 문화적 속성들이 서로 절충되고 영향 받는 것으로 '문화교환'Cultural Exchange으로서의 교류다. 이것은 중립적인 입장에서 상호간의 문화가 소통되는 것을 의미한다. 셋째 층위는 문화교류의 이질성, 차이, 모순, 혼종의 의미들에 주목하여 다양한 문화의 가치들과 세력들이 민족—국가의 경계나 계급적, 성적, 세대적 경계를 넘어서는 것으로서 '문화횡단'Transculturation으로서의 교류다. 이것은 글로벌, 권역region, 지역local이 서로 교차되

5. 이하는 다음을 참조하였음. 이동연, 『아시아 문화연구를 상상하기』, 도서출판 그린비, 2006, 72~85쪽.

는 새로운 문화 환경과 연관되어 있다. 그러나 이 세 가지 층위 중에서 문화의 세계화를 적절하게 해석할 수 있는 층위는 '문화횡단'이다. 문화지배는 글로벌화로 인한 다양한 문화교류의 가능성을 배제하고, 문화교환은 신자유주의적 글로벌 문화자본의 정치경제적 영향력을 간과하고 있다. 반면에 문화횡단은 수신자와 발신자가 고정된 위치를 점유하지 않고 다방향으로 서로 교차되고 연계되면서 차이의 문화만이 아니라 불균등한 문화, 모순적인 문화를 공존시킨다.

문화횡단이라는 층위로 볼 때 문화의 세계화는 글로벌화의 복합적인 성격에 따른 국지화의 다성적 실천인 '문화의 혼종화'Hybridization of Culture로 나타난다. 마이크 페더스톤M. Featherstone은 글로벌화와 지역화의 상호작용 안에서 소비되는 문화 이미지와 상품은 하나로 규정되는 것이 아니라 "흡수absorption, 동화assimilation, 저항resistance"의 전략 안에서 규정되는데, 이 과정에서 지방성의 혼종적인 실천이 중요하다고 말한다.[6] 국지적 대중문화가 글로벌 문화를 자발적으로 수용하면서 상품, 정보, 이미지를 재구성하고 혼종화, 다원화하고 있다. 동남아시아에서 대중문화의 압도적 지위를 누려왔던 일류Japanese Wave나 현재 그것을 잇고 있는 한류Korean Wave가 대

6. Mike Featherstone, "Localism, Globalism, and Cultural Identity," *Global Local*, Duke University Press, 1996, p. 63.

표적인 예이다.

문화인류학에서도 최근 문화의 혼종화를 강조하고 있다. "문화 커피(커피, 설탕, 프림 등이 임의의 비율로 섞여 있듯이 혼합된 문화)는 개인에게서도 나타나지만 점점 더 빈번히 등장하고 있는 사회현상이다."[7] 인류학자 울프 한네르츠U. Hannerz는 의미 시스템들의 혼합, 모순, 그리고 투과적 경계를 설명할 수 있는 크레오졸화[8](Creolization: 백인과 유색인 언어의 혼합이라는 뜻)를 소개한다. 이 개념은 문화학에서는 개별 문화의 자율성보다는 결합에 입각한 새로운 문화적 다양성 개념의 의미로 사용된다. 크레오졸화된 문화는 사회들 간의 상호의존적 관계에서 생겨난다. 여기서의 문화 개념은 항상 움직이며 기존의 관계들을 해소하고 새로운 결합을 하는 의미들의 흐름이다.

문화의 세계화가 가져다 준 문화의 혼종화는 글로벌 문화의 전 지구적 확산과 국지적 문화의 글로벌화로 분류될 수 있다. 전자는 글로벌 문화가 국지적으로 혼종화되었다 하더라도 신자유주의적 세계화의 논리에 따르는 글로벌 문화자본은 국지적 문화를 강력하게 위협하고 있다.[9] 후자는 다문화주의를 표

---

7. Joana Breidenbach and Ina Zukrigl, *Tanz der Kulturen*, Munchen: Verlag Antje Kunstmann GmbH, 1998. (요아나 브라이덴바흐 · 이나 추크리글, 안성기 옮김, 『춤추는 문화: 세계화 시대의 문화적 다원화』, 영림카디널, 2003, 84~85쪽)
8. Ulf Hannerz, *Transnational Connections*, London, 1996, pp. 65~78.

방하며 개인이나 사회는 국가의 경계를 넘어 문화적 다양성을 경험한다. 해외이주나 해외여행, 인터넷이나 위성방송 등으로 문화교류가 활발하고 소통이 원활하여 다원적이고 혼합적인 문화가 생겨난다. 이것 역시 정치경제학적인 시각으로 볼 때 초국적 문화자본에서 자유로울 수 없다.[10] 결국 문화의 세계화가 문화의 혼종화로 나아갈 때 글로벌 문화와 국지적 문화 사

9. 영화와 광고 패션과 같은 엔터테인먼트 문화 산업, 방송통신 융합 시장, 다국적 레저와 요식 산업, 프로스포츠 산업들과 같은 글로벌 문화자본들은 금융자본과 군사적 패권주의의 비호 아래 제3세계와의 자유무역 협정을 서두르고 있다. 글로벌 문화자본은 문화 관련 하드웨어 제조업과 상품을 마케팅 하는 문화 콘텐츠 산업, 그리고 이러한 소프트웨어를 전 세계에 중계하는 미디어 자본의 삼각체제를 통해 막대한 물질적 상징적 자산을 보유한다. 다음에서 인용하였음. 이동연, 『아시아 문화연구를 상상하기』, 36쪽

특히 글로벌 문화 자본은 초국적 미디어 기업을 통해서 전 지구적으로 확장하고 있다. 사실 글로벌 문화는 엄청난 자본과 조직을 가지고 있는 소수의 거대 글로벌 미디어기업들에 의해 대부분이 좌우되는 실정이다. 이들은 여러 나라의 미디어기업들과의 합병과 인수를 통해 자신들의 자본 유입과 주식 소유를 기초로 신문, 잡지, 방송국, 영화, 출판 등을 망라한 하나의 거대 기업이 되어왔다. 예를 들어, 1995년 디즈니는 Cities/ABC를, 1996년 타임워너는 터너 방송을, 2000년 AOL은 타임워너를 인수하여 글로벌 미디어 거대 기업으로 변신해왔다. 이러한 집중화 현상으로 전 세계에서 생산 유통되는 정보의 70% 이상을 대략 10대 글로벌 미디어 기업이 지배, 통제하는 입장이다. 전 세계적으로 가장 큰 미디어 기업인 AOL-타임워너는 인터넷, 영화, 케이블, 출판 등 수많은 서비스를 제공한다. 여기에 포함된 CNN은 세계에서 가장 큰 텔레비전 뉴스 방송망으로서 10개 위성을 통해 200여국 9천만 계약자들에게 전달하고 있다. 베텔스만 그룹은 20개국에서 미디어사 지분을 소유하고 있다. 그리고 루퍼드 머독의 제국인 뉴스코퍼레이션은 뉴욕포스트, 타임스, 폭스 방송, 20세기 폭스, 스타 TV, LA다저스 등 52개국에서 780여 종의 사업을 펼치고 있다. 이러한 초국적 미디어 기업들은 전 세계 수백만의 사람들에게 현실을 창조해주고 있으며, 세계를 동일한 내용으로 결합하고, 글로벌 이데올로기를 퍼뜨리며, 글로벌한 환상을 일깨운다.

이의 "불균등성, 비대칭성, 불평등에 대한 인식"[11]은 반드시 필요하다. 두 문화 사이에는 그람시가 말한 헤게모니 투쟁의 이중적인 과정이 있기 때문이다. 두 문화 사이의 비대칭적인 권력관계는 '문화의 미국화', '문화자본의 개입', 그리고 '기층 계급들의 배제'라는 세 가지 공통된 문제를 야기한다.[12] 우리는 이런 문제를 불러온 문화의 세계화가 특히 종교 문화에 어떠한 영향을 끼치는지에 대한 비판적 인식이 필요하다.

2) 문화의 세계화가 그리스도교에 미치는 영향

문화의 세계화는 글로벌 문화와 지역 문화의 빈번한 상호 교류와 상호경쟁 관계를 통해 혼종적인 문화가 생성, 확산되면서 종교 체계와 삶에 엄청난 영향을 주고 있다. 문명의 충돌이 자

---

10. 최근 한미 FTA 협상 과정에서 스크린쿼터제와 같은 자국영화 보호 장치들을 전면 철폐하자는 내용이 강하게 주장되지만, 미국 영화산업과의 상대적 비교 수치를 주목하면 한국 영화산업은 미국과 자유 경쟁을 할 수 없는 상황임을 알게 된다. 통계적으로 보면, 미국영화의 한국 수출은 2004년을 기준으로 5,360만 달러인 반면 한국영화의 대미 수출은 230만 달러에 그친다. 2004년 미국 5대 메이저 배급사에 송금되는 로열티도 400억 원이 넘는다. 한국 영화의 자국시장 점유율이 60%에 육박했다고 하지만 미국의 자국 영화시장 점유율은 94%이다. 미국의 세계영화시장 점유율이 85%인데 반해 한국은 1.5%에 불과하다. 다음을 참조하였음. 이해영, 『낯선 식민지, 한미FTA』, 메이데이, 2006, 119~127쪽.
11. 잔 네더빈 피더스, 「혼융화로서의 세계화」, 롤런드 로버트슨·브라이언 S. 터너 외 공저, 윤민재 편역, 『근대성, 탈근대성 그리고 세계화』, 사회문화연구소, 2000, 309쪽.
12. 이동연, 『아시아 문화연구를 상상하기』, 48쪽.

주 발생하면서 세계 평화가 위협받고 있으며, 새로운 디지털 미디어 발달과 함께 전 지구적 소비, 여가 문화의 확산이 그리스도교적 가치를 높이거나 손상하기도 한다. 개인의 선택을 기반으로 하는 소비문화가 '종교의 사사화Privatization of Religion'를 가속화하고 그리스도교를 위협하는 반면, 공공의 영역에서는 그리스도교 역할이 점차 커져가는 '종교의 탈세속화' 현상이 교회에 새로운 가능성을 열어주고 있다.

(1) 세계 평화를 위협하는 문명의 충돌

요한 바오로 2세 교황은 새 천년기를 맞아 2001년 평화의 날 담화에서, 각 문화의 다양성이 삶을 풍요롭게 해주지만, 반면에 문화 간의 대립과 갈등, 차별과 지배는 세계의 평화를 해치고 죽음의 문화를 양산할 수 있다고 지적하고 문화적 세계화에 희망과 우려를 나타내고 있다. 이러한 문화, 문명의 충돌을 해결하고 평화를 실현하기 위해 '문화 간의 대화'를 강조한다. 예를 들어, 가난하고 정치가 불안한 국가의 국민들이 부유하고 강력한 사회로 이동하는 이민현상이 보편화되고 있다. 사람의 이동은 그들의 문화, 종교적 신념, 역사까지 옮겨 옴으로 다른 이민자와 기존 주민 사이에는 문화의 차이로 인한 대립과 차별이 생김으로 공존의 지혜가 필요하다. 따라서 '문화 간의 대화와 교류'는 오늘날 가톨릭교회가 해결해야 할 가장 중요한 사

목적 과제이며 세계 복음화의 가장 시급한 영역에 해당한다고
본다.

(2) 글로벌 소비, 여가 문화의 양면성

CNN이나 MTV 혹은 미국 드라마나 할리우드 영화 등의 글
로벌 미디어와 콘텐츠는 글로벌 소비문화를 형성하고 확산하
는 주 역할을 하고 있다. 이러한 문화는 개인과 공동체의 삶을
보다 다양하게 만들고, 그에 상응하는 하위문화를 더욱 풍요롭
게 양산해낸다. 특히 디지털 미디어의 급속한 진화는 새로운
소비와 여가 문화를 끊임없이 만들어내고 있다. 인터넷이나 모
바일 등의 쌍방향적이고 다층적인 커뮤니케이션은 글로벌 소
비와 여가 문화와 함께 개인을 강조하는 시대로 만들고 있다.
토마스 프리드먼에 따르면, "세계화 1.0시대에 변화의 동력은
국가였고 2.0시대에는 기업이었다면 3.0시대 변화의 주체이자
동력은 개인이다"[13] 개인을 위주로 재편되는 글로벌 소비, 여가
문화와 라이프스타일은 공동체를 중심으로 신앙을 영위하는
그리스도교와 신앙인의 의식과 행동에 긍정과 부정적 영향을
함께 미치고 있다.

그리스도교는 문화의 세계화로 폭넓고 다양하게 복음을 선
포하며 세상과 다각적으로 소통하고 대화할 수 있는 기회를 더

13. 토머스 L. 프리드만, 김상철 외 옮김, 『세계는 평평하다』, 창해, 2005, 21쪽.

많이 가지게 되었다. 위성방송이나 인터넷은 교황의 일상을 낱낱이 공개하여 전 세계적으로 뉴스화하고 있다. 교회는 디지털 문화를 선교와 사목에 접목하여 다양한 신앙생활로 유도하고 있지만, 세계적 소비문화에 따른 세속주의, 소비주의, 쾌락주의, 물질주의가 팽창하면서 그리스도교가 결코 무시할 수 없는 윤리적, 도덕적 문제도 늘고 있다.(「아시아 교회」 7항 참조)

(3) 종교의 사사화

최근에 출현한 다원주의와 상대주의 사조는 개인을 한 주체로서 존중하고 개별적 의미와 차이를 인정한다. 이러한 사조는 개인의 자유와 취향에 따라 선택하는 소비와 여가 문화에 깊이 영향을 미쳐왔다. 개인의 선택은 전반적인 생활 세계에서 보편적인 '아비투스habitus'[14]로 작용하게 되어, 종교의 사사화를 가속화하는 역할을 하고 있다. 따라서 그리스도교는 공공생활의 지배적 측면보다는 개인의 선택 문제로 여기는 경향이 심화

---

14. 문화적 취향, 옷맵시, 말씨에서부터 걸음걸이까지 한 번 몸에 배인 습관은 쉽사리 바꿀 수 있는 것이 아니다. 이렇게 몸에 새겨진 습관, 행동양식을 프랑스 사회학자 피에르 부르디외는 '아비투스'라고 부른다. 영어의 habit 과 어원을 같이 하는 아비투스는 같은 철자의 라틴어에서 유라 했으며, 프랑스어로는 아비투스로 발음된다. 현대 철학을 가르는 기준에는 여러 가지가 있겠지만, 개인의식과 사회구조 중 어느 것이 본질적인가를 묻는 논쟁은 닭과 달걀의 그것만큼이나 지리한 대립이었다. 부르디외는 양 진영을 모두 비판하면서, 개인의식과 사회구조를 통합한 '아비투스를 가진 개인'을 제시했던 것이다.

되고 있다.

최근 우리 사회에서 종교의 사사화를 대변하는 현상은 '종교의 탈규제화Deregulation of Religion'이다. 이 현상은 종교 독점의 쇠퇴를 뜻하는 것으로 종교적 믿음과 실천은 강하게 남아있지만 사회와 신앙인 양쪽에 영향을 미쳐왔던 종교적 권위와 제도의 힘은 상실되고 있는 것이다.[15] 종교의 탈규제화는 개인의 선택을 중요시 하는 소비문화에서 강한 영향을 받은 결과로 볼 수 있다. 가톨릭 신자들 중 상당수가 교회에는 소속되고 싶어 하지만 낙태나 안락사 등의 죽음의 문화에 대한 교회의 가르침에 전적으로 따르기보다는 선택적인 입장을 취하고 있다. 이러한 종교의 탈규제화 현상이 최근에 증가하고 있다.

종교의 사사화에 관한 또 다른 현상은 전통 종교가 그동안 제공한 교회, 성당 같은 특정의 거룩한 장소 내에서 초월성을 경험하는 '정주의 영성spirituality of dwelling'에서 새로운 영적 탐구 수단으로, 거룩한 순간을 개인적으로 찾는 '추구의 영성spirituality of seeking'으로 대체되고 있다는 것이다.[16] 다시 말해, 종교적 경험이 개인의 선호 문제로 되고 있다는 것인데, 이

---

15. Vincet J. Miller, *Consuming Religion: Christian Faith and Practice in a Consumer Culture*, N.Y.: The Continuum International Publishing Group Inc., 2003, p. 7.
16. Robert Wuthnow, *After Heaven: Spirituality in America Since the 1950s*, Berkeley: University of California Press, 1998.

어떤 종교 집단에 속하지 않고 매우 사적이며 개인을 위한 정서적인 신앙에 부응하는 뉴에이지운동 내지 신흥영성운동의 한 예로 기공 훈련 장면.

는 개인 소비자들 혹은 개별적 신앙인이 현대 '종교 시장'에서 사용 가능한 영적인 원자재들 중 그들의 취향에 맞는 개인적 세계관을 선택하고 있다는 것이다. 여기서 영적인 원자재는 자기실현을 위한 영적 자본spiritual capital으로써, 어떤 종교 집단에 속하지 않고 매우 사적이며 개인을 위한 정서적인 신앙에 부응하는 뉴에이지운동 내지 신흥영성운동을 일컫는다. 옛 전통, 신화, 기성 종교, 동양적 신비주의, 주술적 신비주의, 현대 물리학, 점성술, 고도의 테크놀로지. 연금술, 통전적 의학, 페미니즘, 생태학, 음악, 심리학, 심령주의, 천년왕국신앙, 무술, 샤머니즘, 요가 및 여타 문화적 요소들의 혼합이 이러한 운동에 속한다. 사람들이 이러한 운동을 좇는 이유는, 21세기에 문

화의 세계화로 급속한 문화 변동을 겪으며 정신적 측면에서 가
치관의 혼란과 위기감을, 더 나아가서는 영혼의 위기를 체험하
게 됨에 따라 조직 종교에서 탈피하여 개인적인 안정감 내지
자기실현을 신흥영성운동에서 찾으려 하기 때문이다. 이러한
현상은 종교를 개인적 차원으로 국한하는 사사화를 만들지만
역설적으로 종교부흥에 한몫을 한다.

(4) 종교의 탈세속화Desecularization of Religion

세계화와 정보화로 급속한 사회 변화가 이루어지는 상황에
서 종교는 대체로 보수적인 근본주의거나 사적인 신비적 경험
에 빠지기 쉽다.[17] 특히 지난 1980년대 이래 가톨릭을 포함한
개신교계 내부의 카리스마적인 성령운동, 이슬람과 개신교를
중심으로 나타나고 있는 각종 근본주의운동 및 구미에서의 불
교와 힌두교 등 동양종교와 '뉴에이지운동the New Age
Movement' 등을 중심으로 종교가 세계적으로 부흥하고 있다.
이런 현상은 인간의 삶을 오직 서구 문명에서 비롯된 합리적
과학과 테크놀로지만으로 좁게 정의하려는 것에 대한 거부라
고 볼 수 있다.[18] 예를 들어, 이슬람 근본주의는 서구적 관점,

17. Naisbitt, John & Patricia Aburdene, *Megatrends 2000*, N.Y.: William
    Morrow and Company, Inc., 1990, p. 277.
18. 감성건, 『세계화와 영성』, 프리칭아카데미, 2006, 10쪽.

개인주의 및 쾌락주의 등에서 문화를 브호하기 위해 신자유주의적 세계화에 저항하고 있다.

근래에 종교는 공적 영역에서 사회적 영향력을 확대하면서 탈세속화하고 있다. 환경, 인권, 생명, 언론 등 새롭게 출현하는 영역에 윤리적 규범이 필요한데, 종교는 그 규범을 제시하는 역할을 하기 때문에 종교의 사회참여와 대화는 고조될 수밖에 없다. 이러한 현상은 가속화되는 문화의 세계화에 종교가 진보하고 있음을 보인다.

2. 한국 사회의 변동

1) 고령화와 저출산율

1990년 이후 한국 사회는 경제 성장과 함께 문화 부문이 크게 부각되어 왔다. 그러나 1997년 외환위기 이후 여러 가지 변화를 체험하고 있다. 그 중의 큰 예로 고령화와 저출산율이다. 통계청에 따르면, 한국은 2000년에 이미 총인구 중 65세 이상 고령인구 비중이 7.2%가 되어 '고령화 사회'에 진입했고, 2005년에 9.1%로 더욱 심화됐다. 2026년에는 노인 인구의 비율이 20%를 넘어 초 고령화 사회가 될 것으로 예상된다. 인구 고령화는 여러 가지 사회문제를 야기한다. 노동인구 감소로 경제성장이 하락하고, 노인복지나 인프라 확충과 과도한 부양책임이 증가하며, 빈곤, 질병, 소외 등 다양한 노인문제가 증가하고 있다.

저출산율 또한 심각하다. 출산율은 2000년에 1.47%에서 2005년엔 1.08%로 감소했다. 여기에는 사회, 경제, 가치관의 변화에 따른 여러 이유가 있는데, 여성의 육아 부담과 사교육비, 경쟁 입시, 맞벌이, 여성의 사회 진출 증가, 사회보장 인프라 미비, 이혼 증가, 노후 대책, 무자녀를 선호하는 인식 변화 등이다.

2) 실업과 이혼의 증가

경제 하락과 구조 변화로 높은 실업률과 이직률이 장기화되자 가족 관계에도 영향을 미쳐 이혼율이 높아지고 있다. 2007년 2월 전체 실업률 3.5%, 청년 실업률 7.8%로 취업난은 심각하다. 높은 실업률은 이로 인해 가정불화가 끊이지 않고 대인기피, 우울증에 시달리며, 극단적 방법으로 이혼이나 자살을 선택한다.

높은 이혼율은 여러 가지 사회적, 개인적 문제를 낳고 있다. 통계청의 '2006년 이혼 통계 결과'를 보면, 지난 한 해 동안 12만5천 쌍, 하루 평균 3백42쌍이 이혼했다. 2005년보다 2.7% 감소한 수치다. 그러나 50살 이상 부부의 '황혼 이혼'은 2002년 9.7%에서 2006년 12.9%로 꾸준히 늘고 있다. 이혼의

증가로 다양한 가족형태, 자녀 문제가 속출하고, 분노, 절망,
배신, 경제적 어려움 등으로 탈선, 자살하는 경우도 많다.

3) 다양한 가정의 출현

가족의 형태도 다양화되었다. 무자녀 가정,[19] 한 부모 가정,
재혼 가정, 입양 가정, 독신자 가정, 득거노인 가정, 동성애자
가정, 국제 가정 등으로 나타나고 있다. 이혼율 급증으로 "한
부모 가족"이 10년 전에 비해 30% 이상 증가했으며 재혼도 늘
었다. 이들 가족의 최대 현안으로서 부모와 자녀의 성 불일치
문제가 이슈화되면서 호주제가 폐지되어 2008년부터 시행하
고 있다. 특히 부모의 이혼은 가족을 해체하여 소년소녀가장
가정, 조부모와 손자 손녀의 가정, 재혼 부부의 "복합 가정" 등
을 쉽게 볼 수 있다.

이제는 부모와 자녀가 함께 사느냐 아니냐에 따라 가정을 정
상(혹은 건전) 가정과 비정상(혹은 비건전) 가정으로 나눌 수 없는
시대이다. 따라서 가족의 변화를 인정하고 이 시대의 가족관계
를 반영하는 제도가 마련되어야 한다.

---

19. DINK(Double Income No Kids) 부부 혹은 선택적 무자녀(voluntary child-
lessness) 가정을 말한다.

4) 다인종 · 다문화 사회

최근 국내 체류 외국인이 1백만 명을 돌파했다. 전체 인구 4천9백13만여 명의 2%를 웃도는 수준이다. 이제 우리나라도 세계화로 인한 노동의 유연성에 따라 외국인들의 취업이나 유학, 또는 국제결혼으로 인한 활발한 교류로 본격적인 다인종, 다문화 시대가 열렸다. 10년 전인 1997년(38만 6천9백72명)보다 158% 증가했고 2006년 7월(86만 5천8백89명)보다 15% 늘어난 규모이다. 국제결혼도 전체의 12%를 넘었으니 우리 사회는 인종적 다문화주의Multiculturalism 시대를 맞은 셈이다.

국내 체류 외국인이 증가하면서 문화의 다양화가 펼쳐지고 있다. 인종, 지역, 성, 언어, 국가 등 그 특성의 차이는 존재하지만 차별이 있어서는 안 된다. 하지만 현실은 외국인 노동자나 배우자에 대한 법적 제한, 임금 차별, 사회문화적 불평등이 여전하다.

5) 디지털 문화와 유비쿼터스 시대의 출현

한국을 전 세계에 가장 역동적인 나라로 각인시킨 분야는 초고속 인터넷망, 이동통신 기술, 방송통신 융합 같은 뛰어난 첨단 기술이다. IT강국인 한국의 초고속 통신망 가입자 수는 2006년 12월말 기준으로 약 1천4백여 만 명이며, 휴대전화 가입자 수는 2006년 11월 4천만 명을 넘어섰다. 게다가 DMB(이

동멀티미디어 방송)과 IPTV(인터넷 방송), 그리고 유무선통신과 방송, 인터넷이 하나의 망으로 융합된 BcN(광대역 통합망)이 출현하면서 유비쿼터스 문화가 형성되어 디지털 시대가 되었다.

디지털 기술 혁명은 한국 사회에 거대한 변화를 일으키고 있다. 정치, 경제, 문화뿐만 아니라 인간의 의식, 삶의 방식, 의사소통 방식까지 변화시키고 있다. 인터넷의 상호작용성, 개방성, 익명성, 네트워크화라는 특징으로 상호 동등하고 투명한 쌍방향 소통이 일상화된 결과 엄청난 사회적 힘으로 작용하고 있다. 예를 들어, 2002년 월드컵 축구대회에서 세계를 놀라게 한 수백만의 거리 응원, 미군에 의한 여중생 사망 사건과 관련한 대규모 촛불 시위, 그리고 대선에서 20~30대의 위력은 사회적 중심축과 권력이 기성세대에서 신세대 문화로 이동하고 있음을 보여준 사건들이었다. 즉, 인터넷과 같은 디지털 문화는 권위적이고 위계적인 인간관계를 탈권위적이며 수평적인, 새로운 관계론적 패러다임으로 전환케 하고 있다. 이런 상황으로 인해 아날로그 문화를 살아온 기성세대와 수평적이고 쌍방적인 디지털 문화의 가치관어 익숙한 신세대는 사회적 헤게모니를 거머쥐려고 거세게 투쟁하고 있다.

또한 인터넷이나 휴대전화와 같은 복합미디어는 다양한 커뮤니케이션의 동시화, 영상화, 쌍방향화에 따라 면대면 커뮤니케이션을 약화시키고 사이버상 커뮤니케이션을 확산시킨다.

어느 병원의 유비쿼터스 개념도. 휴대전화 가입자 수가 4천만 명을 넘어서고 DMB, IPTV 등이 출현하면서 한국 사회는 유비쿼터스 문화가 형성되었고, 이로 하여 디지털 시대가 열리게 되었다.

따라서 카페, 블로그, 싸이월드 같은 가상공동체들이 부상하는 반면 개인은 고립된다. 또한 탈권위적이고 탈중심적인 성향을 보이며 네티즌이나 모티즌(Motizen; Mobile+netizen)의 디지털복합미디어 이용자에게 이목이 집중되고 있다. 예로, 인터넷 상에서 '개똥녀'[20] '된장녀'[21] 사건은 다수의 네티즌에게 엄청난 권력이 있음을 보여주는 사례이다. 그러나 이러한 권력의 남용은 지나친 악의 댓글로 자살을 조장하는 사이버 테러를 일으키기도 한다.

개방, 참여, 분산을 특징으로 UCC(User Created Contents: 이

20. '개똥녀'는 2005년 신조어로서, 지하철에서 애완견의 배설물을 치우지 않은 것이 인터넷을 통해 알려져 사회적 물의를 일으킨 여성을 낮잡아 이르는 말이다.
21. '된장녀'는 2006년 신조어로서, 외국 고급 명품이나 문화를 좇아 허영심이 가득 찬 삶으로 일관하여 한국 여성의 정체성을 잃은 여자를 꼬집어서 쓰는 말이다.

용자 제작 콘텐츠)가 급속히 확산되고 있다. 이용자는 수동적으로 소비자에 머무는 것이 아니라 정보 내지 콘텐츠 생산, 유통, 소비에 주체로 떠오른 것이다. 글로벌 네트워크를 이용한 UCC의 강력한 영향력을 펼쳐 하루아침에 평범한 한 개인을 인터넷 스타로 만들고, 선거에서 당선자를 만들어낼 수도 있다.

6) 한국 미디어의 세계화

한국은 90년대 이후부터 미디어, 문화시장을 개방하고 점차 탈규제화하면서 문화의 세계화에 편승해왔다. 공중파 방송 이외에 케이블, 위성, 인터넷 방송으로 국내 수용자들은 보다 많은 뉴스, 정보, 오락물 등을 거인의 선호에 따라 선택할 수 있는 다양성을 제공받고 있다. 과거에는 미국에서나 시청할 수 있었던 CNN, Disney, Histcry, HEO, ESPN, BBC 등의 채널들이 현재 안방에 들어와 있다. 또한 균일하고 보편적인 글로벌 문화는 언제 어디서나 쉽게 소비자의 다양한 취향과 욕구를 충족해주고 있다. 이제 신세대는 MTV에서 들려주는 노래를 듣고, 디즈니가 만든 애니메이션을 즐기며, 맥도널드에서 햄버거를 먹고, CNN을 들으면서 영어 공부를 한다. 케이블TV와 TV위성방송은 수십 개의 채널로 외국 프로그램이나 홈쇼핑에 우리를 전 지구적 소비자로 만든다.

한국 미디어 산업이 글로벌 문화자본에 잠식되는 면도 있지만, 전 지구적으로 확산되어 글로벌화한 경우를 한류 현상에서 찾아볼 수 있다. 한류는 중국, 일본, 대만, 베트남 등 동아시아 지역과 타지역에서 한국의 가요, 방송드라마, 영화 등 대중문화가 선풍적인 인기를 끌고 있는 사회문화적 현상이라 할 수 있다. 2000년부터 지속되고 있는 한류는 이제 단순한 대중문화 단계를 넘어 음식, 패션, 스포츠 등 한국인의 생활양식 전반의 선호로 확대되고 있다. 더 나아가 전 세계에 한국 문화 위상을 높이고 문화 산업의 중요성과 문화가 국제 관계에 미치는 영향력을 부각시키고 있다. 따라서 한류는 우리에게 국제정치 사회의 새로운 코드가 되고 있는 '소프트 파워'를 경험케 하고 있으며, 문화를 통해 아시아 및 세계 평화 실현에 일익을 담당할 수 있지 않을까 기대된다.[22]

좀 더 구체적으로 살펴본다면, 우리는 한류 현상을 여러 각도에서 해석할 수 있다. 최근 일본, 홍콩, 한국, 중국 등이 커뮤니케이션과 문화 생산의 새로운 주체로 부상하면서 지역 내 문화유통을 주도하고 있다. 한류는 이런 문화유통의 한 현상으로 동아시아 문화교류의 주역으로 떠올라 있다. 이런 현상을 유교에 근거한 문화적 근접성cultural proximity이란 측면에서 설명하여 동아시아에서 한류 '팬덤Fandom' 문화[23]의 형성으로 '아

22. 강철근, 『한류이야기』, 도서출판 이채, 2006, 28쪽.
23. 팬덤문화는 특정한 인물이나 분야를 열성적으로 좋아하는 사람들 또는 그러한 문화 현상을 말한다.

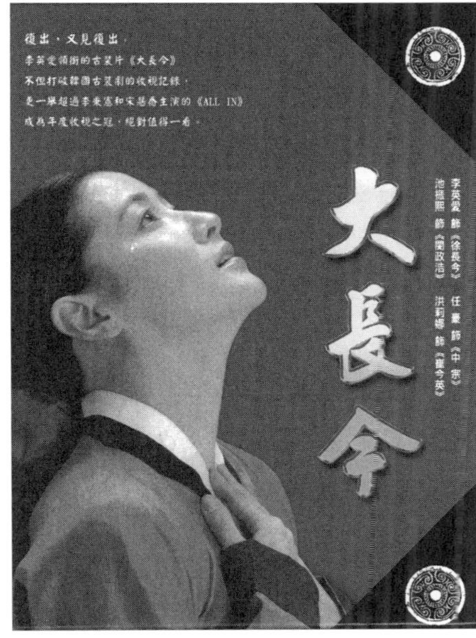

글로벌 문화와 로컬 문화 사이에 복잡하고 중층적인 문화 교류를 보여주는 한 예로, 아시아에 한류 열풍을 가져온 드라마 〈대장금〉의 중국 포스터.

시아적 가치'[24]를 공유하는 공동체가 출현한다고 간주한다.

그러나 한류는 전 지구적인 요소와 지역적 요소의 혼합, 친숙한 것과 이질적인 것의 혼합, 전통과 근대의 혼합, 서구와 아

24. 아시아적 가치는 유교문화에 뿌리를 두는 공통된 가치로서, 공동체의 결속, 전체를 위한 개인의 희생, 성원과의 조화, 교육을 중시하는 풍토를 말한다. 1970~80년대 아시아 신흥국가들이 급격한 경제 성장을 이룬 원동력으로 아시아적 가치를 강조한다. 그러나 1997년 아시아에 몰아친 외환위기로 경제적 타격을 받은 다음 아시아적 가치는 경제 부흥어 부정적인 요소로 간주되어왔다. 최근 아시아적 가치를 재고하는 움직임이 서서히 일고 있다. 예를 들어, 동아시아에서 한류 열풍을 들 수 있다. 동아시아인들이 한류에 공감을 받는 이유 중의 하나로서 한국드라마가 유교문화가 강조하는 가족의 가치를 중요시한다는 것이다.

시아의 혼합 등을 설명하는 혼종성 개념에 더 가깝다. 문화의 세계화 관점에서 한류는 초국적 자본이나 민족자본에 의해서 글로벌 문화 소비층을 확장하려는 의도로 기획된 문화생산 전략의 주요한 산물이다. 보아, 동방신기, 비와 같은 가수들을 비롯해서, 국가 공동 혹은 합작으로 제작되는 드라마, 다큐, 영화, 그 밖에 관광 산업이나 게임 산업 등으로 한류는 동아시아뿐 아니라 전 세계와의 문화교류 통로가 되고 있다. 더 나아가서 한류는 종교적 차원에서도 선교와 사목을 위해 연결되기도 한다.[25]

7) 새로운 소비, 여가 문화

글로벌 문화와 지역 문화의 혼종화 현상이 가속화되면서 여가, 소비문화가 다양한 문화 공간(예: 노래방, 비디오방, PC방, 찜질방, 헬스클럽, 복합영화상영관 등)을 창출하고, 많은 하위문화들(각종 스포츠, 댄스, 요리, 패션, 디자인, 여행 등)을 확산하고 있다. 과거에는 명동이 유일한 문화의 거리였다면 이제는 대학로, 압구정, 신촌, 홍대 등 여러 장소로 문화 공간이 늘고 있다. 이러한 공간에는 새롭게 출현한 다양한 문화를 수용할 수 있는 거대한

---

25. 2007년 7월에 모 개신교 교회가 "러브소나타"라는 이름으로 여러 한류 스타를 내세우며 일본선교 대회를 도쿄에서 개최하였다. 일본에서 유행하는 한류라는 문화 콘텐츠를 통한 문화선교는 일본 젊은이들을 교회로 나오게 하는 새로운 물결로 간주되고 있다.

쇼핑몰들이 우후죽순으로 들어서 있다. 백화점, 원스톱 쇼핑몰, 대형 마트들은 단순한 상품매매의 기능이 아니라 소비자들의 시간소비마저 다양한 문화 행사나 강좌, 혹은 부가서비스나 편의시설로 관리해주고 있다.[26]

주5일근무제는 근무 시간 단축으로 여가 시간을 늘렸다. 주말을 이용하여 가족 여행, 해외 관광, 자기 계발, 동호회나 봉사 활동, 스포츠, 레저 등 다양한 여가 문화 활동이 늘어나고 있다. 하지만 여가 산업은 소비문화자본과 밀접하게 연결되어 소비를 조장하고 있다.

소비문화가 개인 문화 취향에 미치는 가장 큰 요소는 '몸의 욕망'과 '문화 활동의 개인화'라고 할 수 있다.[27] 몸 자체가 쾌락이며 자기표현의 매개체로서 사회적 신분 상승과 유지를 위한 문화자본이 됨에 따라 성형, 다이어트, 미모 산업과 밀접히

26. 예를 들어 프랑스계 대형 할인점 업체인 한국까르푸의 사례를 들고자 한다. 이 업체의 대표이사인 마크 욱생(40)은 "한국 소비자들은 유럽·동남아 등과 비교해 요구가 매우 까다롭다"고 평가했다. 그는 매장마다 20~40대 주부 고객을 겨냥해 무료 영어교실, 무료 베이커리 강좌 같은 이색 '학습 마케팅' 전략도 구사 중이다. 어린이 영어강좌(울산점), 유치원생 매장 견학(중동점), 초밥 요리강습(서울 면목점) 등 지역별 특색을 살리고 있다. 그는 한 걸음 나아가 올 들어 "한국 소비자의 마음을 사로잡기 위해 매장의 실내장식을 창고형에서 백화점 수준의 고급 스타일로 바꿨다"며 "전 세계 30개국 350여개의 까르푸 점포 가운데 문화센터를 두고 있는 곳은 한국까르프가 유일하다"고 자랑했다. 이달 초 개점한 인천 계산점을 시작으로 향후 모든 점포에 통합문화센터를 열 예정이라는 설명이다.(조선일보, 12월 10일, [한국까르푸] 마크 욱생 사장 "문화센터 한국에만")
27. 이동연, 『문화부족의 사회: 히피에서 폐인까지』, 책세상, 2005, 27쪽.

연결되어 있다.[28] 헬스, 에어로빅, 요가, 건강식품 신드롬 역시 몸을 체계적으로 관리하는 거대 시장을 만들었고, 얼짱과 몸짱, 생얼 역시 몸에 대한 관심이 증폭되면서 생겨난 풍경이다. 문화 활동의 개인화는 소비문화자본이 확대됨에 따라 가속화되고 있다. 한편 mp3, IPTV, DMB, PMP, PSP(Play Station Portable), PMP(Portable Multimedia Player) 등으로 영상, 게임, 음악 등의 콘텐츠를 개인적으로 즐기는 현상이 보편화되고 있다.

28. Mike Featherstone, "The Body in Consumer Culture," *Theory, Culture, and Society*, Vol. 1., pp. 18~33.

3장

21세기 한국 가톨릭교회의 당면 문제

문화의 세기로 일컫는 21세기를 맞아 한국 가톨릭교회는 2007년 복음화율 9.3%라는 놀라운 교세 성장을 보였다. 더불어 아시아 복음화의 주역과 동시에 선교와 사목 분야에 대전환기를 체험하고 있다. 성직자와 평신도의 의식, 각종 사목의 내용과 형식, 신학의 방법론과 교회관, 신심형태, 신앙체험 등 교회 모든 분야에서 새로운 변화의 물결이 밀려오고 있다.

새로운 변화는 위기인 동시에 기회로 볼 수 있다. 가톨릭교회는 "한국 사회의 민주화와 인권 증진에서 교회의 역할, 사회봉사와 사회복지 분야에서의 헌신, 타종교에 대한 개방성과 관용적 자세, 천주교 성직자들에 대한 신뢰도 등에서 한국 사회 안에서 신뢰할 만한 종교로 자리매김"[1]함으로써 지난 10년 동안 가톨릭 신자가 괄목할 만한 증가를 보여 왔다.[2] 반면에 가톨릭교회는 위기를 알리는 징후로 여러 가지 어려움을 겪고 있다. 그리스도 사상연구소 소장 심상태 신부는 그 어려움을 다음과 같이 말하고 있다. "한국 교회는 이미 90년대 들어서면서부터 세례자수 감소, 냉담행방불명자수 증가, 성사생활 참여자 감소, 청소년 내지 청년 세대들의 교회 생활 외면 등으로 70, 80년대의 활력을 상실하고 고령화되고 공동화되는 추세를 분명히 드러내고 있다."[3]

여기서는 최근 한국 사회가 겪고 있는 사회문화 변동이 한국 가톨릭교회에 어떤 영향을 미치고 있는지, 또 문제점이 무엇인지 살펴보고자 한다.

1. 신자 연령층의 고령화 및 냉담자 증가

교회의 고령화는 총신자수의 감소, 냉담자의 증가와 연관된

1. 2006년 6월 12일에 한국천주교 주교회의 산하 한국사목연구소 소장 배영호 신부는 2006년 5월 한국통계청에서 발표한 "종교인구" 부문에 대한 설명서 「"2005년 한국 천주교회 통계"를 발표하며」를 내놓았다. 본문에서 인용한 내용은 이 설명서의 일부이다.
2. 2005년 한국통계청에서 실시한 인구주택 총조사 결과, 지난 10년간 신자수가 가톨릭이 74.4%, 불교가 3.1%씩 증가한 반면, 개신교는 1.6% 감소한 것으로 나타났다. 한국천주교회 주교회의 사무처장 배영호 신부는 이에 관한 설명서에서 한국통계청이 발표한 천주교 신자수가 부풀려졌다고 말한 부분은 인정하더라도 이 통계조사 결과는 한국천주교회가 매우 크게 성장해왔음을 보여준다.
3. 심상태, 「21세기 새 복음화의 과제와 한국 교회」, 제3회 새천년복음화사도회 심포지엄, 2006년 10월 21일, 가톨릭회관 7층 대강당.

다. 다음 표1과 표2는 가톨릭 신자의 총신자 추세를 보여준다.

〈표1: 한국 가톨릭 총신자 추세1〉

연도	인원	증가율
1999	3,946,844	
2000	4,071,560	3.16%
2001	4,228,488	3.85%
2002	4,347,605	2.82%
2003	4,430,791	1.91%
2004	4,537,844	2.42%
2005	4,667,283	2.85%
2006	4,768,242	2.16%

〈표2: 한국 가톨릭 총신자 추세2〉

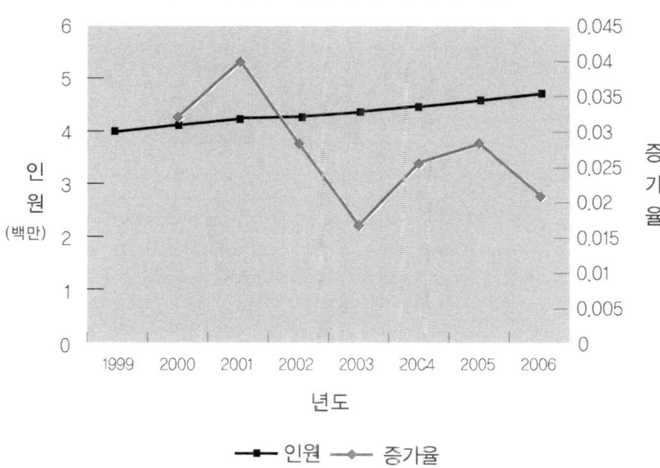

위의 표1, 2에 따르면, 한국 가톨릭 총신자수는 우리 사회 총 인구의 증가와 비례하여 조금씩 증가하고 있지만 총신자의 증가율은 해마다 감소하고 있다. 이러한 현상을 보면 지난 2005년 통계청에서 발표한 가톨릭 신자의 놀라운 증가율(95년~05년: 74.4%의 증가)에 마냥 기뻐할 수는 없다. 교회 구성원 중에 20, 30, 40대의 신자수가 점진적으로 감소하는 반면 50대 이상의 신자 수는 점점 증가하고 있기 때문이다.[4]

현재 쉬는 교우 역시 매년 점진적으로 증가 추세를 보이고 있어 교회는 더 이상 냉담자를 외면할 수 없는 문제를 안고 있다. 다음의 표3은 한국 가톨릭 신자의 냉담률이다. 이는 단적으로 양적 선교의 문제점을 드러내며, 동시에 소속감과 신앙의 투신을 지향하는 질적 선교의 필요성을 역설하고 있다.

최근 조사에 따르면, 냉담의 첫째 원인은 냉담자 자신의 신앙 부족,[5] 즉 생계(직장)나 학업 때문(42.4%), 신앙에 대한 회의(12.1%)가 가장 높았다.[6] 냉담의 원인이 냉담자 자신에게도 있지

---

4. 가톨릭신문 창간 80주년 기념 신자 의식 조사 보고서에 따르면, 20대(87년 22.5% → 06년 20.1%), 30대(87년 27.1% → 06년 20.8%) 및 40대(87년 27.8% → 06년 24.2%)는 점진적으로 감소 추세이고, 50대 이상(87년 21.5% → 06년 34.8%)은 점진적 증가 추세에 놓여 있다. 다음을 참조하였음. 가톨릭신문 창간 80주년 기념 신자 의식 조사 보고서 「가톨릭 신자의 종교의식과 신앙생활」, 통합사목연구소 조사·연구(가톨릭신문사, 2007. 이하 「조사 보고서」로 약칭).

5. 서울대교구 시노드, 「선교·신앙 교육의안」, 8항을 참조.

6. 가톨릭 신자의 종교의식과 신앙생활, 통합사목연구소, 가톨릭신문 창간 80주년 기념 신자 의식 조사 보고서, 2007, 204~219쪽 참조.

<표3: 한국 가톨릭교회의 신자 냉담 현황>

	총신자수	냉담자수	냉담률
2005	1,303,351	479,142	36.76%
2004	1,276,634	450,879	35.32%
2003	1,428,993	471,715	33.01%
2002	1,409,022	461,552	32.76%
2001	1,370,021	437,060	31.90%
2000	1,341,528	425,335	31.71%

만 외부적 상황도 무시할 수 없다. 예를 들어, 교회의 세속화 문제 파악과 이에 대처하는 역량의 부족, 그리스도인의 모습이 그리스도의 가르침과는 괴리를 보이고 있는 현상, 개인, 집단 간의 배타적 분위기 형성 등은 전반적인 신자들의 교회 이탈 원인과도 이어진다고 볼 수 있다.[7]

교회가 처한 문제는 고령화, 저출산, 높은 실업률, 경제적 어려움 등의 사회 현실과 연관된다. 교회 구성원의 고령화로 교회의 기존 체제나 전반적 활동에 예기치 못한 변화가 생기고 있다.

교회 안에서 다양한 사목 분야에 필요한 평신도 참여가 저조해지면서 구역과 소공동체, 사목위원이나 각종 신심, 활동 단

7. 서울대교구 시노드, 『선교 · 신앙 교육의안』, 76항을 참조.

체장과 구성원이 감소하여 해당 봉사자를 찾기 힘들다. 따라서 사목자는 본당에서 선교나 사목을 활성화하는 데 어려움을 겪는다. 특히 노인사목이나 노인복지 분야가 점점 중요시 되는데 봉사자 부족으로 애를 먹는다.

청소년, 청년층의 교회 이탈 문제가 심화되고 있다. 주일학교 참여 학생 수가 상당히 감소되었다.[8] 교리교육의 양적·질적 부실 현상. 교리교사 구성, 청소년을 위한 교회의 배려 및 이해 부족이 문제로 드러나고 있다.[9] 특히 청년들의 교회 참여 부족은 아르바이트나 취업준비로 시간이 없거나, 신앙에 대한 회의, 학교, 사회생활과의 충돌 등이 그 원인이다.[10]

2. 가톨릭교회의 중산층화

가톨릭신문의 『조사보고서』에 따르면, 전체 국민 교육 수준

8. 「청년 및 청소년 신앙 활동(06년 서울 소재 160개 본당)」
9. 서울교구 시노드 의안 중 청소년, 청년 의안 32~36항 참조함. 2003년 서울대교구시노드는 성직자, 수도자, 평신도, 교회운영, 선교와 교육, 청소년과 청년, 그리고 사회복음화라는 일곱 분과로 나누어져 시노드 의안 초안의 내용에 나타난 교회의 문제점과 대안을 전문위원과 대의원이 함께 매주 수요일에 모여 토의를 진행했다. 시노드준비위원회는 시노드 초안이 작성되기 위해 각 본당과 단체를 대상으로 각종 통계조사 및 의견수렴의 과정을 거쳤다.
10. 유승학(인천교구 청년담당 신부), 「한국 교회 안에서 청년」, 서울대교구 청소년국─가톨릭대학교 사목연구소 공동주최 학술심포지엄 "청년 사목의 현실과 전망" 중에서, 2006년 11월 11일.

보다 가톨릭 신자의 학력이 높고, 소득 수준 측면에서도 고소
득층이 증가하면서 중산층 이상을 위한 교회로 굳어지고 있
다.[11] 가톨릭교회의 중산층화는 다양한 사람을 포용해야 하는
열린 교회가 되지 못하여 '가난한 사람들을 최우선적으로 선
택' 해야 하는 복음적 가치관을 제대로 실천하지 못할 가능성이
있다. 또한 중산층화는 보수화도 나타나 교회가 사회참여에 소
극적이다.[12]

중산층화로 신자들의 교육과 삶의 수준이 높아졌기 때문에
교회에서 실시하는 교육과 사목의 수준이나 내용도 높아져야
한다. 기존 교육이나 사목 방식과 내용은 수준이 높아진 신자
를 충족시켜주지 못할 것이다. 최근 예비 신자들의 입교가 "마
음의 평화를 얻기 위하여"라는 과거의 동기와는 달리 시대적,
사회적, 문화적 환경에 따른 다양한 내용들로 동기화되고 있
다. 따라서 교회가 입교동기에 만족을 주려면 전통적 교리내용
으로는 한계가 있다.

11. 『조사보고서』에 따르면, 가톨릭 신자 중에 (전문)대졸 이상(87년 30.5% → 06년
　　50.9%)은 증가한 반면에, 고졸 이하(87년 69.5% → 06년 49.1%)는 감소하였다.
　　가톨릭 신자 중에 월 300만원 이상의 고소득층은 98년에 12.8%였지만 2006년
　　에는 52.7%로 늘어났다.
12. 박문수, 「가톨릭신자의 종교의식과 신앙생활 실태로 본 미래 교회 전망: '가톨
　　릭신문 창간 80주년 기념 신자의식 조사보고서'를 기초로」, 통합사목연구소 6차
　　연구발표회, 『한국인의 종교심성을 통해 본 가톨릭교회의 발전방향』, 2007년 6
　　월 21일, 명동성당 별관, 46쪽과 55쪽.

3. 공동체 정신 약화

가톨릭 신자의 본당 공동체 의식이 점점 약화되고 있다. 『조사보고서』에 따르면, 본당 신자가 공동체 의식을 느낀다는 비율이 '87년에 73%' 98년에는 63.3%, 그리고 2006년에는 38.6%로 줄었다. 신자들의 공동체 의식은 시간이 지남에 따라 계속 낮아질 것으로 예상된다.

본당 신자의 공동체 의식을 약화시키는 요인 중에 하나는 본당의 대형화 내지 도시화에 따른 거주 공간의 개별화를 지적할 수 있다. 이와 관련된 또 다른 요인은 개인화, 다양화, 차별화를 강조하는 소비와 여가 문화의 확산이다. 예를 들어, 교회 밖에서 이루어지는 문화 공간의 확대 현상은 분명 교회에도 영향을 끼친다. 신자들은 문화적 욕구를 충족하기 위해 본당 기존 단체 활동보다는 바깥세상의 다양한 문화 공간을 이용하고 있다. 신자의 상당수를 차지하는 여성들이 주변의 백화점이나 평생교육원, 혹은 구민회관, 복지관, 동사무소를 이용한다. 게다가 주5일근무제가 제도화되고 확산되면서 주말농장 체험, 각종 레포츠, 여행 등 늘어난 여가 문화는 교회 참여를 저조하게 만드는 커다란 요소가 되고 있다.

교회는 신자들의 공동체 정신이 약화되는 현상에 대응하여 오래전부터 '소공동체사목'을 실시해왔다. 그것은 신자들을

이웃 가정에서 소공동체 모임을 갖고 있는 모습. 주5일근무제가 확산되면서 주말농장 체험, 레포츠, 여행이 늘어나면서 교회 참여률이 저조해지고 있다. 이는 본당 신자의 공동체 의식의 약화로 나타나고 있고, 이에 다응해 소공동체사목에 대한 보다 적극적인 활동이 요구되고 있다. (평화신문 제공)

교회 활동에 보다 적극적이고 자발적으로 참여하게 만들고 복음적 삶으로 이끄는 신앙생활의 준거틀로 작용해왔다. 그러나 소공동체사목은 최근 급속한 사회문화 변동에 따라 몇 가지 문제점을 드러내고 있다. 『조사보고서』에 따르면, 소공동체에 참여도가 저조한 것으로 나타났다.(거의 안함 42.8%) 특히 남성의 참여가 매우 낮고, 학력이 높을수록 저조하며, 참여 연령대의 고령화는 심화되고 있다.

4. 공공 영역에서 다양한 사목의 요청

세계화, 정보화로 전문화, 복합화, 다양화로 나아가는 한국 사회 변화에 적응하기 위해 교회는 여러 차원에서 선교와 사목에 다각적 노력을 하고 있다. 과거에는 본당을 중심으로 사목이 한정되었지만 오늘날은 노동, 경찰, 교도, 환경, 통일, 농민, 직장, 빈민, 병원, 언론, 여가 등 여러 분야에서 새로운 사목을 요청하고 있다. 공공 영역에서 교회의 사회복음화를 점점 중요시하고 있다는 것이다. 다양해진 사목들을 더욱 효율적으로 실천하려면 사회문화 변동을 잘 파악하고 시대의 징표를 식별할 능력이 필요하며, 디지털 문화 같은 새로운 문화와 접목하고 통합적으로 연계하는 사목이 요청된다.

5. 탈제도적 종교성의 증가

가톨릭 신자들 사이에 신앙의 개인화, 사사화가 이어지고 있다. 이는 중산층화, 보수화와 밀접하게 연결되어 있다. 소득과 교육이 높아지면서 소비와 여가 문화에 더 많은 시간과 재정을 투자하기 때문에 교회와의 관계성 내지 공동체 의식이 약화될 수밖에 없다. 또한 소비주의, 쾌락주의, 물질주의 등에 쉽게 노출되어 교회 가르침보다는 대중문화의 즐거움에 빠지기 쉽다.

더 나아가서 상대주의와 다원주의 경향으로 종교와 신앙이 심각한 위협을 받고 있다. 구체적으로 살펴본다면, 낙태, 안락사, 동성애, 생명과학의 발달로 새롭게 대두된 배아 복제에 이르기까지 주요한 생명윤리 문제들은 이제 각자의 개인적인 신념과 가치관에 따라서 선택의 문제로 간주되고 있다. 이러한 현상에 따라 가톨릭 신자들은 교회에 속해 있다는 소속감은 느끼고 싶지만 교회 가르침을 선택적으로 수용하여 제도와 규제에서 벗어난 행동을 하고 있어 전통적인 교회 입장과 충돌하는 경우가 빈번하다.

또한 소속은 유지하면서 종교적인 욕구는 개인적으로 추구하고, 종교의 경계도 자유롭게 허무는 신흥영성운동이 뿌리를 내리고 있다.[13] 이 운동은 소비자본주의 문화가 만들어낸 '선택의 문화'에 영향을 받은 것으로, 기존의 종교적 체제, 내용, 실천을 점차 멀리하거나 유사종교적 현상에 몰입하는 경향이 있다. 기존 신자들 중에 여기에 합류하는 경우가 빈번하므로 가톨릭교회에 위협을 가하고 있다.

6. 쌍방향 디지털 문화에 따른 새로운 교회관의 필요성

디지털 문화의 다양한 특성은 교회 그 자체의 성격이 변화하

13. 『조사보고서』, 150쪽.

도록 유도하고 있다. 최근까지도 성직자와 평신도 간에 또는 평신도끼리 수직적이고 일방적인 상명하달식의 '제도적 교회관'과 성직자만이 성사의 집전자이며 평신도는 오직 수혜자로 인식해온 '성사적 교회관'이 한국 교회에 오랫동안 유지되어 왔다. '교회 권위주의'나 '성직자 중심주의'는 '신자 위에 군림하는 성직자', '성직자에 종속된 신자'라는 형태를 구조화했다. 그러나 상호작용성을 특징으로 하는 인터넷과 같은 디지털 문화의 등장은 이 같은 전통적 교회상에 이의를 제기한다. 성직자와 평신도 간의 일방적 권위주의에서 수평적 쌍방향으로 친교와 일치, 봉사의 교회관으로 서서히 변하고 있다.

7. 다양한 가정의 출현에 따른 새로운 가정사목 패러다임의 필요성

요즘 이혼이 급증함에 따라 교회 안에도 신자의 이혼이 늘고 있다. 교회의 전통적 입장은 혼인의 불가해소성 원칙에 따라 이혼을 엄격히 금하고 있어서 이혼자는 교회에서 소외될 여지가 많아지고 있다. 하지만 이혼자가 점점 늘어나고 있는 상황에서 교회는 그들이 성사생활을 제대로 할 수 있도록 사목적으로 배려해야 한다. 예를 들어, 사목자가 강론이나 강의를 할 때 이혼자를 향해 "이혼은 인생의 파멸"이라고 표현한다면 그들은 마음의 상처를 입고 교회를 떠날 수 있으므로 조심스런 접근이 필요하다. 또한 이혼에 따른 부부 문제, 자녀 문제, 가정 폭력 등 다양한 가정 문제가 파생되기 때문에 교회는 전문적인 가정 상담과 가정 문화를 보급하도록 가정사목 정책과 실행이 요청된다.

8. 구시대적 신앙 교육

신앙 교육의 문제점은 이미 한국 천주교 200주년 기념 사목 회의 의안에서 지적된 바 있다. "교리교육의 쇄신을 이룩하려는 결의나 노력의 부족, 한국인의 종교 심성을 십분 이해한 교리교육 방법론을 개발하지 못하그 있으며 신학적 명제의 요약과 같은 교리의 주입에만 치중하고 있는 실정이다."[14] 20여 년이 지난 현재에도 한국 교회는 유사한 문제점에 고착되어 있다. 자발적 동기의 결여, 교육자의 질 및 연계성 문제, 구태의연한 교수법, 교육 시스템, 홍보의 부족, 교육 환경에 대한 아쉬움 등이 그것이다.[15]

신앙 교육에 큰 걸림돌은, 성직자는 언제나 가르치는 사람이고 평신도는 수동적으로 받아들이는 사람이라는 의식이다. 성

---

14. 서울대교구 200주년 기념 사목 의안집, 「교리교육의안」 6항.
15. 서울대교구 시노드, 「선교 · 신앙 교육의단」 70–75항.

직자와 평신도가 면대면 커뮤니케이션의 공동체 상호 교육이 되지 않고서는 과거 지향적이고 권위적인 교육 방식에 머물고 말 것이다.[16]

전통적인 예비 신자 교리교육은 오늘날 냉담자 양산의 배경이 된다는 의혹을 살 만 하다. 예비 신자는 하느님을 전혀 모르는 존재로 간주되어 단지 교리 지식을 수동적으로 수용해야 하는 피교육자로 취급된다. 따라서 세례를 받은 후 기존 신자가 인도해주지 않으면 새 영세자 스스로 어떻게 신앙생활을 해야 할지 모르는 경우가 많다. 주입된 교리가 자기 삶의 방식으로 체현되지 않기 때문이다. 서울교구 시노드 의안집에서 지적한 냉담의 첫째 원인이 '냉담자 자신의 신앙 부족'이라는 것을 보면 기존의 예비 신자 교리가 새 영세자 자신의 고유한 신앙을 형성하는 데 별 도움을 주지 못하기 때문에 비롯된 것은 아닐까?

멀티미디어의 등장과 확산으로 영상언어로 쌍방향 의사소통을 하는 정보사회에서 예비 신자는 교리 지식을 수동적으로 습득하기보다는 자신의 개성과 취향에 따라 능동적으로 수용하려 한다. 따라서 교리교육은 다양한 미디어를 활용하여 예비 신자의 적극적인 참여와 신앙체험으로 이끌어야 한다.

16. 서울대교구 시노드, 「선교 · 신앙 교육의안」 90항.

9. 종교 간 갈등의 심화

한국은 다종교 사회이다. 주류 3대 종교인 불교, 개신교, 천주교와 민족 종교인 천도교, 원불교, 대종교 등이 공존하고 있다. 그러나 종교 간에 긴장과 갈등은 늘 내재되어 있다. 일부 그리스도교의 근본주의적 성향이 성상 파괴나 타종교에 배타적 태도로 나타나기도 한다. 종교 간 이미지 개선을 위한 보이지 않는 긴장과 알력이 있어서 언제든지 대립과 반목, 심지어는 폭력의 가능성이 존재하고 있다.

4장

문화의 복음화 필요성

전 지구적인 사회문화 변동은 교회의 구조와 조직, 선교와 사목의 실천방식, 신앙생활 행태에 다양한 방식으로 막강한 영향을 끼쳐왔다. 교회 문화가 모든 삶의 양식을 지배하던 때의 전통적인 선교, 사목, 교육, 신심은 더 이상 유효하지 않으며 새롭게 변화되도록 도전받고 있다. 그렇다면 21세기 문화의 시대에 교회는 어떻게 존재하고 자기실현화를 꾀해야 하는가? 한마디로 요약한다면, 교회는 세계를 향한 일방적인 자기 확장에서 벗어나 열린 자세로 이 시대의 지배적인 현대 문화와 상호 교류 및 공존을 추구해야 할 것이다. 이것은 교회가 자신을 문화라는 관점에서 이해하고, 현대 문화를 객체나 대상으로만 바라보지 말고 동일한 주체로 인정할 때에만 가능하다. 교회와 문화의 소통은 복음과 문화의 만남과 관계, 그리고 해석과 실천이라는 거대한 과제를 부여한다.

이 시대에 교회가 사회와 올바른 소통으로 복음화를 실현하려면 문화의 중요성을 절실히 인식해야 한다. 그것은 "현대의 홍보 수단으로 조성된 '새로운 문화' 안에 그리스도교 메시지를 통합시킬 필요가 있기 [때문이다]."(『교회의 선교사명』1990, 37항) 이런 점에서 교회는 문화를 새롭게 이해하려는 노력이 필요하다.

문화의 세계화가 진행되고 있는 이 시대는 기존의 복음화 노력에 의문을 제기하고 있다. 교세 확장과 양적 선교에 중점을 두어왔던 복음화는 새로운 문화의 시대에도 계속 유효한가? 일상화된 문화 환경에서 신앙과 복음이 문화를 통하지 않고 증거되고 선포될 수 있는가?

문화의 복음화는 교회의 중요한 사명이다(사목헌장, 2부 2장 '문화 발전의 촉진' 참조). 인간은 문화적 동물이며 "오로지 문화를 통하여, 곧 자연의 재화와 가치를 개발하여 참되고 완전한 인간성에 이르기"(사목헌장, 53항) 때문에 문화의 복음화 없이 온전한 인간성 회복과 복음화, 나아가서 인간의 구원은 불가능한 것이다. 인류 구원을 위해서는 올바른 문화의 형성, 그리스도교적 문화 창조야말로 교회가 수행해야 하는 중요한 사명인 것이다.

특별히 한국 가톨릭교회는 새로운 시대에 적합한 새로운 복음화의 필요성을 외면할 수 없다. 앞장에서 보았듯이, 현재 교

회가 겪고 있는 여러 문제와 과제를 풀어내고 쇄신하기 위해서
이 시대에 부합하는 새로운 패러다임인 문화의 복음화를 주저
하지 말고 선택하고 실천해야 한다. "새로운 복음화는 문화의
복음화를 위한 투철하고 진지하며 계획적인 노력을 필요로 [하
기]"(『아메리카 교회』, 70항) 때문이다.

1. 복음과 문화의 밀접한 관계성

교회는 시공간을 초월하는 문화의 복음화를 필요로 한다. 온
세상을 두루 다니며 복음을 선포해야 하는 교회의 근본적인 사
명(마르 16, 15)은 언제나 문화를 통해서 이루어진다. 복음 말씀
은 절대 불변의 진리로 '공시적synchronic' 이지만, 교회가 복음
을 선포하는 "온 세상"은 시대와 장소에 따라 변하기 때문에
'통시적diachronic' 이다. 즉, 복음은 공시적인 텍스트text인 데
반해서 세상이라는 문화는 우리의 삶을 이루고 있는 통시적인
상황으로서 콘텍스트context이다. 따라서 복음은 인간의 문화
안에서 인간의 언어로 선포되어야 한다는 면에서 교회는 단순한
복음화가 아닌 문화의 복음화를 언제 어디서든 추구해야 한다.
사실 교회는 자신의 근본적 사명인 복음 선포를 초기 시대부
터 지금까지 문화와 함께 수행해왔다. 바오로 사도는 아테네에
서 "알지 못하는 신에게"(사도 17, 23)라는 그 지역의 종교 문화

를 통해 복음을 선포하였다. 그리스도교가 로마의 국교로 인정된 이후 중세 시대까지 그리스도교 문화는 세상 문화를 지배하고 종속하였다.

그러나 계몽 시대 이후 그리고 근대화를 거치면서 유럽에서 종교의 세속화가 가속화되었다. 교회는 다원 사회에서 설 자리를 점차 잃어 갔고, 국가와 사회 전반에 걸쳐 막강한 영향력을 행사해온 그리스도교 문화의 힘도 약화되었으며 문화적 역할에 있어 규범과 가치를 매개했던 독보성을 상실해 왔다.[1] 고급 문화라 할 수 있는 그리스도교 문화는 박물관에서 박제되어 버린 듯 '화석화된 신앙'을 대변하거나 소수에게만 유효하게 되었다. 따라서 교회가 대립된 사회와 대화하고 내적 통일성을 회복하도록 사회를 매개할 수 있는 '문화'가 중요한 개념으로 떠오르게 되었다. "복음과 문화의 괴리는 틀림없이 우리 시대의 비극"(「현대의 복음선교」 20항)이라고 한 교황 바오로 6세의 표현은 바로 복음과 문화의 불가분적 관계를 강조하고 있는 것이다.

교황 요한 바오로 2세는 라틴 아메리카 대륙에 복음이 전래된 지 500주년을 기리는 뜻 깊은 기회에 "새로운 열의, 새로운 방법, 새로운 표현"으로 이루어지는 '새로운 복음화'의 시작을 선포하였다.[2] 그는 그리스도교적 전통 속에 살아온 서구 국가

---

1. 최인식, 『다원주의 시대의 교회와 신학』, 한국신학연구소, 1996, 158쪽.
2. 요한 바오로 2세, 「제19차 CELAM 정기 총회에서의 연설」, AAS LXXXV, 1983, 778쪽 참조.

들에서 종교의 세속화와 도덕적 위기로 신앙과 생활의 불일치라는 모순을 극복하는 대안으로 새로운 복음화를 제시하였다. 여기서 언급된 새로운 열의, 방법, 표현은 문화와 연결된다. 교회는 문화를 통해 세속화, 비인간화되어 가는 이 세계와 의사소통을 하여 복음화를 새롭게 시도하자는 것이다. 따라서 새로운 복음화의 패러다임은 다름 아닌 '문화의 복음화' 라 할 수 있다. 교회는 당대 문화를 올바로 수용하여 복음을 선포하는 문화의 복음화를 지향해야 한다.

2. 문화의 시대를 위한 복음화

한국의 사회문화 변동이 종교, 특히 현 가톨릭교회의 변화와 밀접하게 관련되어 있음은 주지의 사실이다. 이런 면에서 교회 지도자는 반드시 문화 변동과 종교 변동 사이의 상호작용성을 인식해야 한다. 문화 변동이 어떻게 종교의 제도와 종교적인 삶으로 변화되는지 그 작동원리를 깨닫는다면 시대에 적합한 선교와 사목을 실천할 수 있다.

21세기 세계화와 정보화가 심화되면서 급격한 문화 변동은 교회에 막대한 영향을 미치며 기존 선교나 사목 패턴의 유효성에 의문을 던지고 있다. 냉담자 증가, 성사참여율 감소, 청(소)년의 이탈, 노령화, 확대되는 대사회적 역할 등의 교회 내외적 문제를 풀어가기 위해서 교회는 새로운 선교와 사목 패러다임을 계발하고 실천하기 위해서 문화적 접근이 필요하다.

디지털 시대에 교회는 선교와 사목의 방식을 변화하여야 한다. 교부 시대와 중세 시대에 교회는 일반 대중들의 교리교육을 위해 예술, 건축, 연극, 상징, 아이콘 등 시각문화를 보편적으로 활용하였다. 15세기 구텐베르크의 인쇄술 발명 이후에 교회는 인쇄 문화를 통해 복음을 선포하였다. 최근 교회는 매스미디어와 다양한 현대 문화를 통해 복음을 선포하고 있다. 따라서 교회는 일상화된 디지털 문화를 활용하여 복음화를 이루어야 한다.

특별히, 디지털 문화사회에서는 민족, 신분, 계급, 국가 등 집단행위 규범 등의 강제력과 영향력에서 벗어나 개인적 취향, 취미, 기호, 가치관 등의 개인 체험 코드가 개인의 문화 행위를 규정하고 있다.[3] 다시 말해, 개인주의가 크게 팽창하면서 개개인의 의미와 행위, 자유와 인권이 중시되고 있다. 이러한 변화는 교회에도 영향을 미쳐 기존 제도, 규범, 교의 등이 교회 구성원 개개인의 선택에 좌우되면서 약화되는 경향이 있다. 따라서 교회는 개인화, 다양화되는 신자 개개인의 욕구를 충족시키고 느슨해지는 공동체 의식을 강화하기 위해 이 시대에 적절한

---

3. 방정배 · 한은경 · 박현순, 「한류와 문화 커뮤니케이션」, 커뮤니케이션북스, 2007, 16~20쪽; 75~83쪽.

문화적 방법론을 찾는 것이 필요하다.

　더 나아가, 현대 문화가 막대한 영향력을 행사하는 이 시대에 교회가 자신의 사명인 복음화를 수행하기 위해서는 현대 문화와 상호소통해야 한다. 교회가 지역 사회에서 존재의 의미를 드러내려면 '열린 교회' 혹은 '열린 사목'은 필수이며, 세상을 향해 자신을 개방하고 대화하려면 문화를 매개로 해야 한다. 지역 주민과의 다양한 문화 접촉은 날로 중요시되고 있는 상황이다. 노인대학, 어린이집, 재활용매장, 우리농매장, 문화센터, 노인전문상담실, 가족상담실, 휴게실, 동아리방 등 교회 안에 조성되는 새로운 문화 공간은 신자들과 지역 주민들이 함께 참여할 수 있게 해준다.

　세계화 시대에 전쟁, 테러, 가난, 정보 위계, 생태 파괴, 그리고 이주노동자 문제 등은 정치, 경제, 문화가 복합적으로 자아낸 인류의 어두운 면이다. 또한 복지, 교육, 인권, 성, 대중매체 등 오늘날 새로운 아레오파고로 출현해온 분야에서 생명을 경시하고 비인간화시키는 죽음의 문화가 만연되고 있다. 교회는 전 지구적이며 동시에 지역 문제에 접근하는 데 과거의 외방 선교적 방식의 한계를 느끼며 새로운 복음화의 길을 모색하고 있다.[4] 여기에서 새로운 복음화가 글로벌과 지역의 상호관계와

---

4. 교황 요한 바오로 2세의 회칙인 「교회의 선교 사명」(1990)은 31-38항에서 다양한 복음화를 제시하고 있다.

그 관계에서 빚어지는 모든 상황을 아우를 수 있도록 문화의 복음화는 반드시 실천되어야 한다.

3. 이미지 고양을 통한 간접 선교의 필요성

21세기는 이미지 시대이다. 사회 모든 분야는 경쟁에서 성공하기 위해 이미지 전쟁을 치루고 있으며 종교에서도 이미지의 중요성은 예외가 될 수 없다. 그 한 예는 한국의 가톨릭과 개신교를 비교하는 데서 찾아볼 수 있다. 2005년 실시한 인구주택총조사 결과, 지난 10년 간 신자수가 가톨릭이 74.4%, 불교가 3.1%씩 증가한 반면, 개신교는 1.6% 감소한 것으로 나타났기 때문이다. 이로 인해 개신교는 큰 충격에 빠져 있다. 얼마 전까지만 해도 개신교는 열정적, 적극적 선교로 우리나라뿐만 아니라 외국에서도 선례를 찾아볼 수 없을 정도의 교세 성장에 자부심을 가지고 있었음은 주지의 사실이다.

가톨릭과 개신교의 차이를 연구한 결과가 흥미롭다. 연구에 따르면, 가톨릭과 개신교는 서로 상반된 이미지를 가지고 있다는 것이다. 가톨릭이 관대하고 포용적인 반면, 개신교는 배타적이고 폐쇄적이라는 것이다. 성당, 성직자의 성스러운 이미지 역시 가톨릭에 호감을 주는 중요한 요소임을 지적하고 있다. 결국, 오늘날 선교나 복음화는 교회의 이미지에 달려있다고 해도 과언은 아니다. 개신교 감소 이유는 대외 이미지 실추라는 것이다. 마더 데레사 수녀나 교황의 이미지는 전 세계 사람들에게 진리를 수호하는 참봉사자의 모습을 보여주어 가톨릭에 호감을 가지게 한다.

가톨릭에 호감을 갖는 가장 우선적 방식은 삶의 증거이다.[5] 이웃에게 봉사하는 삶의 표양은 그리스도를 사람들에게 증거하는 가장 효과적인 선교이다. 가톨릭 신앙인의 봉사가 주변 사람들에게 알려지면서 가톨릭의 좋은 이미지가 생성되고 확인된다. 예를 들어, 한국 가톨릭의 상장례 예식(연령회가 죽은 이를 위해 연도와 염 등 모든 장례절차를 희생과 봉사로 수행함)은 비신앙인에게도 모범을 보여주어 신앙을 가지게 하는 간접 선교의 좋은 사례라 할 수 있다. 여기에 대중매체가 연결될 때 더 많은 사람들에게 가톨릭의 이미지가 확산될 수 있다. 따라서 상장례 문화나 미디어 문화를 간접 선교에 활용하여 가톨릭의 이미지를 고양하는 문화의 복음화가 앞으로 더욱 필요하다고 본다.

4. 전통적 신앙언어를 현대적인 신앙언어로

커뮤니케이션 미디어의 변화는 인간의 의식에 막대한 영향을 끼쳐왔다. 문자 시대에 사람들은 추상적 이론이나 논리적

5. 「현대의 복음선교」(1975) 41항; 「교회의 선교사명」(1990) 42항.

개념을 담은 인쇄물을 이성적이고 논리적으로 사고하고 수용하였다. 인쇄 문화는 수직적이고 권위적인 사회 속에 주종을 이루는 인간관계를 형성했다. 그러나 오늘날의 멀티미디어 문화는 눈으로 볼 수 있고 들을 수 있는 텔레비전이나 멀티미디어 등의 영상매체를 통하여 더 많은 정보를 받아들이고 있다. 특히 커뮤니케이션 미디어의 디지털화는 수평적이며 쌍방향적인 사회 속에 동등한 인간관계를 나타내고 있다. 급속한 인터넷 혁명은 한국 사회 역시 권위주의적 사회에서 탈권위주의적 사회로 변화시켜왔고, 우리의 상상, 가치관, 의미, 감성을 혁신하여 폭발적인 문화혁명을 일으키고 있다.[6]

커뮤니케이션 미디어의 변화는 교회의 구조, 신학, 교육, 전례 등 교회 전반에 바탕이 되는 소통방식을 변화시키고 있다. 문자와 인쇄라는 '읽는 문화Reading culture에서 영상과 멀티미디어라는 '보는 문화Seeing culture'로의 전환은 회중의 지적인 면만을 만족시켜주는 직선적이고 일방적인 전달만이 아니라, 회중의 감성과 의지에까지 호소하는 전인적인 면을 고려해야 함을 의미한다. 즉, 교회 안팎의 소통은 수직적이고 권위적인 '전달모델The transmission model'에서 수평적, 탈권위적이며 쌍방적인 '의례모델The ritual model'로 변화되어야 한다.[7]

현 교회는 문자와 인쇄 문화에 의존하여 전통적인 신앙언어

6. 이정덕, 『21세기 한국의 문화혁명』, 살림출판사, 2004.

와 상징에 머물러 있기 때문에 영상과 멀티미디어라는 새로운 언어에 익숙한 청소년들은 교회와 소통을 하지 못해 교회에서 멀어져 가는 실정이다. 기존 신자들도 교회에 냉담하고, 주일 미사를 포함한 성사 전반에 소극적으로 참여하고 있다. 교회가 올바른 복음 선포를 위해서는 전통적인 신앙언어와 상징을 이 시대의 새로운 언어라 할 수 있는 대중문화로 전환해야 한다. 문화의 복음화는 소통 패러다임의 전환에 크게 기여할 것으로 기대된다.

7. 커뮤니케이션은 '전달 모델'(Transmission Model)과 '의례모델'(Ritual Model)로 나누어진다. 전달모델은 통제를 목적으로 시간을 초월하여 신호나 메시지를 전달하는 것이다. 그리스도교는 이 땅에 하느님의 나라를 건설하고 확장하는 목적을 가지고 있기 때문에 선교활동(양적 선교: 신자수를 늘리는 목적. 교세 확장)을 위해 어떤 매체이든 하느님 말씀을 온 세상에 전파하는 데 수단이나 방법으로 사용해왔다. 전달모델에 따르는 커뮤니케이션은 일방적, 획일적, 권위적, 명령적인 특징을 보인다. 대체로 Old Media가 이러한 특징을 지니고 있다. 신문, 라디오, 텔레비전, 광고, PR 등이 여기에 속한다. 그러나 이러한 매체들도 최근에 쌍방향의 커뮤니케이션의 특성을 살리려는 정책을 펴고 있다. 의례적 모델은 메시지의 공간적 확대를 중점으로 하는 것이 아니라, 사회의 유지에 관한 것이다. 즉 정보전달 행위가 아니라 공유하고 있는 신념을 표현하는 것에 중점을 두는 것이다. 기도, 성가, 그리고 의식의 역할을 강조하기 위한 종교적 입장에서 유래했다. 이 모델의 특징은 상호작용적, 수평적, 대화적, 그리고 참여적이다. 다음을 참조하였음. Patrick Granfield, "The Theology of the Church and Communication," *The Church and Communication*, Kansas City, Sheed & Ward, 1994, p. 3, 315.

5. 교회 쇄신의 필요성

"교회는 항상 개혁되어야 한다Ecclesia semper reformanda." 이 말은 16세기 종교개혁 당시부터 지금까지 내려온 격언이다. 교회가 자기 쇄신을 해야 하는 이유는 세상을 복음화 하기 위해 자신이 먼저 복음화 되어야 하기 때문이다.[8] 쇄신은 변화를 두려워하지 않고 끊임없이 시도하는 데서 비롯된다. 현 교회는 교회 권위주의, 성차별, 중산층화, 보수화 등 교회 문화 전반에 걸쳐 쇄신되어야 할 과제가 많다. 교회가 자신의 문제를 지니고 있는 한 공적 영역에서 사회복음화의 영향력은 약화될 것이다.

교회가 끊임없이 쇄신과 회개를 통해 자신을 복음화 하기 위해서는 세속 문화(혹은 타자 문화)와의 상호소통이 반드시 필요하다. 세속 문화는 타종교 문화일 수도 있고 현대 문화일 수도 있다. 종교다원주의 시대에 종교 간 대화를 통해 교회는 자신의 지평을 더욱 확장해야 한다. 이 시대적 위기(생명, 환경, 양극화 등)를 이웃 종교와 함께 협력하여 해결하는 길잡이는 문화의 복음화일 것이다.

또한 세속 문화는 자주 교회를 위협하거나 대화를 요청하기도 한다. 예를 들어, 댄 브라운의 『다빈치 코드』(2003)는 그리스도교의 교의에 위협을 가하는 부정적인 영향력으로 엄청난 논

8. 바오로 6세 교황의 사도적 권고 「현대의 복음선교」 15항.

란의 대상이 되었지만, 반면에 그리스도교는 자신을 성찰하는 기회가 되기도 했다. (종교)다원주의 사회로 진행되면서 이러한 현상들은 계속될 것이다. 세속 문화는 이제 교회가 복음화시켜야 하는 대상에서 벗어나 주체적인 존재로 오히려 교회에 강력한 힘을 행사하고 있다. 더 나아가 소비문화나 여가 문화는 유사종교적 특성을 보이고 있고, 기수련, 요가, 명상에서 심령술, 영매, 채널링 등 신흥영성운동의 부흥이 건강, 문화, 예술로 교묘하게 확산되고 있다. 따라서 교회는 세속 문화에 극단적인 배타주의적 태도보다는 상호 대화로 자기복음화뿐만 아니라 성숙한 자신이 되기 위하여 문화의 복음화를 꼭 실천할 필요가 있다.

제2부

문화의 복음화

5장. 복음화의 의미

6장. 문화의 복음화를 위한 이론적 시도

7장. 문화의 복음화 개념

복음화의 의미

1. 교회의 사명인 복음화

교회는 본성상 "하느님 나라의 기쁜 소식을 전하는"(루카 4, 43) 의무가 있다. 제2차 바티칸공의회는 교회의 선교 활동에 관한 교령 「만민에게 Ad gentes divinitus」(1965)에서 "교회는 그 본성상 선교하는 것을 사명으로 한다."(2항)고 천명한 바 있다. 따라서 선교는 교회의 근본적인 소명이며 그 존재 이유이다.

교회는 자신의 근본적 사명으로 선교라는 용어를 오랜 기간 사용해왔지만 오늘날에는 복음화라는 용어를 광범위하게 보편적으로 쓰고 있다. 넓은 뜻으로는 동일하거나 유사한 면이 있지만, 엄밀하게 따지면 차이가 있다. 오늘날 왜 '선교'보다 '복음화'라는 용어를 선호하며, 복음화는 과연 어떤 의미를 가지고 있는지 살펴보자.

근대 사회로 들어서면서 선교라는 용어는 다음의 몇 가지 이유로 쟁점이 되었다.[1] 첫째로, 19세기와 20세기 초반 식민지주의가 끝날 무렵에 '선교'가 서구 열강들의 식민지주의와 보조를 맞추어 왔다는 사실이 명백해지면서 많은 사람에게 부정적으로 자리 잡게 되었다. 둘째로, 제2차 바티칸공의회 이후 교회는 타종교들에 대한 가치를 인정하고, 현대 신학은 하느님의 구원 은총을 비그리스도교인에게도 준다고 보았다. 셋째로, 어느 선교사도 백인 그리스도교 국가에 종속된 영토로 서구 열강의 대사나 대표로 가지 않았다. 나라마다 받아주지 않았고, 방인 사제, 수도자들의 증가로 외국 선교사들의 역할이 대폭 축소되었다.

한국 가톨릭 선교학 신학자인 배경민에 따르면, 선교라는 의미는 아직 교회가 건립되지 않은 나라와 민족들과 사람들 사이에 교회를 부식하고 일으키는 활동(「선교 교령」 6항)이라는 교회론적 신학 의미가 강하고 교회 확장 이념과 호교론적 의미가 지배적이어서 신앙생활과 일반 가정 및 사회생활과는 피할 수 없는 괴리감을 가지고 있다는 것이다.[2]

결국 교황 바오로 6세는 선교의 부정적 이미지를 해소하고자

1. 이하는 다음을 참조하였음. 박금옥, 『오늘의 복음화: 회개, 친교, 전달』, 가톨릭교리신학원, 28쪽; D. Bosch, *Transforming Mission*, 1991, 363쪽; 김용기, 『멀티미디어 시대의 복음화』, 가톨릭대학교 신학대학 대학원 석사논문, 2000, 4~5쪽.
2. 배경민, 『현대 복음화: 교회의 선교학 총론』, 분도출판사, 2006, 40~41쪽.

교황 권고 「현대의 복음선교」(1975)를 선포하여 '복음화 Evangelization' 라는 용어를 도입한다. 여기서는 '복음화' 와 '선교 활동' 을 명백히 구분하여 사용하는데, 교회 사명의 일반적인 의미로서 '복음화' 를, 부분적 선교활동은 '선교' 를 사용한다. 즉, 선교는 복음화의 한 부분으로서 수행하는 역할을 담당한다.

이 문헌은 복음화를 "인류의 모든 계층에까지 기쁜 소식을 전해 주며. …… 복음의 힘으로 인류를 내부로부터 변화시켜 새롭게 하는 것"(18장)으로 정의한다. 구체적으로 다음과 같이 표현한다.

교회로서 복음선교를 한다는 것은 단순히 더 더욱 넓은 지역에서 또는 더 많은 사람들에게 선교하는 것만이 아니고, 하느님의 말씀과 구원 계획에 상반되는 인간의 판단 기준, 가치관, 관심의 초점, 사상의 동향, 사상의 원천, 생활양식 등에 복음의 힘으로 영향을 미쳐 그것들을 역전시키고 바로잡는 데 있다고 하겠다.(19항)

위에서 살펴보았듯이 선교는 호교론적 차원과 상황을 강조하는 반면, 복음화는 한 걸음 더 나아가 인간의 권리 · 정의 · 평화 · 발전 · 자유를 옹호하는 지평도 포함하고 있어 매우 포괄적인 개념이다.[3] 따라서 복음화가 인간의 모든 삶의 차원, 즉 문화를 함께 다룬다는 면에서 "문화의 복음화"라 할 수 있다.

2. 복음화의 차원

시공간의 제한을 받으며 사회생활을 하던 과거의 복음화는 단순히 비그리스도인을 그리스드인으로 만드는 교세 확장과 수적 팽창에 주된 목적을 두었다. 하지간 정보화와 세계화가 심화되고 있는 이 시대에 복음화는 매우 복잡한 양상으로 분화되고 있다. 새로운 사회 체계와 다양한 삶의 방식이 출현하면서 일상 세계가 계속 재구성되고 있다. 자라서 교회가 급변하는 상황에 잘 적응하려면 복음의 통시성에 관심과 실천을 더 기울여야 한다.

1) 복음화의 활동 영역

「교회의 선교사명」(33항)은 복음화의 활동 영역을 '외방 선교', '사목적 선교', '새로운 복음화'로 구분하고 있다. 외방 선교는 그리스도를 잘 모르는 타인에게 전개하는 활동이다. 사목적 선교는 견고한 교회 구조를 갖춘 상황에서 열성적 신앙인들이 자기 지역에서 복음화를 수행하는 활동이다. 새로운 복음화는 세례는 받았지만 신앙의 활력이 부진하거나 그 생활에서

3. 배경민, 『현대 복음화: 교회의 선교학 총론』 분도출판사, 2006, 42쪽.

떨어져 나간 이들을 대상으로 하는 활동이다.

이 문헌은 특별히 외방 선교의 새로운 영역을 소개하고 있다. 급속한 도시화와 이주민 증가라는 새로운 사회현상으로 나타나는 '이주민들', 홍보의 세계인 '문화 영역', '민족들의 평화와 발전', '해방의 추진', '소수집단의 인권 옹호', '자연보호' 등도 복음화의 대상으로 간주한다.(37항)

외방 선교는 교회 외적인 영역에서 이루어지는 반면, 사목적 선교와 새로운 복음화는 교회 내적 영역에 초점을 맞추고 있다. 전자가 밖을 향하는 '원심력'이라면 후자는 안으로 향하는 '구심력'에 해당된다. 타인의 복음화가 이루어지려면 '자기복음화'가 먼저 되어야 한다. 「현대의 복음선교」에서는 "교회가 전 세계를 참으로 복음화 하려면 끊임없는 회개와 쇄신으로 교회 자체가 복음화 되지 않으면 안 되겠다."(15항)고 천명한 바 있다. 그러나 셋째로 언급된 새로운 복음화는 신학자들의 논쟁을 일으킬 만큼 개념 정리에 상당한 편차를 보이지만, 이 시대의 교회 쇄신과 새로운 사목을 위한 핵심적 개념이 될 수 있다.[4]

교황 요한 바오로 2세는 라틴 아메리카 대륙에 복음이 전래된 지 500주년을 기리는 뜻 깊은 때에 "새로운 열의, 새로운 방

---

4. 심상태, 「새로운 복음화의 의미 연구」, 『한국그리스도사상』, 제3집, 한국그리스도사상, 1995, 166~202쪽.

법, 새로운 표현"으로 이루어지는 '새로운 복음화'의 시작을 선포하였다.[5] 이 선포는 그리스도교적 전통 속에 살아온 서구 국가들에게 종교의 세속화와 도덕적 위기로 신앙과 생활이 일치하지 않는 모순에 대한 대안으로 제시된 것이다. 그리스도교 문화 기운이 줄어드는 배경에서 교회의 쇄신을 외친 교황의 '새로운 복음화'는 엄밀한 의미에서 '재복음화'이지만 그가 재직 중 누누이 강조해온 '문화의 복음화'로 해석된다.

2) 복음화의 지향

복음화는 선포하는 지향에 따라 양적, 질적 복음화로 나눌 수 있다. 양적 복음화는 부활하신 예수님이 승천 직전에 제자들에게 남겨주신 유언이며 지상명령인 복음선포를 실천하는 데 목적을 둔다.(마태 28, 19-20) 교회는 자신의 지속적 성장을 위해 외부로부터 새로운 구성원과 집단을 입교하는 것을 고유한 사명과 의무로 여긴다. 복음화의 활동 영역 중에 '외방 선교'가 여기에 해당된다.

질적 복음화 설명은 다음과 같다. 요한복음은 아버지를 향한 예수님의 중재기도 속에서 질적 선교의 사명을 강조하는데(17, 21-23), 그리스도 안에서의 일치와 믿음 사이의 관계성에 비중

---

5. 요한 바오로 2세, 「제19차 CELAM 정기 총회에서의 연설」, AAS LXXXV, 1983, 778쪽 참조.

을 두고 있다. 진정한 복음선포의 목적은 그리스도의 믿음 안
에서 모든 사람이 일치하는 데 있다. 삶 안에서 사랑·용서·
평화·나눔 등의 실천을 통해 일치가 이루어질 때 신앙은 구체
화되고 육화된다.

　양적, 질적 복음화는 이분법적으로 접근하기보다는 동전의
양면처럼 서로를 필요로 하는 상호보완적 관계를 이루고 있다.
양적인 복음화 없이 질적 복음화를 이룰 수 없고, 질적 복음화
없이 양적 복음화도 이룰 수 없다. 문화의 복음화가 이 시대의
양적, 질적 복음화를 동시에 만족시켜주는 교회의 사명으로 받
아들인다면 보다 구체적으로 분석하고 해석할 수 있는 정교한
인식과 이론의 틀이 필요하다.

6장

문화의 복음화를 위한 이론적 시도[1]

1. 이론화를 위한 전제

문화의 복음화를 이론화하기 위해 다음의 세 가지 전제를 설정하고자 한다.

[1] 문화의 복음화를 이론화하는 작업은 결코 쉽지 않다. 우선, 문화의 복음화에 대한 기존 이론이나 관련 자료를 가톨릭 안에서 찾아내기가 거의 힘들다. 단지 몇몇 외국 가톨릭 잡지가 교황 요한 바오로 2세의 새 복음화 주창과 맞물려 소개하는 정도에 그치는 형국이다. 반면에 가신교는 오래전부터 '문화선교'라는 용어를 사용하여 여러 저서나 논문을 통해 이론화시켜왔다. 이러한 연유로 문화의 복음화를 위한 이론화 작업은 불가피하게 어느 정도는 개신교의 자료들에 의존할 수밖에 없음을 밝힌다. 개신교는 이미 "기독교문화학" "기독교문화신학"과 같은 분과학문을 발전시키면서 문화선교의 이론적 틀을 풍부하게 구축해왔다. 따라서 문화의 복음화를 이론화하는 데 개신교 자료를 참조하여 도움을 받고자 한다. 그러나 가톨릭은 개신교와 신학적, 교의적, 전례적인 면에서 엄연한 차이가 존재하기 때문에 문화의 복음화를 이론화하는 과정은 가톨릭의 고유한 입장에서 진행될 것이다.

전제 I: 복음과 세속 문화[2]는 상호소통적Inter-communicative
이어야 한다.

복음과 세속 문화가 소통을 이룰 때 문화의 복음화는 가능하
다. 상호소통의 조건은 양쪽이 동등한 입장이 되어 나눔을 통
해 서로에게 영향을 주는 것이다. 따라서 복음과 세속 문화가
상호소통을 위한 조건은 상호문화화Inter-culturation[3]이다.

전제 II: 그리스도교와 세속 문화는 상호문화화 되어야 한다.

상호문화화는 복음과 세속 문화의 상호소통에 대한 방법론
이다. 이것이 결여될 때 복음이 세속 문화에, 세속 문화가 복음
에 어떤 방법으로 소통하는지 설명하기 어렵다. 상호소통의 방
법론이 상호문화화로 제시되지만 그것의 궁극적 목적은 그리
스도교와 세속 문화 양쪽이 상호복음화Inter-evangelization 되
어야 한다.

2. 본문에서 세속 문화는 교회 문화와 구분되는 타자문화의 의미로 사용된다. 당대
   의 지배적인 문화, 현대 문화, 혹은 대중문화 전반을 일컫는다. 이는 교회 문화와
   는 별도로 존재하는 교회 외부의 문화임을 분명히 하고, 더 나아가 타자의 주체
   성을 인식하게 하려는 일깨우기 위한 의도가 포함되어 있다.
3. 상호문화화(acculturation)는 그리스도교가 문화화(culturation)되면서 교회 문화
   와 세속 문화가 상호문화화 된다는 뜻이다.

전제 III: 그리스도교와 세속 문화는 상호복음화 되어야 한다.

2. 문헌고찰

1) 상호소통적인 복음-문화 패러다임

전통적 그리스도교가 문화를 대하는 입장은 '복음 대 문화'라는 이원론적 방식이었다. 즉, 교회는 문화를 타락한 세속으로 보고 이것을 복음으로 변화시켜야 할 대상으로 여겼다. 따라서 복음과 문화는 상호소통이 아닌 적대적 관계였다. 그러나 현대 사회에서 교회가 세계라는 문화와 단절된다면 자신의 복음화 사명은 실천될 수 없으며 세계와 소통하기 위해 복음과 문화의 관계 당위성을 재정립하고 설득해야 한다.

사실 복음과 문화는 근본적으로 불가분의 관계다. 이들의 관계성을 알아보려면 먼저 종교와 문화의 관계를 살펴보는 게 필요하다. 개신교 신학자인 정성하는 "종교와 문화는 반대 성격이지만 서로의 존재를 필요로 하는 아주 밀접한 관계를 지니고 있다."[4]고 말하고 있다. 좀 더 구체적으로 표현한다면, 문화신학자 폴 틸리히Paul Tillich는 "종교란 문화의 실체이며, 문화란 종교의 형태이다."[5]라는 유명한 명제를 제창한 바 있다. 다시

4. 정성하, 『종교와 문화의 사이공간과 선교』, 한들출판사, 2004, 112쪽.
5. Paul Tillich, *Theology of Culture*, New York: Oxford Press, 1959. (폴 틸리히, 김경수 옮김, 『문화의 신학』, 대한기독교서회, 1997, 52쪽).

말해, 종교가 문화를 구성하는 핵심 요소인 동시에, 문화도 종교의 표현 양식을 구현하는 일에 결정적 영향을 제공하므로 상호 연관되어 있다는 것이다. 모든 종교적 활동은 조직화된 종교 내에서만 아니라 영혼에서도 문화적으로 활동하며, 창조적 문화 활동은 궁극적으로 종교 관심을 포함한다.

본질적으로 "종교란 인간 정신 기능의 한 특수한 영역이 아니고 인간의 정신적 삶 전체의 '깊이의 차원'이기 때문에 문화적 삶의 현상과 활동 전 영역과 관련된다."[6] 반면에, 인간은 문화 활동과 예술적 행위로 인간 세상을 초월하는 표현을 한다. 결국 문화가 궁극적인 사명자가 되며, 문화의 각 장르는 종교적 계시의 훌륭한 매개체 혹은 담지자가 된다.

종교와 문화의 뗄 수 없는 관계는 그리스도교의 복음과 문화의 관계에서도 적용된다. 개신교 신학자 김영한의 말은 위에서 언급된 폴 틸리히의 명제를 복음에 비추어서 재강조하고 있다.

기독교는 그 구성요소로써 두 가지의 본질적인 것을 지니고 있다. 하나는 초문화적인 하느님 말씀이요, 다른 하나는 이 말씀을 역사적으로 표현하는 문화적인 형식이다. 문화적 형식 없이 복음의 선포는 있을 수 없다.[7]

6. 김경재, 『문화신학담론』, 대한기독교서회, 1997, 27쪽.
7. 김영한, 『한국기독교 문화신학』, 성광사, 1995, 95쪽.

가톨릭교회의 문헌들은 복음과 문화의 불가분의 관계성뿐 아니라 복음이 어떻게 문화에 접근해야 하는가 하는 방법론을 자주 다루어왔다. 요한 바오로 2세의 회칙 「신앙과 이성Fides et Ratio」(1998)은 "복음이 처음 선포되던 때부터 교회는 문화들과 만나 그 문화들에 참여하는 과정을 알고 있었다."(70항)고 언급한다. 「사목헌장」(1965)은 이 점을 다음과 같이 구체적으로 서술한다.

하느님께서는 혈육을 취하신 당신 아드님을 통하여 당신을 완전히 보여 주시기까지, 당신 백성에게 당신을 계시하실 때 각 시대에 고유한 문화에 적응시켜 말씀하셨기 때문이다. 이와 마찬가지로 교회도 시대의 변천을 따라 여러 환경 속에서 살아오면서 그리스도의 메시지를 모든 백성들에게 널리 설교하며 설명하고, 그것을 더 깊이 연구하여 깨닫고, 전례와 여러 층의 신자 공동체 생활 가운데서 더 잘 표현하기 위하여 문화의 소산을 이용하여 왔다(58항).

사실 복음은 고유한 문화에 깊이 젖어 있는 사람들이 대상이므로, 인간의 문화 안에서 인간의 언어로 선포되어야 하며 그 시대의 고유한 문화 상황도 고려해야 한다. 이것이 바로 복음 선포 방법론 중의 하나인 토착화이다. 이 문제는 문화의 복음화를 개념화할 때 다시 거론될 것이다.

지금까지 복음과 세속 문화가 '복음-문화 패러다임'에서 불가분의 관계성을 확인하였다. 그러나 특성상 이 관련은 반드시 상호소통Inter-Communication해야 한다.

복음과 문화 상호소통은 서로의 주체성과 고유한 역할을 인정해야 가능하다. 개신교의 문화신학자였던 리처드 니버H. Richard Niebuhr는 그리스도와 문화에 관한 다섯 유형[8]을 제시했지만 복음과 문화 양쪽의 주체성 인식에는 한계를 보인다. 여러 신학자는 이들 유형 중 가장 바람직한 것으로 '문화 변혁자로서의 그리스도'를 지적하지만 이것마저 교회를 주체로, 문화를 변혁해야 할 대상으로 보고 있다. 따라서 리처드 니버가 "그리스도와 문화"에서 제시한 대안은 복음이 세속 문화와 소통하는 것이 아닌 일방적 선언이다.

복음과 문화 상호소통의 조건은 레비나스Emmanuel Levinas[9]의 주체 개념에서 찾을 수 있다. 그에 따르면, 진정한 자기의 주체성을 발견하려면 타자의 얼굴을 들여다보아야 한다. 얼굴

---

8. H. Richard Niebuhr, Christ and Culture Harper & Row, 1956. (리차드 니버, 김재준 옮김, 『그리스도와 문화』, 대한기독교서회, 1997). 니버는 그리스도와 문화의 관계를 다음과 같이 다섯 유형으로 나눈다. '문화에 대립하는 그리스도'(against culture); '문화 위에 군림하는 그리스도'(above culture); '역설적 관계 속의 그리스도와 문화'(in paradox with culture); '문화의 그리스도'(of culture); 그리고 '문화 변혁자로서의 그리스도'(transformer of culture).

9. Emmanuel Levinas, *Ethics and Infinity*, Duquesne University Press, 1985; *Time and the Other and Additional Essays*, Duquesne University Press, 1987.

로 다가오는 타자 문화는 더 이상 나의 인식 대상이나 시각의
대상이 아니라 오히려 타자의 얼굴은 자아로 하여금 주체되게
하는 또 하나의 중심인 중심부가 된다. 이러한 주체 개념은 궁
극적으로 자기중심의 주체관에서 타자중심의 주체관으로, 더
나아가 나의 권리를 주장하는 터도에서 타자에 대한 책임을 강
조하는 태도로 변화하도록 탈주체적 대화로 이끈다. 이는 타문
화에 대한 존중과 배려를 전제로 한다.[10] 따라서 교회는 복음의
빛으로 세속 문화를 변혁하는 책임을 닮는 주체인 동시에 세속
문화를 교회의 정화와 쇄신에 영향을 주는 주체로 보아야 한다.

지금까지 문화의 복음화를 이론화하는 첫 번째 전제로 "복음
과 세속 문화는 상호소통해야 한다."는 당위성을 입증하였다.

2) 복음과 세속 문화의 상호문화화

복음과 문화의 상호소통은 으늘날 그리스도교의 존재 방식
이다. 하지만 상호소통이 구체적으로 어떻게 작용하는가? 그
과정이 논리적 합리성을 얻지 못하면 복음과 세속 문화의 상호
소통은 선언적 의미에 불과하다.

개신교 신학자 정성하는 복음과 문화를 텍스트와 콘텍스트
의 관계로 보고 상호소통적인 복음–문화 패러다임이 어떻게

10. 다음을 참조하였다. 정성하, 『종교와 문화의 사이공간과 선교』, 250~253쪽; 신
    응철, 『기독교 문화학이란 무엇인가』, 북코리아, 2006, 169쪽.

정교하게 작동할 수 있는지 그 단초를 제공하고 있다.

텍스트는 콘텍스트를 떠나서 존재하는 것이 아니고, 콘텍스트 또한 텍스트와의 만남을 통해서 변화되거나 새롭게 인식되는 것이다. 따라서 복음은 문화라는 형식으로 통전되어 표상화 된다는 것을 인정하지 않을 수 없다. 이는 일상생활에서 기독교의 존재 방식이 문화적이라고 하는 것을 의미한다.[11]

시대나 지역에 따라 텍스트로서 복음은 절대불변의 공시성을 지니고 있지만, 콘텍스트인 문화는 늘 변화하는 통시성을 지니고 있다. 복음은 통시적인 문화를 통해 동시대에 표현되고 전달된다. 정성하는 여기에서 그리스도교의 문화적 요소를 발견하고 문화화Culturation시킬 것을 제안한다. 그는 그리스도교를 문화화 시키기 위해 현대 기호론[12]이라는 방법론에서 그리

11. 정성하, 『종교와 문화의 사이공간과 선교』, 122쪽.
12. 기호학은 상징체 창조와 의미작용이 어떻게 이루어지는가를 연구하는 학문이다. 다른 한편으로는 연구의 대상이 되는 상징체가 어떤 구조로 만들어져 있으며, 어떤 의미를 품고 있는가를 분석하는 것이 기호학이다. 현대 기호학은 일반적으로 문화 현상과 과정에 초점을 맞추고 있지만, 문화 현상과 관련되어 일어나는 모든 현상, 가령 정치, 경제, 종교, 사회현상 등에도 주목한다. 좀 더 근본적으로 말하면, 기호학은 기호에 의해 일어나는 커뮤니케이션 현상을 다루는 학문이다. 기호학의 원칙은 사회현상을 기호로 대치substitution시키는 것이다. 이러한 대치작용은 의미작용이라는 수속을 필요로 하며 다음과 같이 표현된다. 기호=기표(siginfier)+기의(signified) 의미작용은 기표에 기의를 더하거나 빼는 작용이다.

스도교의 해체와 분절화를 시도한다. 다음은 그리스도교의 분절화 과정을 자세히 기술하고 있다.

현대 기호론에 따르면 기독교라는 기호는, 기의에 해당하는 복음과, 기표라는 드러나는 표상의 영역으로 분절화 된다. 이것은 앞서 스미스 W. C. Smith[13]가 종교를 신앙과 축적적 전통으로 구분한 것과 마찬가지다. 이때 신앙은 기의에 해당하고, 축적적 전통은 일반적 의미의 문화를 뜻하는 기표에 해당한다. 이러한 기호론적 분절구조와 스미스의 구분방식을 도구적으로 수용해서 적용해보면, 기독교는 다음과 같이 분절된다.

기독교=기의+기표=신앙−축적적 전통=신앙+문화

여기서 기독교는 신앙이라는 의미와 문화라는 표현 양식으로 나누어진다. 이때 기독교에 대한 가시적 영역은 문화화를 통해 인지된다.[14]

위의 정성하의 논조는 문화의 복음화를 이론화시키는 둘째 전제인 '교회와 세속 문화의 상호문화화'를 입증한다고 본다.

13. Smith, Wifred C. *The Meaning and End of Religion*, Augsburg Fortress Publishers, 1991. (윌프레드 캔트웰 스미스, 길희성 옮김, 『종교의 의미와 목적』, 분도출판사, 1997, 211~212쪽).
14. 정성하, 『종교와 문화의 사이공간과 선교』, 123쪽.

그리스도교는 분절화 작업에서 기의인 신앙의 절대성과 동시에 기표인 축적적 전통이라 불리는 교회 문화로 나눠진다. 이러한 나눔은 교회 문화와 세속 문화의 만남과 소통을 가능하게 하고, 나아가 상호문화화[15]까지 실현한다는 것이다. 상호문화화는 일방적 혹은 쌍방향으로 영향을 끼쳐 자신도 모르는 사이에 상호 흡수되어 궁극적으로 공생하고 공존하면서 새롭게 변화되는 것이다. 결국 그리스도교는 문화적 변화를 겪음으로써 문화적응Inculturation[16]에 이르게 된다.

3) 상호복음화Inter-Evangelization 개념

이제 문화의 복음화를 위한 셋째 전제인 '교회와 세속 문화 간의 상호복음화'를 수용하게 되는 과정을 설명하겠다. 상호복음화는 문화의 복음화가 추구하는 궁극적 목적이며 지향이다. 그것은 교회와 문화가 서로에게 영향을 끼침으로써 새로운 교회 문화나 새로운 현대 문화를 형성할 수 있음을 뜻한다. 한국 가톨릭의 대표적인 평신도신학자 황종렬은 문화의 복음화가 제대로 이루어지기 위한 제언으로 '상호복음화'를 주장한다.

---

15. 상호문화화는 모든 문화가 문화 간 만남에서 문화변용(acculturation)을 겪는다는 것을 인정한다. 원래 문화변용은 서로 다른 문화를 지닌 인간의 집단이 직접적, 영속적인 접촉을 한 결과 일방 또는 쌍방의 문화가 변화하는 현상을 말하는 것이다. 다음을 참조하였음. 정성하, 『종교와 문화의 사이공간과 선교』, 2004, 215~216쪽.
16. 여기서 문화적응은 그리스도교적 토착화를 의미한다.

그는 이 용어를 다음과 같이 표현한다.

그리스도교 문화가 주체적 성격을 띠면, 여타의 문화는 대상과 도구의 위치에 놓일 수 있으나, 여타의 문화가 복음화에서 주체적 성격을 띨 때, 그리스도교 문화가 복음화의 대상과 도구로 자기를 낮출 수도 있는 것이다.[17]

상호복음화는 모든 문화가 서로가 서로에게 주체요, 대상이며, 도구의 위치가 될 수 있다는 기본 조건을 배경으로 한다. 그러나 교회는 지금까지 그리스도교 문화가 복음화 하는 차원에만 국한되었다고 황종렬은 지적하고 있다. "다른 문화가 그리스도교 문화와 신앙살이 주체들을 복음화 할 수 있다고 보는 데는 소극적이었고, 그 가능성을 아예 외면하거나 무시하기조차 하였다."[18] 교회의 이런 태도는 그리스도교 문화 중심주의와 배타적 그리스도교 우월주의에서 비롯된다는 것이다.

그리스도교의 오랜 역사는 그리스도교 문화 중심주의가 지닌 위험성 내지 오류의 교훈을 제공한다. 마태오 리치가 좋은 예이다.[19] 그는 중국에 도착하여 처음에는 불교 승려복을 입고

17. 황종렬, "한국신학의 관점에서 본 문화의 복음화,"「문화의 복음화, 그 현재와 미래」워크숍, 한국천주교 주교회의 매스컴위원회 주최, 2004년 11월 5일, 44쪽.
18. 황종렬, 43쪽.
19. 그 이하는 다음을 참조하였음. 김영동,「복음과 문화」,『교회와 신학』, 2002년, 가을호, 제50호, 155～156쪽.

선교하였다. 현지 문화를 섣불리 판단했기 때문이다. 얼마 후 리치는 중국 문화의 실체가 유교임을 알고는 다시 유학자의 관을 쓰고 옷차림을 하였다. 복음의 커뮤니케이션을 위하여 일종의 '복음의 중국 문화화'를 시도하였던 것이다. 이리하여 중국 선비들이 기독교 관념을 받아들일 수 있는 문화적 가교를 제공했다. 마태오 리치는 '유교를 보완'하고 '유교와 결합'하여 '유교를 초월'하겠다는 자기의 주장을 실행하기 위하여 1595년 남창에서 「천주실의」란 책을 판목에 새겨 유가사상으로 그리스도교 교의를 논증하려 하였다. 이렇듯 선교 현지 문화를 존중하는 마태오 리치의 선교방법은 많은 중국인의 마음을 열어 복음을 받아들이게 했으며 그 결과 개종자가 늘어났다.

리치의 선교방법론이 그 당대에 어느 정도 효과를 얻었는지 모르지만 일종의 '문화적 카멜레온'으로 불릴 수 있다. 이러한 리치의 적응주의에 대해 황종렬은 '문화적 도구주의'에 불과하다며 '배타적 그리스도교 절대주의'라는 한계성을 지적하고 있다.[20] 리치의 선교방법론 역시 리처드 니버가 말하는 "문화의 그리스도" 유형에 해당된다.

궁극적으로, 문화의 복음화는 문화들이 서로의 변화를 야기하는 주체임을 전제한다. 특히, 그리스도교는 불변하는 신앙을 통시적으로 표현하는 교회 문화와 세속 문화가 상호소통하여

20. 황종렬, 39쪽.

마태오 리치가 중국
유학자의 관을 쓰고
옷차림을 한 장면.
리치의 선교방법론
이 일종의 '문화 도
구주의'에 불과하며,
'배타적 그리스도교
절대주의'라는 한계
성에 머물러 있다.

쌍방향의 상호복음화를 지향해야 한다.

3. 문화의 복음화 이론

  문화의 복음화는 복음과 문화 간의 상호소통, 상호문화화,
상호복음화라는 확고한 명제들을 가지고 이론과 개념을 형성

한다. 문화의 복음화에 가장 근간이 되는 것은 '복음과 문화의 상호소통 관계성'이다. 여기에서 문화의 복음화는 세 가지 차원, 즉 '문화를 통한 복음화', '문화에 대한 복음화', '문화에 의한 복음화'로 분류된다.

문화의 복음화 첫째 이론은 '문화를 통한 복음화'이다. 이것은 문화의 긍정적인 차원을 전용하여 그리스도교적 메시지를 표현하고 지역 교회의 생활에서 실현하는 것이다.[21] 여기서는 문화를 복음 메시지에 맞게 표현하고 하느님 나라를 건설하는 수단이나 도구로 활용한다.[22] 급변하는 문화의 시대에 교회 문화는 세속 문화를 통하여 세상과 소통할 수 있다. 과거에는 세속 문화가 교회 문화에 종속되었지만 오늘날 세속 문화는 세상과 교회에 엄청난 영향을 끼치고 있다. 예전에는 교회가 세상에 유일하게 가치 제공을 하는 역할을 했지만 이제는 그 역할을 상실하고 세속 문화 혹은 대중문화에 넘겨주고 있다. 날로 대중문화가 자본화, 권력화되면서 가정·학교·교회에 큰 영향력을 발휘하고 있다.

문화의 복음화 둘째 이론은 '문화에 대한 복음화' 차원을 내

---

21. Robert J. O'Donnell, CSP, "John Paul II on Evangelization of Culture in the United States," *The Living Light*, 1993, Vol. 30. 이 내용은 이미 교황 요한 바오로 2세가 1985년 교황청 문화평의회 3차 연례회의에서 행한 연설에서 언급된 것이다.
22. 이러한 내용 역시 교황 요한 바오로 2세가 1985년 교황청 문화평의회 3차 연례회의에서 행한 연설에 포함되어 있다.

포한다. 이것이 교회가 자주 언급하는 문화의 복음화로써 문화를 복음으로 변화시켜야 할 대상으로 여긴다. 즉, 세상의 비복음적 문화에 대해 교회가 비판하고 복음의 빛으로 그 문화를 변형하는 것을 문화의 복음화로 인식한다. 교회가 문화에 대한 복음화를 강조하는 이유는, 문화적 영역이 방대한 전통적 그리스도교 국가조차 복음과 무관하게 보이기 때문이다. 따라서 문화의 복음화는 그리스도교적 믿음에 반대되거나 그리스도교 사상이 결여된 문화에 도전하여 교정하거나 새롭게 변화시키는 것을 의미한다.[23]

　문화의 복음화 이론의 셋째 차원은 '문화에 의한 복음화'이다. 문화의 복음화는 궁극적으로 새로운 그리스도교 문화의 창조와 건설을 향해야 한다. 그것은 교회 안에 그리스도교적 토착화 작업을 통해 새로운 교회 문화를 생성·유지·확산시켜야 한다. 이것은 문화의 활용과 비판이라는 문화의 복음화의 첫째, 둘째 차원을 수행하는 가운데 새로운 교회 문화를 창조하여 그것을 교회 안팎에 복음화 시키는 주체적 역할을 하는 것이다. 또한 새롭게 형성되는 교회 문화는 세속 문화에게 대상이 되어 자기정화와 쇄신의 과정을 거쳐 문화적응 내지 토착화되어야 한다. 올바로 정립된 교회 문화만이 다시 세상을 복음화 할 수 있는 것이다.

23. Robert J. O'Donnell, CSP, 앞의 글.

결론적으로, 문화의 복음화는 세 가지 차원, 즉 '문화를 통한 복음화', '문화에 대한 복음화', 그리고 '문화에 의한 복음화'를 포괄적으로 고찰함으로써 전체적인 이해에 도달하게 된다. 이 차원들은 현실적으로 서로 분리되고 독립되어 있지 않아, 동시적이거나 혼합적일 수도 있다. 다음의 표는 문화의 복음화가 지닌 세 가지 차원을 정리한 것이다.

〈세 가지 문화의 복음화 차원〉

	문화를 통한 복음화	문화에 대한 복음화	문화에 의한 복음화
문화의 기능	도구	대상	주체
복음화 방식	문화 활용	문화 비판과 대안 제시	토착화
복음화 대상	세속 문화	세속 문화	교회 문화
소통	교회 밖	교회 밖	교회 내

궁극적으로 문화의 복음화는 삶 안에서 우리와 함께 계시는 하느님을 자연스레 느끼게 하고, 그분을 찬미하며, 그분께 우리 삶을 투신하게 하는 것이다. 신앙은 삶 안에서 하느님의 육화를 구체적으로 드러내는 것이다. 우리 삶의 모든 방식이 문화이기 때문에 신앙은 문화 속에서 육화되고 열매를 맺어야 한다. 21세기 문화의 시대에 교회, 세계, 그리고 개인이 상호소통

함으로써 하느님 나라를 이 땅에 실현하는 적합한 이론과 실천
은 다름 아닌 문화의 복음화이다.

7장

문화의 복음화 개념

1. 문화를 통한 복음화

문화의 복음화는 '문화를 통한 복음화' 혹은 '문화와 함께 하는 복음화'를 의미한다. 이것은 문화의 요소들을 복음화의 도구나 수단으로 인식하면서 문화를 통하여 복음을 세상에 실천하려는 것이다.

문화는 일상까지 깊이 스며들어 총체적인 삶의 양식이 되었다. 문화 없이는 개인과 개인, 집단과 집단의 의사소통, 정체성의 형성과 유지, 인간의 욕망, 쾌락 충족, 자본과 권력 실천이 불가능하다. 시간의 흐름에 따라 문화는 끊임없이 상징·기호·코드가 변화하는 특성이 있다. 당대 사람들의 삶과 뗄 수 없는 관계를 맺고 강력한 영향을 끼치는 문화가 복음화를 위해 도구로 적극 활용되는 것은 자명한 일이다.

교황청 사회 커뮤니케이션 위원회 사목 훈령인 「일치와 발전 Communio et Progressio」(1971)에서는 교회가 문화, 특히 미디어 문화를 필수적으로 사용해야 한다고 천명하고 있다.

사회 커뮤니케이션이 가끔 교회와 세상 간의 유일한 지름길일진대 이것을 사용하지 않는다면 하느님께서 주신 달란트를 땅에 묻어버리는 셈이다(123항). 현대 매스미디어의 장점을 이용하지 않고서는 아무도 그리스도의 명령을 충실히 지킨다고 생각할 수 없을 것이다.(126항)

문화의 중재 역할을 하는 매스미디어는 위의 문헌에서 강조하듯이 복음선포를 위해 반드시 활용해야 하는 '하느님의 선물'[1]이다. 매스미디어의 활용은 사목자·평신도 모두에게 주어진 사명이다.

문화를 통한 접근은 미디어 환경에 둘러싸인 현대인들에게 매우 쉽게 다가갈 수 있다. 특히 영상매체는 이 시대에 새로운 언어로 자리매김하여 의사소통뿐만 아니라 사고력 패턴에까지 막대한 영향력을 끼친다. 한편의 영화·드라마·다큐멘터리 등을 통하여 깊은 감명을 주고 간접적으로 복음적 가치관을 심어 줄 수도 있다. 따라서 연극·음악·영화·비디오·정지영상·동영상 등이 교리교육이나 전례, 강론에 보조적으로 사용

1. "Miranda Prorsus", AAS, XXIV, 1957, 765쪽.

될 수 있다. 새로운 언어인 디지털 대중문화는 특히 신세대 청소년들과의 커뮤니케이션을 쉽게 하도록 도와준다.

대중문화의 활용은 환경·복지·생명·정의·화해의 영역에서 사회복음화에 기여할 수 있으며 문화를 통해 의식화 교육과 실천이 수행되어야 한다. 과거에는 사회복음화가 개인의 취향과 선택을 무시하고 대중적이고 획일적으로 실행되었지만, 최근에는 개인의 다양성과 상대성이 고려되면서 일상의 문화 속에서 실천 가능한 다양한 프로그램들이 계발되고 있다.

문화를 통한 복음화는 근래에 나타난 것이 아니라 이미 초대교회부터 지금까지 교리교육을 위해 실천해왔던 방법이다. 그 원리는 신구약성서에서 찾아볼 수 있다. 미디어와 문화에 관련된 여러 교회 문헌도 문화를 통한 복음화의 당위성을 역설해왔다. 교회 역사, 신구약성경, 교회 문헌은 문화를 통한 복음화의 길잡이가 될 것이다.

1) 문화를 활용한 포괄적인 교회 역사

초대교회는 주로 묻고 대답하는 교리문답Catechesis의 교육 방법을 취했다. 말이라고 하는 미디어를 사용했고 격언, 이야기, 비유, 잠언, 그리고 민간설화 등과 같은 구술oral의 형태를 주로 활용했다. 이러한 '구술 문화Oral culture'는 청각에 의존해 주로 암송과 기억을 통해 교리나 성서 내용을 저장하고 전수하였다.

교부 시대와 중세 시대에 들어와서도 구술 문화는 계속되었지만 가시적이고 구체적인 상징으로서 '시각 문화Visual culture'가 발전하였다. 예술·건축·연극·상징·이콘 등이 일반 대중을 위한 교리교육의 시각적 자료로 보충 역할을 충분히 하였다. 예를 들면 중세의 신비극들mystery plays은 성경을 근거로 글을 모르는 대중들에게 많은 메시지를 전달한 주된 수단이었다.[2]

15세기 구텐베르크의 인쇄기 발명 이후 가톨릭교회는 유럽 자본주의와 종교개혁을 가능하게 한 '인쇄 문화Print culture'에 처음에는 대항하였지만 나중에는 교도권에 의한 통제를 통해 적극적인 수용 태도를 보였다. 교회 자체의 출판사나 신문사가 설립되어 교회서적·신문들이 대중화되었고, 최근까지도 전례, 교육, 성사, 행정 등 교회 전반적인 활동에 인쇄매체가 주류 홍보매체로 활용되고 있다. 물론 문학, 철학, 성음악, 성미술, 교회건축 등의 고급문화가 간접적으로는 교리교육이나 선교를, 직접적으로는 교회나 소수 엘리트층의 권력과 자본의 유지와 확장을 위해 대단히 발전하였다.

---

2. 오스카 G. 브로켓, 김윤철 옮김, 『연극개론』, 한신문화사, 1990, 152~157쪽.

구텐베르크의 인쇄기. 우리나라보다 약 2백년 늦게 개발된 구텐베르크 금속활자 인쇄술은 유럽 자본주의의 출현뿐만 아니라 종교개혁을 가능하게 한 원동력이 되었다.

　19세기의 커뮤니케이션 혁명을 일으킨 전신과 전화, 20세기에 나타난 라디오, 영화, 텔레비전과 같은 '전자 문화' Electronic culture는 가톨릭교회로 하여금 적극적인 수용자가 되게 하였다. 예를 들어, 1931년에 개국한 세계 최초의 국제 라디오 방송국인 '바티칸 라디오Vatican Radio'[3]로 인해 교황 비오 11세는 바티칸 시티에 있으면서도 이태리 국경을 넘어 전

---

3. 1931년 2월 12일에 개국된 바티칸 라디오는 호출부호가 HVJ(H=Holy See; V=Vatican; J=Jesus Christ)이었다. 교황 비오 11세가 세계 최초의 국제 라디오 방송국인 바티칸 라디오를 축성하였고, 마르코니의 경이로운 발명품을 사용한 최초의 교황으로 칭송받았다. 초기에 바티칸 라디오는 7가지 언어로 다양한 청취자들에게 프로그램을 제공함으로써 교회 포교를 위한 막강한 힘이 되었다.

세계 신자들과 소통하였다.[4] 현재 전 세계적으로 많은 교구나 수도회가 라디오나 텔레비전 방송국(지상파, 케이블, 위성을 포함)을 소유, 운영하면서 복음적 가치관 너지 가톨릭의 가르침을 전달하고 있다.[5] 한국도 평화방송 라디오와 텔레비전 방송국을 설립하여 신문과 함께 가톨릭 종합미디어시스템으로 운영되고 있다.[6]

최근 인터넷·모바일 같은 '디지털 문화'의 등장과 빠른 확산에 교회 역시 발 빠르게 적응하고 있다. 가장 영향력 있는 인터넷은 자체의 익명성과 개방성으로 교회 전통에 저항하는 부정적 영향도 있지만, 수평적이고 쌍방향의 커뮤니케이션 특징으로 친교와 나눔의 교회관으로도 유도하여 변화시키는 긍정적

---

4. 바티칸 라디오 개국 당시 교황 비오 11세의 정치적 위상은 매우 위태로웠다. 1929년 라테란 조약으로 주권국으로서 바티칸 시티가 설립되었고, 교황은 원하는 곳을 마음대로 갈 수 있게끔 되어 있었다. 그러나 파시즘의 등장으로 정치적 보복의 두려움이 있었던 당시에 '라디오'라는 새로운 기술이 발전함에 따라 교황 비오 11세는 이태리 국경을 넘어 전 세계 신자들에게 의사소통할 가능성을 모색하였다. 마침내 그는 바티칸 라디오라는 초국경적(transnational) 방송의 꿈을 실현하게 되어 지형적인 국경을 넘어 교회 가르침을 확산시킬 수 있게 되었다. 좀 더 구체적인 내용은 다음을 참조하시오. Marilyn J. Matelski, *Vatican Radio: Propagantion by the Airwaves*, London: Praeger, 1995, p. xvi, 18.
5. 가장 대표적인 전 지구적 가톨릭 네트워크는 수녀 마더 안젤리카가 운영하는 미국 EWTN(Eternal World Television Network)이다. 케이블과 위성 서비스를 통해 국내뿐만 아니라 전 세계적으로 프로그램을 제작, 공급하고 있다. 다음을 참조하시오. http://www.ewtn.com/
6. 평화방송 라디오는 FM으로 1990년에 서울교구에서 시작하여 현재는 대전, 광주, 대구, 부산교구에 지국이 설립되어 있고, 평화방송 케이블 TV는 1995년에 개국되었으며, 평화방송 위성TV는 2002년에 개국되었다.

인 면도 있다. 인터넷의 가상공간과 복합미디어 기기인 휴대전화는 앞으로 다양한 신앙실천(선교, 영성, 신학, 사목, 교육 등)의 장을 넓게 열어놓고 있다.

시대적 변화에 따라 새롭게 등장한 커뮤니케이션 수단을 활용하여 새로운 문화가 창조되듯이, 오늘날 교회도 개인 · 가정 · 사회 · 국가에 지대한 영향을 미치는 문화와 새로운 미디어를 활용하는 것은 당연한 일이다.

2) 성경에 나타난 문화 활용의 기본 원칙

문화 활용의 원칙은 기본적으로 신구약성경에 바탕을 두고 있으며, 성경의 원칙은 이렇다. 구약에서 하느님은 직접적, 또는 간접적으로 예언자들을 통해 당신 백성과 소통하셨다. 신약에서 예수님은 말씀과 기적으로 소통하셨고, 여기에서 문화 활용의 기본원칙을 찾아 볼 수 있다.

(1) 구약 안에서의 원칙들

a. 성부, 성자, 성령의 세 위격이 서로 나누는 사랑의 관계 속에 이루어지는 삼위일체적 커뮤니케이션은 모든 커뮤니케이션의 원형이며 기준이다. 따라서 인격적이며 관계적인 커뮤니케이션이 되어야 한다. 개인 · 그룹 · 사회에서 이뤄지는 커뮤니케이션과 문화들은 인간을 소외시키고 상품화하여 비인격화와

비인간화를 조장하는 성향이 있다. 사목 활동에서 문화와 미디어의 활용은 인격적이고 관계적인 사랑을 회복하고 유지시켜야 한다.

b. 인간은 하느님의 모상대로 창조되었기 때문에, 하느님의 자기소통과 유사하게 인간 커뮤니케이션은 하느님과의 대화, 인간 상호 간의 대화로 이끌어야 한다. 획일적이며 일방적으로 정보를 전달하는 '전달모델Transmission Model'[7]은 인간 커뮤니케이션을 대화로 이끌 수 없다. 일방적이고 수직적인 커뮤니케이션은 자주 권위적 모습으로 대화를 중단시킨다. 대화의 중단 내지 대화 단절은 일종의 비커뮤니케이션non-communication의 표시이다. 창세기에서 바벨탑 사건은 서르 소통하지 못하고 이해할 수 없게 된 비커뮤니케이션의 상징이다.[8] 비커뮤니케이션의 상황은 죄로 규정된다. 또한 일방적 커뮤니케이션은 어떠한 미디어이든지 단지 수단과 도구로 전락시킨다. 정보를 공유하고, 나누고, 상호작용하는 커뮤니케이션 과정을 통해서 새로운 문화를 창조할 수 있는 '의례적 모델Ritual Model'이 교회 커뮤니케이션에 바람직하다.

---

7. 여기서 언급되고 있는 '전달모델'과 '의례모델'에 관한 자세한 내용은 다음을 참조하시오. James W. Carey, *Communication as Culture*, New York: Routledge, 1988, pp. 13~23.

8. Carlo Maria Martini, *Communicating Christ to the World*, trans., Thomas M. Lucas, S.J., Claretian Publications: Dilman, Quezon City, 1996, p. 6.

인간 간의 상호관계에서 경험하고 이해하며, 서로 대화하는 커뮤니케이션은 미디어를 삶의 방식인 문화로 수용한다. 궁극적으로 미디어 활용으로 수평적·쌍방향 대화와 다양한 문화를 생산해야 한다.

c. 하느님의 계시가 다양한 형태로 드러냈듯이, 교회는 이 시대에 적합한 커뮤니케이션 미디어나 미디어 문화를 적극 활용해야 한다. 하느님은 에덴동산에서(창세 2, 16), 하느님께 죄를 지은 아담(창세 3, 18)과 카인(창세 4, 6), 하느님의 마음에 든 올바르고 흠 없는 노아(창세 9, 1)에게 직접적인 커뮤니케이션을 행하셨고 이스라엘 역사 안에서는 예언자들을 통하여 간접적으로 활동을 하셨다.

하느님은 시각적인 수단(예: 사물·꿈·환상 등)도 사용하셨다. 모세를 부르실 때는 불타는 떨기나무를 이용하시어(탈출 3, 1-12) 일상적인 사물을 미디어로 당신의 존재를 알려주신 것이다.[9] 꿈은 성경 기록에서 긍정적 위치를 가지고 있다. 베델에서 야곱의 꿈에 나타나셨고(창세 28, 10-22), 요셉은 꿈의 해석 은사를 받았다(창세 41장). 환상을 통해서도 소통하셨는데, 예를 들면 주님을 보았던 이사야의 환상에서 나타나는 이미지(이사 6, 1-3), 계시록 4-5장에 나타난 요한의 환상 등은 교회의 전례의식

---

9. 장경철, 「미디어 활용을 위한 신학적 이해」, 『21세기의 도전과 문화선교』, 대한예수교장로회사회부 편, 한국장로교출판사, 2000, 46쪽.

과 음악, 미술 발전에 큰 도움을 주었다. 인간의 상상력을 불러일으키는 데 영향을 주는 시각적 영상은 교회 전례·교육·활동에 언어의 한계를 넘어 더 많은 내용을 전달한다.

(2) 신약 안에서의 원칙들

a. 완전한 소통자 예수

신약성경에 나타난 미디어 활용은 근본적으로 육화의 커뮤니케이션에서 그 원칙을 찾아볼 수 있다. 아시아 주교회의 매스컴위원회 총무인 아일러스Eilers 신부는 예수 그리스도가 당대 사람들과 어떻게 소통하였는지 그 예를 다음과 같이 제시한 바 있다.[10]

ⓐ 예수 그리스도의 삶의 환경이 커무니케이션으로 고려되어야 한다(예: 출생과 당시의 사회·정치·종교의 맥락과 상황, 목수의 아들로서의 사회적 신분, 40일의 광야생활, 십자가상의 죽음 등).

ⓑ 예수님이 가시는 곳(회당·성전·시장·집·거리·호수·산 등)은 어디나 하느님께서 자기소통을 표현하는 장소이다.

ⓒ 예수님이 사용한 소통 수단은 그 시대의 언어와 비언어라는 모든 범주에 이른다. 설교와 가르침, 대화, 제자들과의 나

10. Franz-Josef Eilers, *SVD, Communicating in Community*, 3rd eds., Logos Publications, Manila, 2002, pp. 53~55

눔, 니고데모처럼 개인적 만남으로 예수님은 언어로 소통하셨다. 또 기적, 치유, 만짐, 땅위에 글을 쓰심, 성전에서 장사꾼 추방 등의 행위인 비언어로 하셨다. 설교는 주로 비유, 우화, 은유로 말씀하셨고, 극히 평범한 언어를 사용하신다.

ⓓ 예수님의 소통 원칙은 하느님 아버지에게 기도로 관계 맺는 것이다. 가난한 백성의 삶의 경험을 바탕으로, 성서에 기반을 두고, 종말론적 차원에서 죄로 인해 막혔거나 상처받은 영혼을 회복하는 것이다. 한 마디로 예수님은 "완전한 소통자" (『일치와 발전』 10항; 11항: 『교회와 인터넷』 12항)이시다.

(3) 사도들의 복음선포

a. 초대교회 사도들이 복음선포를 위하여 당대의 다양한 미디어를 활용하였듯이, 현 교회 역시 이 시대에 새롭게 등장한 다양한 형태의 미디어를 사용해야 한다. 예로, 사도행전이 전하는 바오로 사도의 개종사건(9, 1-19)을 들겠다. 다마스쿠스로 가는 도중, 하늘에서 번쩍이는 빛과 주님의 음성, 사울에게 손을 얹어 눈을 뜨게 하고 세례를 준 하나니아스, 신비로운 영상 가운데 나타나 하나니아스를 부르신 주님, 인간의 회심을 위해 주님은 여러 가지 미디어를 사용하셨다. 시각적, 청각적 미디어뿐만 아니라 하나니아스 자신이 매개체가 되었다. 궁극적으로는 개종한 바오로가 이방인의 사도로 하느님의 도구가 되었다.

b. 사도들이 그 당시 문화를 통해 복음을 선포하였듯이, 현대인은 이 시대의 문화를 활용하여 복음화에 전력해야 한다. 하느님은 신비로운 영상을 통해 당시 유대인들이 부정한 음식이라고 규정하였던 네발 달린 짐승, 기는 것. 공중에 나는 것(레위 11, 14-18; 11, 29-30; 11, 13-23)들을 사도 베드로에게 먹으라고 지시한다(사도 10, 9-16). 오랫동안 문화선교에 투신한 개신교 목사 박양식은 이 사건을 문화적으로 접근하고 있다.

이방인은 하느님께로부터 버림받았기 때문에 절대로 구원받을 수 없는 존재라고 생각해 왔던 편견을 깨프리기 위해서 하느님은 오랫동안 먹지 못할 것으로 여겨 왔던 것을 먹게 하셨다. …… 변할 것 같지 않은 베드로의 사고방식을 바꾸기 위해서 하느님은 유대인의 음식 문화를 건드리셨다. …… 음식 문화를 통해 이방인 선교는 불가능하다고 생각하는 베드로의 사고방식을 바꾸어 가시는 하느님의 행동은 우리가 배워야 할 중요한 문화선교 전략 중 하나이다.[11]

3) 미디어 활용에 관한 교회 문헌 고찰

교회는 현대 사회의 급격한 변화에 적응하기 위해 현대화 Aggiornamento의 기치 아래 제2차 바티칸공의회를 개최하였다. 공의회에서 대중문화의 주류를 이루는 매스미디어에 교회

11. 박양식, 『성경에서 찾은 문화선교전략』, 예영커뮤니케이션, 2002, 22쪽.

는 지대한 관심을 가지고 사회 매체에 관한 교령 「놀라운 기술 Inter Mirifica」(1963)을 발표하였다. 몇 년 후 매스미디어와의 관계를 자세히 다룬 첫 번째 사목훈령인 「일치와 발전」(1971)과 이 훈령 반포 20주년 기념인 두 번째 훈령 「새로운 시대」(1991)를 반포하였다. 이러한 문헌 이외에도 교회는 여러 다른 문헌을 통해서 교회의 선교와 사목을 위한 대중문화와 미디어의 중요성을 다루었다. 매년 홍보주일에는 세계 전 교회를 향해 사회 커뮤니케이션에 관하여 교황님의 새로운 홍보담화문을 발표하고 있다.

교회가 시대적 징표를 정확히 읽어왔고, 그에 합당한 원칙과 지침을 여러 문헌을 통해 발표했다는 것은 이미 시대의 선구자적 자세이다. 매스미디어에 관한 최초의 교회 문헌인 「사회매체 교령」에서 그 당시 보편화된, 일방적이고 획일적인 정보전달 의미를 가진 '매스커뮤니케이션' 용어 대신 '쌍방향'을 지향하는 '사회 커뮤니케이션' 용어를 다룬 것은 매우 획기적이다. 이 문헌은 미디어의 활용을 다음과 같이 강조하고 있다. "가톨릭교회는 …… 구원의 소식을 전파하는 데에 매스미디어도 이용하고 또 그것들의 올바른 사용에 대하여 가르치는 것을 스스로의 의무로 여긴다."(3항)

사목훈령인 「일치와 발전」은 교회를 비롯하여 인류가 일치·발전하는 데 매스미디어의 중요성과 종사자와 수용자 모두의 책임을 언급하고 있다. 이것은 그 당시 대중사회 속성을 깊이 파악하고 미디어 활용을 강조한 것이다. "매스 미디어가 가끔 교회와 세상 간의 유일한 지름길일진대 이것을 사용하지 않는다면 '하느님께서 주신 달란트'를 땅에 묻어버리는 셈이다."(123항)

두 번째 사목훈령인 「새로운 시대」는 정보사회와 뉴미디어 시대에 대비하여 교회는 사회 커뮤니케이션에 관한 사목계획 수립을 권고하고 있다. 다시 말해 이전의 회칙들보다 진일보하여 커뮤니케이션을 위한 구체적 대안을 제시해 미디어를 적극 활용하도록 촉구하고 있다. "우리는 사제들과 교회에서 일하는 사람들이 커뮤니케이션이나 매스미디어와 연관된 문제들을 심도 있게 이해하고 그 이해를 바탕으로 현실적인 방안과 실제적인 프로그램을 수립하도록 촉구하는 바이다."(3항)

이처럼 교회가 대중문화와 매스미디어 문헌으로 시대에 적절한 사목적 대응을 했지만 실제로 행동과 실천으로 구체화하지 못하는 것이 안타깝다. 단지 역사적 문서로 이상향에 머무는 사례를 자주 체험한다. 이유는 교회 각 단체 구성원들이 대중문화 혹은 매스미디어 내용을 잘 모르거나 행동으로 실천할 의지가 미약하기 때문이다. 교회가 미디어를 선교와 사목에 반드시 활용해야 한다고 주장하지만 극히 소수만이 실천하고 있는 게 우리의 현실이다.

2. 문화에 대한 복음화

교회는 문화를 복음화 되어야 하는 대상으로 보고 '문화에 대한 복음화'를 사명으로 알고 수행하고 있다. 일상 문화 혹은 대중문화는 밭에서 "밀과 가라지"(마태 13, 24-30)가 같이 자라듯 우리 삶에 유익함과 함께 해로운 가치관을 제공한다. 밀과 같은 유익함에 대하여 가톨릭 사회학자인 앤드류 그릴리 Andrew Greeley는 "대중문화는 하느님을 만나는 신학적인 장소, 즉 하느님을 경험하고, 하느님에 대한 이야기를 하고, 하느님에 대해 알게 되고, 배우는 기회를 제공한다."[12]고 주장한다. 대중문화는 하느님을 체험할 수 있는 장소이며 길이다. 인간의 생로병사를 다루면서 칠성사가 담겨 있는 인생길을 보여준다.

반면에 쓸데없는 가라지처럼 '죽음의 문화'를 만들기도 한다. 자본주의의 시장원리로 상업성을 지향하기 때문에 성을 상품화하거나 폭력을 미화하는 경향이 짙다. 더 나아가 권력화된 언론은 잘못된 사회여론이나 조작된 의제설정 등의 '보이지 않는 폭력'으로 허위의식을 유포하기도 한다. 오늘날 소비자본주의 사회에서 생산·소비되는 각종 문화물(특히 대중문화물)들은 경제성의 원리가 적용되어 최대의 수익을 얻기 위해 복잡한

---

12. Andrew M. Greeley, *God in Popular Culture*, Illinois: The Thomas More Association, 1988, p. 9.

장치를 두고 있다. 이러한 시스템은 성의 상품화, 물질만능주의, 개인 중심주의, 비인간화로 몰아가 죽음의 문화를 양산한다.

우리 삶을 둘러싸고 있는 문화 환경이 오염·부패되었을 때 이에 대한 저항·비판·정화의 노력이 바로 문화에 대한 복음화 작업이다. 「현대의 복음선교」는 이 점에 대해 다음과 같이 말하고 있다.

교회가 복음선교를 한다는 것은 단순히 더 넓은 지역에서 또는 더 많은 사람들에게 선교하는 것만이 아니고, 하느님의 말씀과 구원 계획에 반대되는 인간의 판단 기준, 가치관, 관심의 초점, 사상의 동향, 사상의 원천, 생활양식 등에 복음의 힘으로 영향을 미쳐 그것들을 역전시키고 바로잡는 데 있다.(19항)

즉, 복음화는 비신자의 입교로 교세를 확장하는 일뿐만 아니라 일상의 문화 환경이 죽음의 문화로 변질할 때 정화의 노력 역시 복음화의 내용임을 천명하고 있다. 따라서 복음화에 있어서 중요한 점은 "복음화가 문화를 마치 겉치장하는 것처럼 장식하는 것이 아니고 문화의 근원까지 생명력 있게 복음화 하는 것이다."(「현대의 복음선교」 20항) 푸에블라 주교회의에서 이 점을 지적한 바 있다.

교회는 기쁜 소식을 제시함으로써 문화 속에 현존하는 죄를 고발하고 죄에서 문화를 해방시킨다. 교회는 무가치한 것들을 단죄하고 그것들을 몰아낸다. 이렇게 교회는 문화에 비판적 요소를 제공한다.[13]

현 한국 사회는 직, 간접적으로 생명보다 죽음의 문화를 지향하는 듯하다. 낙태, 안락사, 사형제도가 자행되고, 인간복제기술, 지역이기주의, 연고, 학벌, 극심한 빈부의 양극화, 한탕주의, 물질만능주의, 외모지상주의, 쾌락주의, 이주노동자, 장애인과 같은 사회적 약자에 대한 차별로 죽음으로 몰아가는 보이지 않는 힘들이 존재하고 있다. 특히 각종 매스미디어 문화는 우리의 의식과 삶에 서서히 해악을 퍼뜨리고 잘못된 가치관과 허위의식을 심어주는 '보이지 않는 테러'를 끊임없이 가하고 있다. 교회는 이에 대한 비판의식을 가지고 대안을 마련해야 한다. 대중문화는 상징적 힘을 발휘하여 인간과 사회에 위에서 언급한 지배 이데올로기를 생산 · 확대 · 재생산한다. 교회는 이 같은 죽음의 문화 혹은 죽임의 문화에 대해 예언자적 태도로 비판과 저항, 고발과 정화의 작업을 실천해야 하며, 대안으로 생명 · 사랑의 문화를 상황에 맞게 제시해야 할 의무가 있다.

13. 라틴 아메리카 주교회의 제3차 총회, 『푸에블라, 라틴 아메리카의 현재와 미래의 복음화』, 1979, 405항 참조.

　문화에 대한 복음화는 성경과 여러 교회 문헌에서 원칙과 지침을 찾아볼 수 있다. 성경은 예언자, 예수 그리고 사도들이 어떻게 당대 문화의 우상화와 불의에 맞서 하느님의 말씀을 선포하였는지 보여주고 있다. 문화와 관련된 교회 문헌은 죽음의 문화를 소개하면서 그것의 원인을 진단하고 교회가 나가야 할 방향을 제시한다.

1) 문화를 복음화 하는 성경의 기본 원칙

(1) 구약에서의 원칙

　구약의 예언자나 선지자들은 그 시대의 역사성을 무조건 수긍·용납·적응하지 않고, 현실을 비판하고 개혁하고자 하였다. 그들은 왕, 고관, 부자, 백성, 거짓 예언자 등 지위고하를 가리지 않고 사회적 불의에 맞서 고발하고 우상숭배에 항거하며, 윤리적 타락을 단죄하면서 하느님의 정의·사랑·희망을 외쳤다. 나아가 그들은 불의를 저지른 사람들이 하느님께 돌아오도록 회개를 촉구하고 사회적 약자를 보호하기 위한 제도(예: 희년법)를 주장했다.

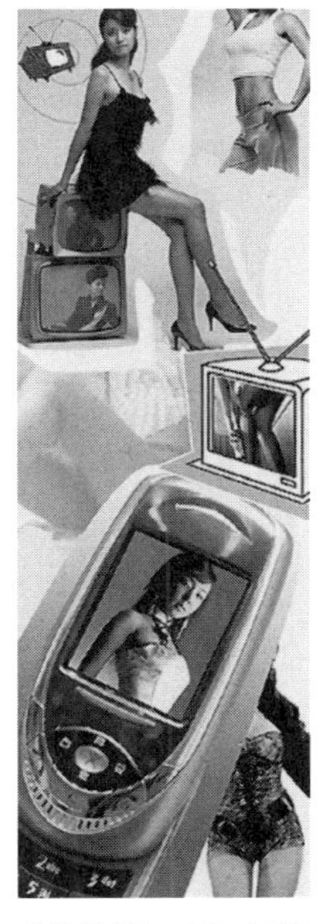

대중문화는 하느님을 체험할 수 있는 장소이며 인간의 생로병사를 다루지만, '죽음의 문화'를 만들기도 한다.

　　이스라엘의 영도자 모세는 이집트 파라오의 폭정에 억압받는 이스라엘 백성을 구출하여 하느님이 약속하신 가나안 땅으로 들어가기 전에 백성들에게 권고한다. "보아라, 내가 오늘 너희 앞에 생명과 행복, 죽음과 불행을 내놓는다. …… 나는 오늘 하늘과 땅을 증인으로 세우고, 생명과 죽음, 축복과 저주를 너희 앞에 내놓았다. 너희와 너희 후손이 살려면 생명을 선택해야 한다."(신명 30, 15-19) 구약의 이스라엘 백성처럼, 오늘날 우리도 '생명의 문화'와 '죽음의 문화' 사이에서 갈등하며 매일 선택을 요구받고 있다. 하지만 우리는 생명의 문화를 두둔하고 지켜야하는 책임이 있다.

　　아모스, 이사야, 예레미야 같은 구약의 예언자들은 가난한 이들을 착취하고 업신여기는 사람들을 하느님의 말씀으로 단죄하는 것을 자신들의 사명으로 여겼다. "그들이 빚돈을 빌미로 무죄한 이를 팔아넘기고 신 한 켤레를 빌미로 빈곤한 이를 팔아넘겼기 때문이다."(아모스 2, 6) "바로 너희가 포도밭을 망쳐 놓았다. 너희의 집은 가난한 이에게서 빼앗은 것으로 가득하다. 어찌하여 너희는 내 백성을 짓밟고 가난한 이들의 얼굴을 짓뭉개느냐?"(이사 2, 14-15) "공정과 정의를 실천하고 착취당한 자를 압제자의 손에서 구해 주어라. 이방인과 고아와 과부를 괴롭히거나 학대하지 말고, 이곳에서 무죄한 피를 흘리지 마라."(예레 22, 3)

예언자들은 당대에 잘못된 정치·경제·문화적 체제를 고발하고 비판하면서 회개와 정화를 위해 여러 방법으로 시도해왔다. 이러한 실천을 제대로 하기 위해서 예언자들은 시대적 상황을 정확하게 판단하여 자신의 소명을 깊이 인식하며 하느님의 말씀에 일치하는 가운데 올바른 영적 식별력을 키워왔다.

예언자들은 당대의 죽음의 문화를 하느님의 말씀으로 고발하고 심판하였기 때문에 많은 사람에게 온갖 모욕·박해를 받고 목숨까지 바쳤다. 특히 예레미야는 '고통의 예언자'라고 불리는데 고통이 극에 달하자 그는 자기가 태어나기 전에 어머니의 모태가 무덤이 되었더라면 하는 저즈까지 내뱉는다.(예레 20, 14-18) 우상숭배, 부정부패, 폭력, 비윤리적 행위 등으로 하느님과의 계약을 파기하고 그분께 등을 돌리는 모든 국가, 사람, 제도에 예언자들이 분노하고 저항과 비판을 가할 때 겪어야 하는 것은 모함·고독·박해·죽음이다.

문화에 대한 복음화를 위한 또 하나의 원칙을 에제키엘서에서 살펴본다.[14] 에제키엘 47, 1-12절은 죽음의 문화를 생명의 문화로 변화시키는 것이 바로 생명수임을 강조하고 있다. 성전에서 흐르는 물이 동쪽으로 뻗어가며 건널 수 없는 큰 강물이 된다. 그 물은 이어서 바다에 닿게 되는데, 그 바다는 바로 죽

---

14. 이하는 다음을 참조하였음. 이종록, 『성서로 읽는 디지털 시대의 몸 이야기』, 책세상, 85권, 2004, 101~130쪽.

음의 바다인 사해이다. 성전에서 흘러나온 물이 사해에 닿자 곧 살아있는 물이 되어 죽었던 것들이 되살아남을 환시를 통해 보여준다. 오늘날 사해는 죽음의 문화를 대변한다. 죽음의 문화를 생명의 문화로 변화시키는 것이 교회로부터 나오는 생명수이다. 따라서 교회가 복음이라는 생명수를 통해 죽음의 문화를 생명의 문화로 정화시키는 문화에 대한 복음화이다. 그러나 교회가 오염되어 있다면 문화를 정화할 수 없다. 에제키엘 45, 18-20에서는 성전을 정화하는 내용이 나온다. 성전이 정화된 다음 그곳에서 생명수가 흘러나와 모든 생명을 되살린다. 이런 점에서 교회는 문화의 복음화를 올바로 실천하기 전에 먼저 자신을 복음화해야 한다.

(2) 신약에서의 원칙

예수님 시대를 지배하던 틀은 유대주의였다. 유대교는 일부 특권층만이 누릴 수 있는 소수를 위한 문화 · 정치 · 경제 · 종교와 관계를 맺은 지배 문화를 형성하여 사회에 커다란 비중을 차지하였다. 이러한 지배 문화의 코드가 율법과 예언서였고, 바리사이들과 율법학자들이 서로 맞물려 각기 다른 방식으로 지배하였다. 그들은 율법의 준수 여부에 따라 인간을 정한 자와 부정한 자, 선인과 죄인으로 구별하여 차별했으며 당시 사회를 지배하고 권력으로 압박하였다.

　그러나 예수님은 당시 문화 권력에 위협을 가하는 존재였다.[15] 예수님이 보는 율법이란 인간의 이익을 위하여, 인간의 필요와 진정한 관심사에 봉사하기 위하여 존재하는 것이었다. 그분은 손 씻는 것에 관한 규율(마태 15, 1-5)을 만들고 안식일에 허용된 행동의 종류(마르 2, 23-3, 6)를 결정하는 바리사이들과 율법학자들의 권한에 이의를 제기하셨다. 예수님은 율법학자들과 바리사이들의 권위, 지배와 독점을 자신들의 기득권을 보호하는 사회적 안전망으로 활용하는 당시의 종교지도자들의 위선과 거짓을 드러냈다. 그분은 그들을 '눈먼 위선자들', '눈먼 인도자들' 이라고 비난하고, 그들이 하느님의 법을 어떻게 왜곡했는가를 보여 주었다.(마태 23, 16-24)

　예수님은 정치권력을 행사하는 사람들뿐만 아니라 재력을 가진 이들에게도 매우 혹독한 말씀을 하였다.(루카 6, 24; 마태 19, 24; 루카 12, 20; 마태 6, 24) 권력과 재물은 하느님께 개방하려는 마음을 결여시킬 우려가 있기 때문이다. 예수님은 부자가 재산을 포기하고 모든 것을 가난한 사람들과 나눌 것을 가르친다.(마르 10, 17-27)

　첫째, 예수님은 당대 문화를 비판하고 정화하였을 뿐만 아니

---

15. 이하는 다음을 참조하였음. Donal Dorr, *Spirituality and Justice*, Orbis Books, Maryknoll, N.Y., 1984. (도날 도어, 황종렬 옮김, 『영성과 정의』, 분도출판사, 1990, 131~134쪽).

라 '하느님 나라'를 제시하였다. 하느님 나라는 예수님의 가르침에 핵심적 상징이다.[16] 이 한 마디가 그분의 메시지를 압축한다. 하느님 나라를 선포할 때 먼저 기존 사회 질서에 대한 하느님의 심판을 선언한다. 그 나라는 하느님의 다스림에 종속되는 세계이며 하느님께서 존재하기를 바라는 그대로 이루어질 세계이다. 둘째, 예수님은 죽음의 문화를 사랑으로 생명의 문화로 바꿀 수 있다는 확신에서 하느님 나라를 선포한다.(마태 5, 1-7, 28; 루카 6, 20-49) 셋째, 예수님은 이미 변화가 일어나기 시작했음을 강조하시며(마태 12, 28; 루카 17, 21) 사랑과 기쁨, 평화와 일치가 넘치는 하느님 나라를 받아들이기 위한 조건이 회개와 믿음임을 명백히 한다.(마르 1, 15) 궁극적으로, 예수님의 죽음과 부활은 기존의 타락한 문화를 단절하고 새로운 사랑과 생명의 문화를 시작한다.

2) 교회 문헌 고찰

교회는 오래전부터 문화를 복음화 할 필요성을 깨닫고, 그에 해당하는 사목적 접근을 구체화하여 여러 문헌을 발표한 바 있다. 제2차 바티칸공의회 문헌인 「사목헌장」(1965)은 죽음의 문화가 만연되어 있는 시대적 상황을 다음과 같이 고발하고 있다.

온갖 종류의 살인, 집단 학살, 낙태, 안락사, 고의적인 자살과 같이

16. 이하는 도날 도어, 황종렬 옮김, 「영성과 정의」, 135~143쪽을 참조하였음.

생명 자체를 거역하는 모든 행위와, 지체의 상해, 육체와 정신의 고문, 심리적 탄압과 같이 인간의 완전성을 침해하는 모든 행위와 인간 이하의 생활 조건, 불법 감금, 유형, 노예화, 매춘, 부녀자와 연소자의 인신매매, 또는 노동자들이 자유와 책임을 가진 인간으로 취급되지 못하고 단순한 수익의 도구로 취급되는 노동의 악조건과 같이 인간의 존엄성을 해치는 모든 행위 등, 또 이와 비슷한 다른 모든 행위는 실로 파렴치한 노릇이다. 그것은 인간 문명을 손상시키는 행위이며 불의를 당하는 사람보다 불의를 자행하는 사람을 더럽히는 행위로서 창조주께 대한 극도의 모욕이다.(27항)

오늘날에도 이러한 반생명적인 불안 상황은 여전하고 오히려 증가하는 추세다. 특히 전쟁과 기아는 새로운 이주 현상을 만든다.

오늘날 세계에는 수백만 명의 피난민들이 있고 그 수는 점점 증가하고 있다. 그들은 정치적 억압이나 비인간적 빈곤과 질병, 기아와 절망적인 한발을 피하여 나온 사람들이다. 교회는 그들을 사목적 배려에 포함시켜야 한다.(「교회의 선교사명」1990, 37항)

생명과 죽음의 문화를 여러 차원에서 구체적으로 분석하고 대안을 제공한 회칙은 「생명의 복음」(1996)이다. 이 회칙은 " '생

명의 문화'와 '죽음의 문화' 사이의 투쟁이 지닌 깊은 뿌리를
…… 하느님 의식과 인간 의식의 실종"(21항)에서 찾고 있다. 더
나아가, "하느님 의식과 인간 의식의 실종은 실천적 유물론으
로 이끌어갈 수밖에 없으며, 이 유물론은 개인주의, 실용주의,
쾌락주의를 낳는다."(23항)고 주장한다. 궁극적으로 "'생명의
문화'와 '죽음의 문화'가 극적인 싸움을 벌이고 있는 현재 상
황 속에서는, 참된 가치와 진정한 필요성을 분별할 수 있는 예
리한 비판적 감각을 개발해야 할 필요가 있다."(95항)고 말하고
있다.

이미 1975년에 교황 바오로 6세는 「현대의 복음선교」에서
교회가 죽음의 문화에 대항하는 문화의 복음화 실천을 천명한
바 있다.(19항 참조) 여기서 말하는 문화의 복음화는 문화에 '대
한' 복음화를 의미한다. 역전시켜 바로잡아야 하는 문화 내용
은 잘못된 삶의 방식(낙태·자살·안락사 등)뿐만 아니라 가치관
이나 사상이라는 비가시적 권력의 원천으로서의 이데올로기를
뜻한다. 이데올로기 자체도 복음화의 대상이 됨을 이 회칙은
분명히 밝히고 있다.

문화에 대한 복음화의 구체적인 예로 교황 요한 바오로 2세
의 회칙인 「백주년」(1991)은 소비사회의 잘못된 관행을 다음과
같이 비판하고 있다.

더욱 잘 살기를 원하는 것이 잘못이 아니라 존재보다는 소유로 향할

때, 더욱 (인간이) 되기 위해서가 아니라 향락을 목적으로 살기 위하여 더 많이 소유하려고 할 때, 이것을 나은 것이라고 여기는 생활양식이 잘못이다.(36항)

현대 문화 중에 영향력이 가장 막강한 것은 매스미디어이다. 여론을 선도하고 의제를 설정하며 다양한 문화를 만들어내는 매스미디어에 대한 사목적 접근이 여러 교회 문헌으로 제시된 바 있다.[17] 특별히 교황청 사회커뮤니케이션 위원회에서 1992년에 발표한 사목훈령인 「새로운 시대」는 매스미디어의 의무를 다음과 같이 언급하고 있다.

자유를 수호하는 일, 개인의 존엄성을 존중하는 일 그리고 온갖 형태의 독점이나 조작을 단호하고도 과감하게 버척하여 사람들 사이에 진솔한 문화를 진작시키는 일 등을 의무로 생각하고 있다.(13항)

매스미디어에 관한 회칙 「사회적 관심」(1987)도 선진국의 정보독점과 제3세계의 불공평한 정보 흐름을 비판하고 있다.

사회 홍보의 영역에서도 일어나는 문제로서, 「정보 관련 사업들은」

17. 사회매체에 관한 교령 「놀라운 기술」(1963), 「일치와 발전」(1971), 「새로운 시대」(1992), 「광고윤리」(1997), 「매스커뮤니케이션 윤리」(2000), 「교회와 인터넷」(2002), 「인터넷 윤리」(2002), 그리고 마년 홍보주일에 발표되는 교황담화문, 그 밖의 여러 가지 교황님 메시지들이 있다

대개 북반구에 있는 센터들에 의해서 운영이 되기 때문에 이러한 국가들은 「개발도상국들」에 대해서는 우선을 거의 두지 않을 뿐더러 그 국가들이 처한 문제 또는 그들의 문화적 특질에 관해서도 합당한 관심을 기울이지 않는다. 사회 홍보를 장악하고 있는 기관들은 생활과 인간에 관하여 빈번하게 왜곡된 관점을 강요하기가 예사이며 따라서 참다운 개발의 필요에 호응하지 못하게 만들어버린다.(22항)

현 교황 베네딕토 16세는 당신의 첫 회칙인 「하느님은 사랑이시다」(2005)에서 오늘날 이성 간의 사랑인 에로스를 다음과 같이 비판하고 있다.

에로스는 단순히 '성'으로 전락하여 상품화되었고, 사고파는 단순한 '물건'이 되었으며, 더 나아가 인간 자신이 상품화되었습니다. 이것은 육체에 대한 인간의 커다란 긍정이 아니라, 반대로 인간이 자신의 육체와 성을 단순히 마음대로 사용하고 착취하는 자신의 물질로 여기고 있는 것입니다. 인간은 자신의 육체를 자신의 자유를 행사하는 무대로 보는 것이 아니라, 마음대로 즐기고도 문제없는 것으로 여깁니다. 여기에서 우리는 반대로 인간 육체의 타락을 다루고 있는 것입니다.(5항)

이 회칙은 에로스가 쾌락을 즐기는 생물학적 성으로 상품화되고 있음을 고발하고, 타락으로 이어지는 에로스를 정화·고양하는 길을 제시한다. 그것은 십자가상 죽음을 통해 예수 그리스도께서 보여주신 하느님의 인류에 대한 아가페 사랑이다. 아가페는 이웃 사랑으로 나타나야 하며, 교회는 사랑의 봉사라는 카리타스Caritas를 실천해야 한다.(6항 참조)

3) 죽음의 문화에 대한 사목적 장애 요인들

교회가 현대 문화를 식별, 비판하고 정화하여 복음화 하는데 따르는 현실적인 장애물들이 교회 안팎에 존재한다. 교회 안에서는 죽음의 문화에 대한 잘못되고 편협적인 인식이, 교회 밖에서는 무분별한 소비문화의 영향력이 사랑과 생명의 문화로 전환하려는 사목의 발목을 붙잡고 있다. 이러한 걸림돌을 제거하지 않는다면 진정한 문화의 복음화는 이루어지지 않을 것이다.

(1) 신앙과 문화의 관계성에 대한 잘못된 인식

신앙은 역사 속에서 일어나는 인간적인 행위이며, 그 행위는 문화 속에서 표현된다. 즉, 신앙은 문화적으로 표현되어지는 것이다.[18] 신앙은 문화 속에서 문화를 통하여 실행되어야 하는데 문화를 신앙과 별개의 것으로 취급하는 데서 신앙과 삶의

18. John F. Kavanaugh, *Following Christ in a Consumer Society.* (존 프란시스 카바나, 오장균 옮김, 『소비사회에서 그리스도를 따르기』, 도서출판 지평, 1998, 115~116쪽.)

괴리에 빠지게 된다. 신앙이 삶의 방식, 가치관, 예술, 상상력 등으로 표현되지 않고 추상적이고 교의적인 단계에 머물 때 경직될 수 있다. 치우치고 뻣뻣한 신앙은 하느님을 체험하기보다 지식으로 아는 수준에 머문다.

신앙은 개인적인 삶과 사회구조 안에서 형성되고 표현되는 것이다. 예를 들어, 민족화해, 사형제도, 환경오염, 인터넷 범죄 등은 영적인 종교 문제인 동시에 사회·경제·정치적인 문제들이다. 사회적 관계를 무시한 채 순수한 영역에서 신앙을 실천하기는 어렵다. 사제의 강론에서 텔레비전이나 인터넷의 유익성과 해악성을 들어본 적이 있는가? 건전한 소비나 여가 문화 확산을 위해 교회가 어느 정도 사목을 실천하고 있는가? 지연·혈연·학연에 의한 차별과 배제라는 비복음적 태도를 보이는 연고주의에 대해 교회는 방관하고 있는 것은 아닌가?

신앙이 문화를 통해 표현된다는 사실을 인정한다면 비인간화시키는 현대 문화에 대한 저항은 당연한 사목실천이라 하겠다. 그러나 교회 현실은 무관심과 무지로 신앙생활을 저해하는 요소들에 대해 침묵하거나 잘못된 방향으로 나아가는 경우도 있다.[19]

19. 한국 가톨릭교회의 현대 문화에 대한 최근의 정향은 양극화 현상이다. 사회복지, 사회정의, 교육, 언론 등의 분야에서 교회와 관련되어 발생되고 있는 사회문제들에 대해 교회는 보수적이거나 진보적인 성향으로 나눠지고 갈라져 있다.

(2) 죽음의 문화에 대한 소극적 대안

한국 가톨릭교회는 한국 사회에 만연되어 있는 죽음의 문화들, 즉 낙태, 사형제도, 배아복제와 같은 반생명적이며 비윤리적인 문제에 대해서 단호한 입장표명과 적극적인 저항을 보여왔다. 오래전부터 낙태를 일부 허용하는 모자보건법 폐지 내지 개정, 사형제도 폐지를 위한 사형폐지특별법안, 배아복제를 반대하며 생명윤리법 개정을 위하여 범교회적 운동을 펼쳐왔다. 사회적, 공적 영역에서 논란이 되고 있는 생명 문제에 교회의 윤리적 개입이 과거보다 활발해졌고, 교회의 공적 영향력이 커져가고 있다. 그러나 죽음의 문화에 대한 저항은 강력하지만 대안 제시는 미약하다. '생명31운동'을 통하 또는 '생명의 날'에 낙태반대운동을 하고 있고, 그 외에 다양한 생명교육을 실시하고 있지만, 임산부, 특히 미혼모나 원치 않는 임신에 대한 교회

사형제 폐지 문제를 본격적으로 다룬 영화 〈데드 맨 워킹〉의 한 장면.

의 적극적 지원과 교육 대책은 여전히 절실하다.

(3) 정신적인 죽음의 문화에 소홀

죽음의 문화를 생명과 사랑의 문화로 전환하는 과정에 또 하나의 장애물은 교회가 선택적으로 죽음의 문화에 대처한다는 것이다. 물리적인 죽음을 가져오는, 즉 낙태, 사형제도, 안락사, 배아복제 등에 대해서는 적극적으로 저항하지만 정신적인 죽음을 초래하는 문화 현상, 즉 매스미디어나 지배적인 이데올로기 등에 대해서는 소극적이거나 무관심의 태도를 보이고 있다. 사실 외모지상주의, 차별주의, 물질만능주의, 한탕주의, 성공주의, 쾌락과 향락주의, 소비주의 등 우리 삶과 사회에 팽배해 있는 정신적인 죽음의 문화는 물리적인 죽음의 문화로 서서히 유도한다. 이런 사실을 인식하고 제거하지 않는다면 죽음의 문화는 끊임없이 여러 형태로 확대 재생산될 것이다.

문화에 대한 복음화는 문화의 물질적·현상적인 면과 인식적이고 가치지향적인 면을 동시에 고려해야 한다. 교회가 진정으로 생명과 사랑의 문화를 통해 하느님 나라를 건설하고자 한다면 가시적이고 물리적인 죽음과 비가시적이고 정신적인 죽음에 대해서 관심과 실천이 수반되어야 한다.

4) 생명의 문화를 위한 제언

(1) 생명은 네트워크다.

생명은 '네트워크'고, 인간과 인간의 만남은 '몸과 몸의 네트워크'다.[20] 생명을 네트워크로 부르는 것은 하느님이 인간을 창조하신 후 내리신 문화명령에 따르는 것이다.(창세 1, 28 참조) 하느님은 인간을 당신이 창조하신 모든 피조물과 연결하신다. 생명이 네트워크이므로 인간은 자신의 몸은 물론이고 이웃과 자연을 포함한 모든 생명을 돌보고 보살펴야 하는 상생의 책임이 있다. 올바른 생명문화를 정착·확산시키려면 모든 생명이 서로 연결되어 있어 함께 더불어 살아야 한다는 의식이 있어야 한다.

(2) 생명의 문화는 살림과 섬김의 문화이다.

철학자 김상봉은 생명의 문화가 나아갈 길을 다음과 같이 제시하고 있다.

우리는 자연을 파괴하고 타인을 드구로 삼아 나의 몸을 살찌우는 문화가 아니라, 너를 살림으로써 나도 사는 '살림의 문화', 오직 서로 섬김

---

20. 이하는 다음을 참조하였음. 이종록, 『성서로 읽는 디지털 시대의 몸 이야기』, 33쪽.

으로써 자기의 모자람을 채워나가는 '섬김의 문화'를 모색해야 한다.[21]

한 생명을 살리기 위해 자기 생명을 희생하는 사람이 가장 아름답다. 예수님은 "친구들을 위하여 목숨을 내놓는 것보다 더 큰 사랑은 없다."(요한 15, 13)고 말씀하셨다. 가장 아름다운 사랑은 남을 살리고, 자연을 살리며, 궁극적으로 모든 생명을 살리는 것이다.

살림의 문화는 섬김의 문화로 나타난다. 남을 위해 아낌없이 자신을 내놓고 헌신하며 섬기는 자세가 생명의 문화를 가능하게 한다. 인도 캘커타에서 굶주리고, 병들어 죽어가는, 사회적으로 소외받은 사람들을 위해 평생을 헌신한 마더 데레사 수녀는 섬김의 아름다움을 전 세계에 극명하게 보여준 사례이다. 교회는 생명을 등급화하고 차별하며 상품화하는 반생명적 행위에 단호히 대처해야 한다. 따라서 현행 생명교육뿐만 아니라 '몸 존중 운동'과 같은 생활실천 프로그램을 많이 개발하고 수행하여 살림과 섬김의 문화를 확산시켜야 할 것이다.

(3) 타문화를 존중해야 한다.

우리는 다원주의 시대에 살고 있다. 언어 · 문화 · 종교 · 인종 · 관습 · 제도 등 다양한 삶의 방식이 존재하는 사회에서 생

---

21. 김상봉, 「창간사: 시대의 전환과 인문학의 부흥」, 『신인문』, 1997년 제1호 창간호, 9쪽.

명의 문화를 지향하려면 다른 문화를 존중할 줄 알아야 한다. 서로 다른 가치관, 믿음, 특유한 생각. 행동양식 등 다양한 문화적 차이를 가진 개인 및 집단들이 서로 존중할 때 평화적인 공존이 가능하다. 생명의 문화를 위한 노력이 일방·독선으로 흐를 위험을 방지하고, 생명의 문화를 올바르게 확산하려면 차이를 인정하고 존중하며 평화적 공존을 위하여 노력하는 태도가 절실하다.

3. 문화에 의한 복음화

문화의 복음화는 복음선포를 주도하는 주체적인 문화가 있다는 것을 전제한다. 즉, 주체가 되는 문화에 의해 복음화 되는 차원을 '문화에 의한 복음화' 라고 말할 수 있다. 그리스도교에서 주체적이고 지배적인 문화는 '교회 문화' 이다. 교회 문화는 성음악, 성미술, 조각, 교회건축, 철학, 신학, 문학 등을 통해서 복음을 선포하는 전통적이고 주요한 역할을 해왔고, 교회 역사는 이를 증명하고 있다. 따라서 교회 문화는 전통적인 선교의 내용이며 형식이라 볼 수 있다. 교회 문화가 주도하는 복음화는 탈근대 사회에서도 여전히 그 위력을 발휘하고 있다. 화려하고 웅장한 대성전, 유명한 중세 예술가들의 성화와 전례음악 등은 신앙과 구원으로 인도해줄 만큼 압도적이다. 그러나 오늘날 전통적인 교회 문화는 현대 문화와의 만남으로 변화하고 있으며 재창조되는 현상을 보인다. 또한 교회 자체가 적극적으로 현대 문화를 수용하여 새로운 교회 문화를 생성하고 확산시키기도 한다.

또한 문화에 의한 복음화는 세속 문화인 현대 문화를 주체로 보면서 그것을 능동적으로 받아들여 교회 문화를 (재)형성하고, 정착, 확산시키는 역할을 한다. 여기에는 첫째, 교회가 현대 문화를 어떻게 받아들여 실행해야 하는가를 논하는 토착화 문제가 연결된다. 둘째, (재)창조된 교회 문화가 제대로 수용했는지 검증하는 자기복음화 작업을 포함한다. 교회 문화가 옳게 형성되어 보급될 때 복음화를 올바르게 인도할 수 있기 때문이다. 셋째, 옳게 형성된 교회 문화를 어떻게 복음화 시킬 것인지 다양한 방법을 제시한다.

1) 그리스도교적 토착화

교황 요한 바오로 2세 회칙 「신앙과 이성」(1998)에서는 "오늘날 복음이 한때 그리스도교의 영향이 미치지 않았던 문화 세계들과 차츰 접촉하게 됨에 따라, 토착화라는 새로운 과제를 안게 되었다"(72항)고 말한다. 글로벌 문화가 모든 지역에 영향을 미치면서 다문화 현상이 나타나는 문화의 세계화 시대에 교회는 토착화에 대해서 새로운 시선으로 바라보아야 한다.

이미 제2차 바티칸공의회는 1960년대에 '쇄신과 적응'을 통한 교회의 현대화Aggiornamento를 추구하였다. 이 공의회는 유럽 중심적인 획일적 문화 개념을 버리고 인류학적 문화 개념을 수용하면서 문화를 단수culture가 아닌 복수cultures라고 천명하였다. 이러한 문화 개념의 변화는 각 민족과 국가의 고유한 문화 속에 복음을 받아들여야 한다는 토착화에 대한 기틀을 마련해주었던 것이다(「사목헌장」 53항).

복음과 신앙의 토착화는 결국 다양한 문화가 전제되고 함께 조화를 이루어야 하는 문제이기 때문에 '문화의 복음화'라는 거대 담론의 한 부분을 차지하고 있다고 말할 수 있다. 즉, 토착화는 "경제, 사회, 정치, 종고 차원의 범위를 포함하면서 문화의 포괄적 개념을 전제한다."[22] 따라서 토착화를 위한 문화의 복음화는 교회 문화를 형성시켜서 주체적이며 주도적인 위치에서 복음화를 수행할 수 있게 해준다. 토착화 작업은 자연스럽게 교회 문화를 창조하고 그 기초를 제공한다. 이 작업은 한국의 전통문화와 현대 문화에 대한 그리스도교적 토착화 양쪽을 동시에 포함한다.

---

22. 배경민, 「토착화의 중요성 소고: FABC 토착화 회의에서」, 「선교」, 2000년 봄, 8호, 48쪽.

(1) 그리스도교적 토착화의 정의

토착화는 그것을 다루는 사람들이나 지역에 따라 매우 다양하게 기술되어져 왔다. 그러나 토착화는 문화융합acculturation, 문화순응enculturation, 혹은 토속화indigenization라기보다는 교회의 현대적 적응으로써의 토착화inculturation를 말한다.[23] 어원적으로 볼 때, 토착화inculturation는 "육화incarnation의 신학적 원리와 사회과학의 문화적응acculturation의 개념을 결합한 것으로, 'in'은 육화incarnation의 'in'에서 나온 것이며, 육화는 모든 토착화의 시발점이며 모델이 된다."[24] 제2차 바티칸공의회에서 이와 같은 토착화의 의미가 널리 사용되었고, 「교회의 선교사명」(1991)에서는 토착화를 다음과 같이 강조하고 있다. "인간 문화가 그리스도교에 수용됨으로써 그 문화의 참된 가치의 내적인 변모가 이루어지는 것과, 여러 가지 인간 문화 안에 그리스도교가 삽입되는 것을 의미한다."(52항) 한국 천주교회 창설 200주년을 기념하여 평신도분과 전문위원회에서는 "한국 교회 토착화를 위한 사목 방향"을 제시한 바 있는데, 여기에서 이미 토착화를 다음과 같이 정의하였다.

23. 토착화에 대한 용어 설명에 대해서는 다음을 참조하시오. 김웅태, 『종교의 현대적 적응』, 가톨릭대학교출판부, 2001, 143~151쪽.
24. 정일, 「새로운 복음화를 위한 토착화」, 『선교』, 2000 봄, 8호, 22쪽.

그리스도교 신앙의 토착화란 복음의 씨가 뿌려진 토양인 그 문화 전
통과 현실 속에 뿌리를 내리고 그 안에서 발견되는 모든 양분과 힘을
흡수함으로써 그 문화에 적응할 뿐만 아니라 새로운 결실을 내어 그
시대의 역사적 상황 속에 복음을 구체화시킬 수 있게 되는 창조적 과
정이다.[25]

이와 같은 정의에 따라, 토착화는 "그리스도 신앙의 한국적
표현," 즉 한국화를 뜻한다.[26] 교황 요한 바오로 2세는 중국인
들에게 "당신 안에서 그리스도는 중국인이 됩니다."라고 말한
적이 있다. 그렇다면 우리 안에서 그리스도는 한국인이 된다.
우리의 일상적 삶 속에서, 그리스도를 한국인으로 인식하고 수
용하는 신앙이 자연스럽게 밖으로 드러나려면 토착화는 반드
시 필요하다.

요한 바오로 2세의 교황 권고 「아시아 교회Ecclesia in Asia」
(1999)는 토착화 문제에 대해 상당한 관심을 표명하고 있다.

세상의 다양한 문화들과 만나는 과정에서 교회는 자신의 진리들과
가치들을 전달하고, 문화들을 내적으로 새롭게 할 뿐만 아니라, 그 다

---

25. 평신도분과 전문위원회, 「한국 교회 토착화를 위한 사목방향」, 『사목』, 1985년
   3월, 98호, 38~43쪽; 『사목』, 1985년 4월, 99호, 82~92쪽.
26. 심상태, 「한국 천주교회의 토착화 전망」, 『사목』, 1987년 5월, 111호, 13~32쪽.

양한 문화들 안에 존재하는 긍정적 요소들을 취하게 됩니다. 바로 여기에 복음 전파자들이 그리스도교 신앙을 소개하고 그것이 민족들의 문화유산의 구성 요소가 되도록 따라야 할 길이 있습니다. 역으로, 다양한 문화들은 복음의 빛으로 새롭고 완전하게 될 때 그리스도교의 유일한 신앙의 참된 표현들이 될 수 있습니다.(21항)

복음의 토착화를 위해서는 교회가 문화를 수용해야 하는데, 그 문화에는 "참되고 좋은 요소들", "종교적이면서 인간적인 귀중한 것들", "진리와 은총의 요소들", "말씀의 씨앗들", "인류를 비추는 진리의 광채"(「사목헌장」 58항; 「선교교령」 2항; 「현대의 복음선교」 19-20항; 「아시아 교회」 21항)가 존재한다. 교회는 이러한 문화의 긍정적인 면을 적극적으로 찾아내고 활용해야 한다. 반면에, 죽음의 문화를 만들어내는 부정적인 면— 세속적이며 동시에 물질적인 소비주의적 세계문화(「아시아 교회」 39항) —에 대해서는 복음의 가치관으로 변환되도록 비판과 대항, 교회 나름의 대안문화의 정책이 필요하다.

현재 한국 교회는 오래전부터 복음과 신앙의 토착화 작업을 다양하게 시도해왔다. 한국 고유의 전통문화인 불교·유교·도교·무교 등에 의거한 민족문화에 대해서 그리스도교는 신학, 전례, 신앙, 교회의 토착화를 다루어 왔다. 반면에 모든 삶 안에 일상화되어 있는 대중문화를 토착화하려는 인식과 노력은 부족하다. 한국 교회는 전통문화는 물론이고 대중문화도 적극적으로 수용하여 토착화시키는 문화에 의한 복음화에 더 한층 관심을 가지고 실천하려는 느력을 기울여야 한다.

(2) 한국 전통문화에 대한 그리스도교적 토착화

제2차 바티칸공의회 이후 대부분의 지역 교회는 고유한 민족문화나 전통문화에 복음을 접목시키기 위한 일련의 토착화 작업을 시도해왔다. 한국 교회에서는 1987년 한국천주교중앙협의회의 산하기관으로서 '한국사목연구소' 설립을 계기로 '전례, 영성, 교리교육, 복음선포, 신관, 인간관, 공동체관'에 대한 토착화 연구 발표를 1998년까지 수행한 바 있다.[27] 이러한 작업이 한국 그리스도교 토착화에 많은 공헌을 하였지만, 아직도 원론적인 수준에 머물거나 이론에 치우치는 취약점도 내포하고 있다. 그러나 현 교회 속에서 토착화를 위해 문화사목을 프로그램화하여 실천하거나 실형 가능성을 보여주고 있어서 희망적이다. 최근 들어 활발히 디루어지고 있는 종교 간 대화나 상제례 문화를 통한 토착화가 단적인 예이다.

---

27. 한국 그리스도교 토착화 작업의 계보에 관한 자세한 내용은 다음을 참조하시오. 김웅태, 『종교의 현대적 적응』, 223~267쪽.

(3) 한국 현대 문화에 대한 그리스도교적 토착화

한국 전통문화에 관한 교회의 토착화 작업은 오랜 기간 다양한 성과물을 보여 왔다. 그러나 이러한 토착화 작업의 대부분은 제2차 바티칸공의회가 수용한 인류학적 문화 개념을 바탕으로 한 것이다. 즉, 특정집단에 의해서 공유되는 의미, 삶의 가치를 나타내는 고유하고 전통적인 문화에 관한 것이었다. 오늘날 40년 이상이 지난 이 시대에 문화 개념은 문화의 내용보다는 실천에 대한 관심으로 전이되고 있기 때문에, 문화는 정적이고 고착된 것이 아니라 매우 역동적인 것이다.[28] 따라서 토착화 작업은 전통적이고 고유한 문화에만 국한되지 않고 끊임없이 변화되면서 이 시대를 지배하는 대중문화와 접목되어야 한다.

한국 대중문화를 교회 문화로 수용하는 과정은 전통문화의 토착화와 차이가 있기 때문에 별도로 '새토착화'라는 용어를 사용한다. 새토착화는 이 시대의 한국 사회와 한국인의 삶을 형성하고 유지하는 데 막대한 영향을 끼치는 대중문화를 토착화시켜 교회 문화화 시키는 과정이다. 대중문화가 교회 문화로 토착화되면 교회는 거대한 문화 변동에 휩싸여 있는 이 세상에

---

28. 최근의 문화 개념에 대해서는 이미 논의된 바 있다. 다음을 참조하시오. 김민수, 「문화의 복음화(2): 구시대적 문화 개념을 버려라!」, 『사목』, 한국천주교중앙협의회, 2003년 2월, 289호, 63~77쪽.

서 빛과 소금의 역할을 충분히 할 수 있다.

대중문화에는 인쇄, 영상, 인터넷과 같은 각종 정보 매체 문화를 비롯하여 소비와 여가 문화를 중추로 하는 대중소비문화가 주류를 이루고 있다. 최근에 전 지구적으로 확산되고 있는 디지털 혁명은 정보초고속도로와 이동정보통신의 발달을 부추기면서 인터넷에 의한 전 세계의 네트워크화를 실현하고 있다. 또한 기존 매체와 통신의 융합으로 위성방송, 케이블, 이동휴대TV, 와이브로,[29] IPTV[30] 등의 뉴미디어가 등장해왔다. 사회가 세계화되고, 개개인이 능동적인 생비자(prosumer, 생산자+소비자)로 활동하는 정보 매체의 시대가 된 것이다. 이러한 문화 변동은 교회로 하여금 시대적 징표를 읽고 새로운 시대에 적응하도록 도전과 위기로 다가오고 있다.

게다가 최근 한국 사회는 소비와 여가의 시대를 구가하고 있다. 생산과 노동을 중요시하던 근대 산업사회와 달리 다양한 욕구를 충족시키거나 삶을 즐기려는 경향이 짙다. 과거에는 소비를 낭비라고 부정적으로 생각했지만 이제는 '의미의 생산' 혹은 '새로운 생산'이라는 보편적 관념으로 생각하고 있다. 또

29. 와이브로(Wibro)는 Wireless Broadband Internet의 약자로 이동하면서도 초고속인터넷을 이용할 수 있는 무선 휴대인터넷이다.
30. IPTV는 전파가 아닌 인터넷 서비스망을 통해 방송 프로그램을 비롯한 멀티미디어 콘텐츠를 제공하는 서비스이다. 인터넷망을 이용하여 시청자들은 셋톱박스를 통해 디지털TV로 시청이 가능하다.

한 예전에는 노동의 가치에 삶의 우위를 두었지만 지금은 즐기는 삶에 비중을 두고 있다. 소비와 여가의 문화는 개개인의 사회 정체성을 형성하고 유지하는 중요한 영역이 되었고, 자기를 표현하는 커뮤니케이션 수단이 되었다. 무엇을 어떻게 소비하고 즐기느냐에 따라 한 개인이나 집단의 사회적 지위가 결정된다. 이처럼 소비와 여가라는 대중소비문화 속에 둘러싸인 사회 구조에서 교회는 어떠한 태도를 보이고 있는가?

한국 교회가 현재 직면한 다양한 위기와 도전은 시대에 맞는 새토착화 작업을 요청하고 있다. 영세자 감소, 냉담 및 행불자 증가, 청소년들의 교회 이탈, 세속주의, 생명경시와 죽음의 문화, 황금만능주의, 정신의 황폐화 등의 많은 도전을 극복하기 위한 하나의 대안으로 새토착화는 필수적 과제이다. 그러나 토착화와 새토착화에 의해 생산되는 교회 문화는 반드시 비판과 정화라는 쇄신의 단계를 거쳐야 한다. 자기복음화가 되지 않은 교회의 (새)토착화는 형식적이고 이론적인 차원에 머물 수밖에 없기 때문이다. 따라서 문화에 의한 복음화는 (새)토착화를 통한 교회 문화 형성, 자기복음화, 교회 문화를 통한 복음화라는 순서를 밟으며 진행해야 한다.

(4) 교회 문화의 자기복음화

교회 문화가 교회 내외적으로 주체적인 사목을 실천하려면 반드시 자기복음화라는 비판과 쇄신을 해야 한다. 다시 말해서 교회 문화가 주체적이고 주도적인 입장에서 복음화를 수행하고 사목실천을 이루기 위해서는 먼저 여러 분야에 걸쳐 토착화를 통해 형성되어온 다양한 교회 문화를 점검하고 수정하는 과정이 필요하다. 교회 문화의 반성적 성찰에 대한 필요성을 「현대 복음선교」는 다음과 같이 강조하고 있다. "교회가 전 세계를 참으로 복음화 하려면 끊임없는 회개와 쇄신으로 교회 자체가 복음화 되지 않으면 안 되겠다."(15항) 현실적으로, 한국 교회가 토착화 과정을 통해 형성해온 교회 문화 중에는 정화되고 쇄신되어야 사항들이 누적되었음은 부정할 수 없는 사실이다.

(5) 교회 문화를 활용하는 복음화

문화에 의한 복음화는 결국 (재)형성된 교회 문화를 통하여 혹은 활용하여 복음화 하는 것이다. 여기에서 교회는 복음화 하는 주체가 되어 이미 (새)토착화된 고희 문화를 자신과 사회를 향해 창조적으로 정착, 확산한다. 성미술이나 성음악을 현대인에게 맞도록 다양하게 가공하여 확대해야 한다. 본당이나 교구는 새롭게 형성되고 정착된 교회 문화인 소공동체모임, 교회 공간, 성직자와 평신도 간 혹은 폇신도 간의 관계, 성서공부, 노인대학, 각종단체, 자원봉사 등으로 교회 구성원을 복음화 시킬 수 있다. 더 나아가서 교회는 종교와 관련된 서적이나 각종 미디어를 생산하는 교회출판사, 교회신문사와 방송사, 인터넷을 활용하여 신자와 비신자를 복음화 하는 데 큰 역할을 할 수 있다. 또한 병원, 학교, 사회복지시설 등에서 교회 문화 교육을 통해 세상을 복음화 할 수 있다.

제3부

문화 사목

8장. 사목의 이해

9장. 문화사목의 이해

10장. 문화사목의 실제

한국 가톨릭교회가 '문화사목'을 아직도 생소해하는 반면에 개신교는 '문화사역'에 익숙해져 있다. 개신교는 지난 80년대부터 문화에 대하여 사목적 관심을 가졌고, 최근에는 다양하고 광범위하게 문화사역을 펼치고 있다.[1] 가톨릭교회는 시대적 변화에도 불구하고 과거의 전통적인 사목방식을 아직도 고수하는 경우가 많다. 고전·전통적인 사목은 수직적 위계질서 안에서 성직자가 사목의 주체가 되어 권위로써 평신도의 순종을 요구하며, 교회 울타리 안에서 개인적 신심과 영성을 돌보는 형태를 일컫는다. 다행히 최근 한국 교회는 고전적인 사목에서 탈피하여 세상을 향해 열린 자세로 다각적 선교와 다양한 사목을 펼치고 있으며, 평신도도 사목자와 함께 협력자로서 전문성을 발휘하고 있다. 그 결과로 2005년 현재 4백66만 7천2백87명으로 총인구의 9.5%를 차지하는 괄목할 만한 교세 확장을 이루었다.[2]

한국 가톨릭교회는 점점 발전하지만 그 내면에는 여러 가지 심각한 문제점들이 있다. 주일미사 참석자 감소, 신자 증가율 감소, 냉담자 증가, 청소년과 청년 격감, 비효율적 교리교육,

---

1. 미국 개신교는 현대 문화를 예배에 수용하는 문제를 오래전부터 다루어왔다. 1970년대에 주로 대학 채플이나 젊은이를 대상으로 한 교회나 선교단체 등에서 실험예배의 성격으로 다루어 왔는데, 1980년대에 들어오면서 빈야드 교회(Vineyard Christian Fellowship)와 경배와 찬양(Worship & Praise)식의 CCM 사역 그리고 윌로우 크릭 커뮤니티(Willow Creek Community Church)나 새들백 교회(Saddleback Valley Community Church) 등 현대 문화에 민감하게 반응하여 급격한 성장을 이룬 현대 교회들의 등장으로 본격적으로 이슈화되었다.

중산층화, 세속화, 고령화 등을 들 수 있다. 이러한 문제점들을 풀어나가려면 변화된 시대에 걸맞은 서로운 사목 형태를 취해야 한다. 즉, 문화의 복음화가 이 시대의 근본적인 교회의 사명임을 인식하고 구체적인 실천으로 새로운 사목 패러다임인 '문화사목'을 수용해야 한다. 그렇게 함으로써 자기를 쇄신하고 교회 내적인 변화를 이루며, 세상과 소통하여 교감하는 복음화를 수행해야 한다.

이 장에서는 문화의 시대에 한국 교회가 당면한 위기를 극복하고, 문화사목을 바르게 적응하기 위해서 합당한 사목 형태에 관한 전반적인 이해를 도모한다. 우선 기존의 전통적 사목의 한계를 지적하고 그 대안으로 나타난 새로운 사목인 문화사목의 정의와 원리를 살펴본다. 또한 문화사목의 세 가지 방법론을 구체적으로 제시하며 문화사목을 제대로 실천하기 위한 조건들을 살펴본다.

한국에서는 이에 영향을 받은 온누리교회나 사랑의 교회 등에서 이를 적극적으로 수용하였는데, 90년대 후반에 들어오면서 점차 한국 교회 전체로 확산되어 왔다.(다음을 참조하였음. 김세광, 「예배에서 현대 문화매체의 수용과 한계」, 『21세기의 도전과 문화선교』, 한국장로교출판사, 2000, 169쪽) 찬양과 드라마는 물론 영화를 이용한 예배도 드린다. 전문적인 연극팀이나 보컬 밴드 그룹을 구성하여 간접적인 문화선교에 이바지하기도 한다. 또 컴퓨터실을 만들어 오락을 통해 교육한다. 신촌에 위치한 창천교회는 문화선교를 통해 지역문화운동을 주도하고 있다. 또한 개신교출판사는 인쇄매체를 통해 문화사역에 관한 수십 종의 책을 발간해왔고, 개신교 신학교에서는 문화선고와 사역을 위한 정규 커리큘럼을 신설하였다.
2. 한국천주교중앙협의회, 2005년 통계.

8장

사목의 이해

1. 전통적 사목

교회는 사목이란 용어를 많이 사용한다. 그러나 그 의미와 내용이 광범해서 한 마디로 규정하기 어렵다. 어떤 사람은 성직자인 주교와 신부를 사목자로 연상하고, 어떤 사람은 교회의 모든 구성원이 행하는 교회 활동의 총체로 인식하기도 한다. 역사 안에서 특정한 교회관과 사목 실천 사이에서 만들어진 내용들을 축적했기 때문에 사목을 다양하게 해석하는 것이다.

사목Pastoral은 '목자'를 의미하는 라틴어 '파스토르Pastor' 라는 단어에서 왔는데 목자가 자기 양을 보살피는 일을 연상하게 한다. 본래는 백성을 맡아서 기른다는 뜻으로, 임금이나 지방장관 등을 일컫는 용어였다. 그러나 성서적으로는 마치 양치는 목자가 양떼를 돌보듯이 하느님이 당신 백성을 보살피신다는 의미를 지니고 있다. 이 내용이 교회사 안에서는 성직계의 교직자들이 하는 활동으로 이해되었고, 16세기 이후부터는 성직자가 성사집행을 하는 내용으로 극소화했다. 따라서 사목은 성사집전을 통해 영혼을 보살피는 일로 국한하고, 성직자의 고유 임무로 규정하였다.

성직자와 성사를 중심으로 하는 전통적인 사목은 성직자와 평신도를 분리하는 '이원화된 교회론'에 근거하였다.[1] 이에 따르면 성직자는 성화시키고, 다스리며, 가르치는 존재로, 평신도는 성화되고, 다스림을 받으며, 배워야 하는 존재로 구별되었다. 즉, 성직자 앞에 모든 평신도와 교회 공동체는 성직자가 이끄는 대로 '끌려가고', '지도받으며', '정화되어야 하는' 존재로 여겨졌다.[2] 결국, 전통적인 사목은 성직자가 주체가 되고, 그 밑에 평신도가 종속되었고, 개인구원을 지향하는 제도적 교회관을 바탕으로 근대 사회 속에서 수행되어 왔다고 할 수 있다.

2. 새로운 사목

현대 사회는 세속화, 개인화, 다양화라는 세 가지 특징이 연

1. 윤민구, 「한국천주교회의 본당사목」, 『한국천주교회사의 성찰』, 최석우 신부수품 50주년 기념논총 제2집, 한국교회사연구소, 2000, 1132쪽.
2. H. Schuster, *Pastoral Theology*, Sacramentum Mundi, Vol. 2, pp. 365~368.

속적인 사슬처럼 엮여져 전통사회를 급속히 변화시켜왔다. 따라서 급변하는 세계에 적응하기 위해 교회는 사목적 대안이 필요했다. 이런 상황에서 '현대화'라는 기치를 내세우며 개최된 제2차 바티칸공의회(1962~1965)는 사목을 새롭게 조명하면서 더욱 넓은 개념으로 수정하는 계기가 되었다.

제2차 바티칸공의회에 따르면, "사목이란 교회의 본질적 사명에서 나오는 '인간 구원의 봉사'[주교들의 사목 임무에 관한 교령 「주님이신 그리스도Christus Dominus」「주교교령」 35항] 활동이다. 과거에는 영혼을 보살피는 일을 사목이라 하여 이를 오로지 성직자의 임무로 보았으나, 오늘날에는 널리 '보편적 구원의 성사'[교회에 관한 교의 헌장 「인류의 빛Lumen Gentium」 1항]인 교회가 세상과 관련을 맺는 모든 활동을 두고 사목이라 일컫는다."[3]고 기술하고 있다. 이에 따라 사목의 임무 수행자와 사목직도 상당히 포괄적이다. "사목은 성직자의 독점이 아니다. 교회의 다른 구성원들에 의해 수행되는 활동까지도 사목일 수 있다. 성직자나 평신도 또는 수도자가 주도하는 설교, 교리교육, 예배, 성사, 기도, 증언, 교육, 상담, 영적 지도, 가난한 이들과 억압받는 이들을 위한 인권 수호 및 애덕 활동, 그리고 교회가 사람들의 구원을 위하여 행하는 다른 활동들 예

3. 한국가톨릭대사전편찬위원회, 『한국가톨릭대사전』, 가톨릭출판사, 1991, 536쪽.

컨대 해방 활동, 사회 및 인간 발전 활동 등도 사목이라고 할 수 있다."[4] 이에 발맞추어 제2차 바티칸공의회 이후, 본당과 교구 사목이 빠르게 변하여, 교육, 전례 그리고 사회정의에 대한 사목으로 확장되고, 더 나아가 평화, 정의, 사회봉사 사목들이 다양한 모습으로 출현하게 된다.[5]

전통적 사목 개념과 비교할 때 새로운 사목 개념은 매우 획기적인 변화다. 이것은 가톨릭교회가 성사적·제도적인 교회관에서 봉사적·대화적인 교회관으로 전환하였음을 의미한다. 이제는 성직자만이 사목의 주체로서 사목을 독점하지 않고 수도자나 평신도도 '사목 협력자'로서 매우 능동적으로 사목에 참여할 수 있다. 교회의 사목은 모든 그리스도교 신자를 공동 책임 안에서 일치시키는 공동체의 노력이기 때문이다. 한 예를 들자면, 최근에는 청소년을 사목의 주체로 하는 '또래사목Peer Ministry'[6]이 있다.

오늘날 한국 교회는 새로운 사목 개념을 구현하려는 모습을 보인다. 20년 전, 한국 가톨릭교회는 사목이 개인구원뿐만 아

---

4. 한국 교회사 연구소, 「사목직」, 『한국가톨릭대사전』, 제6권, 분도출판사, 1998, 3932~3933쪽.
5. Thomas F. O'Meara, *Theology of Ministry*, p. 3.
6. 현재 서울교구 청소년국에 소속된 중고등부 사목부는 1990년대 중반부터 또래사목을 통해 청소년사목의 기틀을 마련해왔다. 또래사목은 양성된 청소년이 다른 청소년을 선교하고 양성하는 사목을 말한다. 이러한 사목이 될 때 비로소 청소년 중심 사목이 될 수 있다는 것이다.

니라 사회구원을 포함시켜야 한다고 「200주년 사목회의 의안」에서 언급한 바 있다. "교회의 사목이란 …… '인간구원을 위한 봉사' 활동이며 교회가 '지금 이곳'에서 처한 세상과 관련을 맺는 모든 활동"(「지역사목」 6항)이라고 사목의 개념을 폭넓게 정의했다. 다시 말해서 교회가 지금 처해 있는 세상이 사목활동의 영역이며 사목의 대상은 종교·인종·이념·국가를 초월한 모든 인간이다. 한국천주교회 설정 200주년을 맞은 교회가 이 같은 사목 개념을 주창한 배경에는 당시의 한국 사회 안에서 사회구원을 지향하는 다양하고 다층적인 사목의 형태와 내용의 필요성을 절실히 느꼈기 때문일 것이다.

최근 본당 신부들은 수도자와 평신도 사목위원 내지 봉사자 모두를 사목 협력자로 수용하려고 한다. 그러나 일부 성직자들은 아직도 제도적 교회관 속에서 수직적 관계를 유지하려는 경향이 있다. 사목활동도 성직자들이 영혼을 돌보는 일에만 머물지 않고 정치·경제·문화적인 분야에서 정의와 생명 수호, 환경과 민족화해 등의 다양한 현안들에 대처하는 적극적인 사목을 펼치고 있다.[6] 그러나 과거의 성직자와 평신도 간의 분리된

---

6. 한국 가톨릭교회는 최근 사회사목 분야에서 다양한 사목을 마련하여 사목자와 평신도를 양성, 배치하여 사회구원에 헌신적인 노력을 하고 있다. 경찰사목, 노동사목, 노인사목, 단중독사목, 빈민사목, 사회교정사목, 환경사목, 사회정의평화구현사목, 사회복지사목, 그 밖의 여러 영역에서 다양한 사목이 활발히 수행될 분만 아니라 새로운 형태의 사목들이 꾸준히 출현하고 있다.

고유 활동 영역에 고착한 일부 성직자들은 설교, 교리교육 및 영적 대화 등의 신앙생활에 대한 봉사와 성사집행을 답습하고 있다. 이러한 사목은 급변하는 시대를 살아가는 신자들의 신앙생활과 어울리지 못할 것이다.

<사목 개념의 비교>

	내용	대상	주체	결과	시대
전통적 사목	개인구원	평신도	성직자	1. 성직자와 평신도 간의 주종관계 2. 제도적 교회관	근대 사회
새로운 사목	개인과 사회구원	평신도와 세상	성직자와 평신도	1. 성직자와 평신도 간의 동등한 관계 2. 친교와 일치의 교회관	탈근대 사회

사목은 시대에 따른 변화에 항상 열려 있어야 한다. 그것은 교회가 세상과 연관된 모든 일에 닿아 있기 때문이다. 교회는 공시적인 특성을 지닌 복음을 통시적인 세상에서 실현해야 한다. 오메라O'Meara는 이 점을 다음과 같이 강조하고 있다. "교회의 피가 역사라면, 그리스도 공동체의 육신은 문화이다. 교회가 하느님 나라를 대신해서 행동하기 위한 형태는 시간과 장소의 문화에서 나온다."[7] 교회 역사는 여러 다른 문화와 역사가

교회 사목을 어떻게 변경시키거나 강화했는지 보여준다. 그러므로 세상에 대한 열린 시각이 필요하며, 시대의 징표, 즉 교회가 몸담고 있는 시공간의 역사와 문화를 읽을 줄 알아야 한다. 교회가 효과적으로 구원을 중재하려면 이 시대의 징표를 정확히 읽고, 그에 적합한 사목을 행해야 한다. 지금은 정보화, 세계화의 과정에 있는 이 시대의 코드를 문화로 인식하기 때문에 교회는 문화를 통해서 이 시대에 필요한 새로운 사목 형태로 전환해야 한다. 새로운 사목 패러다임은 바로 '문화사목'이다.

한국 사회는 1990년대 이후 경제적 풍요로움을 누리면서 소비와 여가 문화를 확산하였고, 21세기에 들어서면서 문화의 시대를 맞이하였다. 이러한 시대적 변화로 교회는 기존의 사목 형식과 내용으로는 감당하기 어려운 다양한 상황들— 복지 · 생명 · 환경 · 인권 등 —에 부딪히면서 사목에 다양한 문화적 접근의 필요성을 절실히 느끼고 있다. 교회는 현 시점에서 문화사목의 필요성을 정확히 진단해야 한다. 그리고 시대에 적절한 사목기획과 정책, 합당한 사목실천으로 문화의 복음화를 실현해야 한다.

7. Thomas F. O'Meara, O.P., *Theology of Ministry*, p. 23.

9장

문화사목의 이해

1. 문화사목의 정의

복음과 문화는 불가분의 관계를 맺으며 초대교회부터 오늘날까지 이어져왔다. 하느님 나라에 관한 복음의 실천인 사목역시 각 시대와 장소의 문화 속에 변천해왔다. 이 사실을 놓고볼 때, 사목은 엄밀히 말해 '문화의' 사목이라고 볼 수 있다. 다시 말해서, '문화사목'은 교회가 시작된 후부터 지금까지 이미존재해온 모든 사목의 본래적 형태이다. 문화사목은 어느 날갑자기 생겨난 것이 아니고, 당대에만 적합하고 시대가 지나면사라지는 것도 아니다. 또한 노동·농민·경찰·직장·빈민·병원과 같은 여러 사목 분야의 하나도 아니고, 여성, 청소년,주일학교, 노인과 같은 계층이나 연령별로 이루어지는 사목 중의 하나도 아니다. 사목 자체가 결국 문화사목이라 할 수 있다.최근 문화의 시대에 문화가 더욱 부각되면서 사목에서도 문화를 무시할 수 없게 되었다. 문화를 넓은 의미에서 모든 삶의 방식으로 받아들인다면 삶이라는 문화 자체를 복음화 하는 사목이 문화사목이다. 즉, 문화사목은 문화의 복음화를 신앙생활 속에서 구체적으로 실현하기 위한 실천이며 방법이다.

문화사목은 문화의 복음화와 함께 다루어지는 경향도 있지만 명백히 구별된다. 문화사목은 사목을 하는 현장에서 주로 사용하는 용어이다. 특히 일선 사목자들이 중심이 되어 사목을 문화적으로 실천한다는 의미에서 사용하지만 문화의 복음화는 신앙의 폭넓은 실천을 포함하고 동시에 교회의 전체적인 사명이며 지향이다.

한국 개신교는 문화사목을 '문화사역'이란 용어로 계속 사용하는데 이것은 문화사목과 같은 말이다. 그러나 개신교는 문화사역과 문화선교를 분명히 구분하고 있다.

실제로 문화사역이라고 불리는 사역들은 대개가 교회 안에서 이루어지고 있는 사역들임을 알 수 있다. 교회 내에서 이루어지고 있는 문화적인 사역들을 일컬어 문화사역이라고 칭하고 있다. …… 문화사역이라고 함은 문화선교에 비해서 교회 안을 대상으로 하는 방향성을 가지고 있는 것 같다. 문화선교라 함은 교회 안과 밖을 동시에 대상으로 하고 있지만, 문화사역은 교회내의 사역으로 한정되는 느낌을 준다. 문화사역은 교인들의 문화적인 요구를 충족시키기 위한 모든 사역들을 포

함한다.[1]

물론 문화사목 혹은 문화사역이 교회 내 신자들을 대상으로 사목자가 사목을 하지만 세계화, 정보화된 이 시대에는 교회의 사목이 교회 안에서만 행해지는 것은 아니다. 세상에 열려진 사목, 세상 구원을 위한 모든 노력이 사목이라면 문화의 복음화뿐만 아니라 그것을 실천하는 문화사목 역시 신자, 비신자 모두를 보듬어야 한다.

2. 문화사목에 관련된 이론들

우리는 교회가 복음화를 위해 당대의 문화적 접근으로 사목을 실천했음을 잘 알고 있다. 21세기인 오늘날 문화의 중요성이 더욱 부각되고 동시에 종교의 사회 공적 역할이 증대했다. 이런 시대에 교회가 제대로 적응하고, 시대 요구에 부응하려면 과거 어느 때보다 문화사목이 절실하다. 따라서 시대 조류를 잘 파악해야 한다.

시대 조류는 일종의 '시대적 징표signum temporis'로 본래 성서적 개념이다.(마태 16, 1-4) 교황 요한 23세는 자신의 가르침을

1. 홍석표, 「교회에서의 문화선교를 위한 견구 – 지격 교회 문화선교사역 지침 마련을 위하여」, 장로회 신학대학교 대학원 대학원논문, 2002, 30쪽.

통해 이 말을 조명하기 시작하여 제2차 바티칸공의회 문헌인 「사목헌장」(4항; 11항 참조)에 반영한다. 교황 바오로 6세에 이어서 교황 요한 바오로 2세의 교서 「제삼천년기」(1994)에서 시대적 특징이며 희망의 징표로 언급된다.[2] 제2차 바티칸공의회 문헌인 「사목헌장」에 나타난 시대적 징표를 심상태 신부는 다음과 같이 명확하게 설명하고 있다.

현대 세계 안에서 일반적으로 형성된 새로운 정신자세나 운동들, 역사의 조류들을 뜻하면서 온갖 유형의 차별주의와 권위주의, 그리고 제도주의를 거부하고 진리와 정의, 사랑과 자유 등의 가치에 상응하는 개방과 일치, 그리고 협력과 관용을 드러내는 자세들을 지칭하면서 하느님의 구원의지가 표출되는 장으로 드러내고 있다.[3]

문화사목은 시대적 징표인 시대 조류를 제대로 식별해야 올바르게 실천할 수 있다. 20세기에 세속화, 냉전시대의 이데올로기 투쟁, 군사, 정치, 경제 논리의 지배 등에 영향을 받으며 사적 영역만 담당했던 그리스도교는 20세기 말부터 급격히 변화하고 있다. 탈세속화Desecularization, 성과 속의 통합, 문화

---

2. 심상태, 「「제삼천년기」와 한국 교회의 '새복음화'」, 한국그리스도사상연구소, 1998, 82~94쪽.
3. 심상태, 「「제삼천년기」와 한국 교회의 '새복음화'」, 한국그리스도사상연구소, 1998, 90쪽.

변동 등이 새로운 시대 조류로 등장하자, 교회는 복음화를 이 시대에 맞게 실천하기 위한 새로운 사목 패러다임으로 문화사목을 받아들이고 있다. 계속해서 문화사목 이론에 관련된 시대 조류를 살펴본다.

1) 종교의 탈세속화

(1) 종교의 사사화

종교의 세속화 이론은 계몽주의에 기초한 고전 사회학자들, 예를 들어 에밀 뒤르켐Emil Durkheim이나 막스 베버M. Weber의 작업 속에 이미 그 맹아가 들어 있었다. 비록 그들이 주장한 종교의 종언은 적중하지 않았지만 1960년대 이후 많은 사회과학자가 종교의 세속화 이론에 대한 기본적인 시각을 재조명했다. 탈콧 파슨스T. Parsons, 피터 버거P. Berger, 토마스 루크만 T. Luckmann, 그리고 로버트 벨라R. Bella는 전통 종교가 근본적으로 개인적 관심사에 불과하며 그래서 '공적' 관련성을 상당히 상실했다고 말하면서 현대 세계에서의 세속화를 해석했다.[4] 이러한 해석은 세속화 과정 속에 종교의 사사화 현상 Privatization과 밀접하게 연결되어 있음을 보여주었다. 또, 종

---

4. Peter Berger, *Religion and Globalization*, Sage Publications: London, 1994, p. 70.

교의 사사화를 '사사화 된 종교The privatized religion', 혹은 '공적 영역에서 사적 영역으로의 위축' 으로 묘사했다.

종교의 사사화는 분명 교회와 대중의 관계, 종교 제도 자체의 영향력, 종교적 믿음의 대중성과 영향력을 감소하고 쇠퇴시켰다. 이것은 서구 사회의 근대화의 결과였다.[5] 근대화는 '분화', '상품화' 그리고 '합리화' 라는 과정들[6]을 통해 종교의 사회적, 공적 영향력을 감소시켰다. 이것은 문화적 차원에서도 작동되었다. 콕스H. Cox가 언급하였듯이, 종교의 사사화는 문화적 통합에 대한 상징을 결정하는 종교적인 힘이 사라짐을 의미하였다.[7] 다시 말해서, 공적인 문화 영역에서 '성스러움의 쇠퇴' 라고 불릴 수 있었다.[8]

(2) 공적 영역을 재영토화하기 시작한 종교

1980년대 이후부터 점차 종교의 사사화 테제 실효성에 의문이 제기되었다. 피터 버거는 과거 자신의 세속화론을 포함한

5. Steve Bruce, *Religion and Modernization*, Clarendon Press: Oxford, 1992, p. 11.
6. Stephen Crook, et al., *Postmodernization: Change in Advanced Society*, Sage: London, 1992, p. 10.
7. Harvey Cox, *The Secular City: Secularization and Urbanization in Theological Perspective*, The Macmillian Company: New York, 1966, p. 17.
8. S. Acquaviva, *The Decline of the Sacred in Industrial Society*, trans., Particia Lipscomb, Harper & Row Publications: New York, 1979.

대부분의 세속화 문헌들 전체의 틀이나 핵심이 오류였음을 고백하고 있다.[9] 그는 세계적인 종교 부흥이 '국제정치 영역', '전쟁과 평화의 영역', '경제발전 영역'. '인권과 사회정의의 영역'이라는 네 가지 영역과 밀접하게 연관한다고 주장한다.[10] 같은 맥락에서 바이어P. Beyer는 미국의 '새로운 그리스도교적 권리', '라틴 아메리카의 해방신학', '이란의 혁명', '이스라엘의 현대 종교 시오니즘', 그리고 '종교적 환경주의'라는 다섯 가지 예들을 제시하면서 전 지구적 차원에서 종교의 공적 영향력을 서술하고 있다.[11] 이러한 종교의 부흥은 '종교의 탈세속화' 현상으로 볼 수 있으며, 이것은 세계 종교의 주변적, 사적인 역할을 거부한다. 또 개인적인 종교, 도덕의 영역을 재정치화하며, 공적인 경제·정치·문화 영역을 재규범화하는 것을 뜻한다.

버거나 바이어가 지적한 종교의 탈세속화 경향은 종교 이해를 제도나 조직적으로 주력하던 경향에서 벗어나 문화적이고 의미 창출의 차원으로 보는 것이다. 즉, 종교의 탈세속화는 종교로 하여금 국가나 지역의 공공 정책에 문화적으로 접근하여

---

9. Peter Berger, *The Desecularization of the World: Resurgent Religion and World Politics*. (피터 버거, 김덕영·송재룡 옮김, 「세속화냐? 탈세속화냐?」, 대한기독교서회, 2002, 15쪽.)
10. 피터 버거, 앞의 책, 31~36쪽.
11. 다음을 참조하시오. Peter Beyer, *Religion and Globalization*, pp. 111~224.

새로운 의미를 만듦으로써 거시적 내지 미시적인 문화정치의 행위자로 나서게 한다. 한국에서도 시민단체의 팽창과 공공 영역의 다양화, 급격한 문화 변동에 따라 종교의 대사회적 활동이 활발하고, 결과적으로 종교의 정치화로 나타나고 있다.[12]

(3) 한국 가톨릭교회의 탈세속화 현상

한국 사회는 1980년 후반 형식적 민주주의의 실현과 경제적 부흥에 힘입어 시민사회와 공공 영역이 급격히 발전했다. 이에 따라 1990년대에 환경운동, 녹색운동, 생명운동, 여성운동, 대안교육운동, 대안적 공동체운동, 지역 주민자치운동 등의 다양한 사회운동을 활발히 전개하였다. 특히 새롭게 등장한 사회운동들은 문화적 가치와 위상에 대한 태도를 암묵적으로 형성하여 정치와 경제 분야에 문화적 접근을 시도하거나, 문화 자체를 삶의 질을 고양시키는 능동적 행위양식의 문제로 보려는 경향을 띠고 있다.[13]

---

12. 한국 천주교 주교회의에서는 낙태허용 조항을 담고 있는 모자보건법 제14조 폐지를 위한 교회 차원의 노력을 해왔고, 「생명31운동」을 대사회적으로 펼쳐 생명문화를 건설하기 위해 범종교계의 연대를 지향하고 있다. 좀 더 구체적인 사항은 가톨릭신문, 2003년 1월 12일)과 한겨레신문, 2003년 11월 6일을 참조하시오. 또한 사립학교법이나 대통령선거 등에 정치적 참여 등 최근 한국 개신교의 행보도 종교의 정치화를 대변한다.
13. 심광현, 「신자유주의와 시민사회의 위기: 문화적 공공 영역의 출현」, 『21세기 한국 사회와 공공 영역 구축의 전망』, 문화과학사 게릴라총서, no. 13, 1998, 80쪽.

한국 가톨릭교회는 1970~80년대 군사독재정권 시절에 사회 정의를 실현하는 민주화운동에 앞장서서 적극적으로 사회에 참여하였다. 이러한 참여에 힘입어 가톨릭교회는 괄목할 만큼의 교회성장을 이루었다. 2005년도 현재 우리나라 전체 인구 중에서 천주교 신자가 4백66만 7천2백83명으로 총인구 대비 신자 비율이 9.5%를 기록했다는 것은 1981년의 가톨릭 신자 1백40여만 명에 비한다면 실로 엄청난 교세 확장의 지표이다.

1990년대 이후에 한국 가톨릭교회는 보수화, 중산층화의 길을 걸어왔지만 새롭게 출현한 다양한 신사회운동에 참여해왔다. 생명, 인권, 환경, 복지, 남북통일 등의 사회적, 공적 이슈에 정부기관이나 NGO들과 연대하면서 적극적으로 영향력을 행사해왔다. 이러한 점에서 한국 가톨릭교회는 종교의 공적, 사회적 영향력의 쇠퇴를 예언한 '세속화론'에 대한 가장 강력한 반증이 된다.

한국 가톨릭교회가 대사회적인 영향력을 끼치며 점차 사회에 '열린 교회'로 변화하고 있다. 본당 안에 설립되는 다양한 복지시설은 지역 자치제나 지역 기관들과 관계 맺어 지역 사회와 주민들에게 개방되고 있다. 최근 여러 본당이 어린이집, 무의탁노인의 집, 노인전문상담실, 유기농 매장, 재활용 매장 등 지역 특성에 적합한 복지 공간들을 마련하는 추세이다. 또 지역 사회를 중심으로 다양한 복지 활동을 수행하고 있다. 지역

내의 저소득 가정, 장애인, 노인, 아동 및 청소년, 실직자, 이주 노동자 등 복지 혜택을 받지 못하는 여러 계층을 찾아가 다양한 자원봉사를 적극적으로 하고 있다. 더 나아가서 탁구장, 농구장, 영안실, 납골당, 또는 단주, 단도박 모임, 지역 주민의 회합 장소 등으로 본당 시설 및 공간을 개방하기도 한다. 본당의 시설을 지역 사회에 개방함으로써 교회는 지역 주민들로 하여금 교회에 더욱 쉽게 다가올 수 있는 기회를 제공하여 간접 선교가 이루어지고 있다. "즉, 본당의 시설 개방은 교회가 지역 주민과 함께 하는 실체임을 알게 하는 좋은 방법인 것이다."[14]

교회는 환경 문제에 대해 본당 단위로 혹은 여러 종단이나 시민단체와 함께 환경 캠페인을 벌이고 있으며, 특히 새만금 갯벌 문제에 대해 주교회의 정의평화위원회 환경소위원회는 정부에 새만금 방조제 공사 중단을 촉구한 바 있다. 또한 생명, 인권 옹호를 위한 캠페인을 하고 시설도 설립하고 있다. 배아 실험을 허용하는 '생명윤리법' 시행령에 대한 개정을 요구하고, 낙태 · 자살 · 안락사와 같은 죽음의 문화에 대항하며, 외국인 노동자와 같은 사회 소외층의 인권 보호를 위한 사목을 펼치고 있다. 나아가 남북통일과 북한 주민을 위해 주교회의 민족화해위원회와 각 교구별 위원회, 그리고 개별 본당에서 민간 차원의 교류가 활발하다.

14. 서울가톨릭사회복지회, 『본당 사회복지 활동안내서』, 2000, 40쪽.

교회는 공적 영역에서 대사회적 역할을 활발히 실천함으로써 과거의 전통적이고 소극적인 선교와 사목의 틀에서 벗어나 급변하는 사회에 개방적이고 적극적으로 자신의 사명을 수행하고 있다. 이러한 교회의 노력은 단순히 근대화 때문에 상실했던 자신의 힘을 되찾으려는 몸부림이기보다 시대적 변화에 대한 자신의 토착화Inculturation 과정이며 시대적 요청이다. 따라서 교회가 사적 영역이나 공적 영역에서 복음화를 위한 구체적인 사목을 수행하려면 문화적 접근이 필요하다. 교회가 인간 존엄성과 생명의 신비를 일방적으로 외치고 주장하기보다 문화를 통해서 정책과 전략을 세우고, 시민들의 의식과 정신문화의 변화를 함께 추구해야 한다.[15] 문화사목은 현 시대에 적합한 문화적 접근을 통해 사목을 효율적으로 수행하는 것이다.

2) 성과 속의 통합원리

고전사회학자 에밀 뒤르켐에 따르면 종교라는 사회적 현상은 성과 속의 이분법으로 구분되어 형성된다고 한다.[16] 16세기

---

15. 서울대교구 생명위원회는 2007년 1월 15일 '생명의 신비상' 첫 시상식을 가진 바 있다. 수상자 중에 미국 하버드대 법대 메리 언 글렌던(교황청 사회과학원 의장) 교수는 생명운동을 위한 몇 가지 교훈을 전하였는데, 그 중의 하나로서 생명 경시풍조인 죽음의 문화를 변화시키는 것이 중요하다고 역설하고 있다.(평화신문 908호, 2007년 2월 11일)
16. Emile Durkheim, *The Elementary Forms of Religious Life*, Joseph Ward Swain, trans., London, Allen and Unwin, 1915, p. 52.

이후 유럽에서 근대성의 태동과 계몽주의의 확산으로 종교의 세속화가 가속화되면서 성과 속은 더욱 이분화 한다. 막스 베버M. Weber가 말하듯이 세상의 탈주술화disenchantment라는 합리화의 증대로 결국 종교의 사회적 정당화 및 합리화 기능은 점점 축소되면서 성의 세계는 철저히 속의 세계에서 분리되어 간다. '성속 이원론'은 종교의 세속화 과정과 더불어 근대 사회에 지배적인 원리로 등장한다. 루돌프 오토R. Otto가 말하듯이, 성과 속의 분리 원칙에 따라 개인과 사회, 교회와 국가가 분리되고, 성은 개인 차원의 종교 체험[17]이나 성전에 국한되는 결과를 낳게 된다.

한국 가톨릭교회도 여러 분야에서 성과 속의 분리를 철저히 경험해왔다. 첫째로, 성직자와 평신도 간의 차별이 존재했다. 제2차 바티칸 공의회에서 성직자와 평신도 간에는 직분상의 차이만 있을 뿐 서로 평등한 존재임을 천명[18]했다. 그러나 최근까지도 성직자는 거룩하고 평신도는 그렇지 못한 존재로 차별화하여 '권위주의적 위계질서'[19]를 공고히 한다. 둘째로, 신앙

---

17. Rudolf Otto, *The Idea of the Holy: An Inquiry into the non-rational factor in the idea of the divine and its relation to the rational*, John W. Harvey, trans., Oxford University Press, 1923, p. 59.
18. 제2차 바티칸 공의회의 「교회에 관한 교의헌장」제2장에서는 하느님 백성의 구성원으로서의 모든 신자들의 품위의 평등성과 사명의 공통성을 확인하면서 교회 내의 모든 차별성은 오직 직분과 역할의 차이이며 계급이나 신분의 차이가 아님을 명확히 함으로써 교회내의 직분의 차이와 교계제도의 의미를 상대화시켰다.

의 실천이 사회, 문화적 맥락에서 격리되어 신앙과 삶이 일치하지 않는 괴리라는 고질적 문제가 있다.[20] 이러한 문제는 신앙의 형식과 내용을 사회구원보다 개인구원에 머물게 하는 역효과를 가져왔다. 셋째로, 거룩함의 초월성을 강조한 나머지 영성의 지나친 내면화와 예식화로 성스러움의 체험을 일상의 자리가 아닌 성전에 국한하는 '성전주의'의 태도를 낳게 되었다. 더 나아가서 성당이라는 건물을 지나치게 신성화하여 사회와 단절된 폐쇄 공간으로 만들었다.

그러나 다원화된 탈근대 사회로 접어들자 종교의 탈사사화 과정과 통하면서 성과 속의 통합 현상이 나타나고 있다. 신학적으로는 정치신학, 해방신학, 여성신학, 민중신학 등으로 구현되어 성과 속이 분리된 신앙이 아닌 '성속의 변증법'[21]으로 '일상의 신앙화'가 강조되고 있다. 이것은 오늘날 문화의 시대

19. 한국 가톨릭교회의 권위주의에 대해서는 다음을 참조하시오. 서공석 · 정양모 엮음, 『한국 가톨릭교회 이대로 좋은가? II: 예수 그리스도와 교회의 권위주의』, 분도출판사, 1999.

20. 신앙과 사회의 분리현상에 대해서는 미국 예수회 신부이며 사회학자인 존 카바나가 다음의 저술에서 상세히 논한 바 있다. J. F. Kavanaugh, *Following Christ in a Consumer Society*, Orbis Books, Maryknoll, N.Y., 1991. (존 프란시스 카바나, 오장균 옮김, 『소비사회에서 그리스도를 따르기』, 도서출판 지평, 1998). 또한 가톨릭 신자들의 사회구원을 위한 참여도 통계조사에서도 다음과 같은 매우 저조한 결과가 나왔다. 정의평화운동(28.4%), 도시-농촌 협력운동(28.7%), 환경운동(33.8%), 생명운동(34.0%), 북한동포와의 나눔운동(34.1%)에 불과했다. 이 통계조사는 다음을 참조하였음. 우리신학연구소, 「가톨릭신자의 종교의식과 신앙생활」, 『가톨릭신문 창간 70주년기념 신자 의식조사 보고서』, 가톨릭신문사, 2000, 82~105쪽.

에서는 '문화의 복음화'로 불릴 수 있다. 다시 말해서 일상 속에서 성의 육화를 통해 속의 성화가 이루어지는 과정이다. 따라서 신앙인은 언제 어디서든 주어진 시공간에서 하느님을 고백하고 체험하며 그분의 뜻을 실천하는 삶을 사는 것이다.

최근 가톨릭교회도 일부 사목자들이 열린 사목의 일환으로 성당이라는 성스러운 장소를 사회에 적극적으로 개방하고 있다. 과거에는 제대에 성체가 모셔진 감실이 있어서 제대에서 미사전례나 여타 전례만을 행할 수 있었지만 요즘에는 음악회나 다른 행사도 허용한다. 또한 미사 중에 음악, 영상, 연극 등의 시청각을 활용하기도 한다. 이러한 단적인 예로 성직자나 평신도들이 지녀왔던 성과 속에 관한 의식의 변화를 알 수 있다. 그러나 일부 성직자나 평신도들은 성이 지나치게 속화되고 있다고 우려한다. 하지만 이 시대가 요청하는 문화의 복음화와 문화사목은 거룩하신 하느님의 현존을 속이라는 일상 안에서 자연스레 체험하고, 더 나아가 성스러운 장소에서 총체적인 삶의 양식인 문화를 통해 실천할 수 있도록 교회가 개방적인 태도를 취할 때 가능하다.

21. 이 용어는 멀치아 엘리아데가 성과 속의 판별기준이 되는 성현(聖顯)의 존재 구조를 설명하는 데 사용한 것이다. 다음을 참조하시오. M. Eliade, *Image and Symbols*, London: Sheed and Ward, 1961, p. 84.

3) 문화변동론

1990년대부터 한국 사회는 급변하는 국제정세와 함께 새로운 문화 담론, 문화 산업, 문화 공간의 확산으로 상당한 문화변동을 겪고 있다. 개인적, 집단적으로 삶의 질을 높이려는 문화적 욕구가 다양하게 나타나면서 하위문화의 생성, 확산도 빠르다. 예를 들어, 청소년 문화가 등장하여 X세대, N세대, 1318세대로 진화하면서 한국 사회를 변혁시키는 주류로 자리 잡고 있다. 여성·중년·노인 등 특정 집단의 하위문화뿐만 아니라 복지, 환경, 세대, 지역 등에 따라 다양한 문화가 출현하면서 시민들의 자발적인 권력행사가 보편화되고 있다.

최근 한국에서는 문화의 세계화에 영향을 받아 뉴미디어의 도입과 함께 여가, 소비생활이 증대됨에 따라 새로운 문화 공간(예: 노래방, 비디오방, PC방, 찜질방, 헬스클럽, 복합영화상영관 등)이 출현하였고, 다양한 하위문화들(각종 스포츠, 댄스, 요리, 패션, 디자인, 여행 등)이 확산하였다. 과거에는 명동이 유일한 문화의 거리였지만 이제는 대학로, 신촌, 홍대 등으로 확대됨으로써 문화 공간이 다각화되고 있다. 이러한 문화의 거리에는 새롭게 출현한 다양한 문화 공간들을 수용할 수 있는 거대한 쇼핑몰들이 쑥쑥 들어서고 있다. 또한 디지털 문화의 끊임없는 진화와 이로 인해 조성되는 유비쿼터스 환경은 삶의 질을 높이고 다양한 삶의 방식으로 인도한다. 특히, 여성들은 사회적 지위향상으로 다양한 문화를 누리고 있다. 따라서 적극적인 문화소비자가 되었고, 자기계발을 위하여 문화강좌나 스포츠를 선호하고 있다.

다양한 문화 콘텐츠와 문화 공간들은 신자유주의적 자본주의 세계화가 낳은 부산물이며 동시에 정부의 문화 산업 육성정책에 따른 결과이다. 상업적 이윤을 추구하는 문화 공간들이 출현하자, 정부와 지방자치제도 시민들의 다양한 문화적 욕구를 충족시키기 위해 구민회관, 주민자치센터, 노인종합복지관, 사회복지관, 청소년회관 등의 공공기관건물을 확대하고 있다.

교회 밖에서 이루어지는 문화 공간이나 문화 콘텐츠의 확대 현상은 분명 교회에도 영향을 끼친다. 신자들은 문화적 욕구 충족을 위해 본당의 기존 단체 활동보다 본당 밖의 다양한 문화 공간과 활동을 선호한다. 특히 본당 신자의 상당수를 차지하는 여성들이 주변의 백화점, 대학의 평생교육원, 구민회관, 복지관을 자주 이용한다. 거기에다가 최근 주5일근무제 혹은 주40시간근무제가 제도화하고 확산되면서 주말농장 체험, 각종 레포츠, 여행, 관광 등으로 실천되는 여가 문화는 신자들의 교회 참여를 저조하게 만드는 치명적인 요소다. 따라서 자연스레 교회 공간과 사회의 문화 공간의 비교로 대조 내지 갈등을 불러일으킨다. 이러한 문제점을 인식한 사목자는 교회의 종교 공간을 문화 공간으로 활용하여 신자의 관심을 끌어들이고 그들의 문화적 욕구에 초점을 맞추어 문화사목을 수행하려는 경향을 보인다.

지금까지 이 시대 조류인 탈세속화이론, 성과 속의 통합원리, 그리고 문화변동론을 살펴보았다. 이러한 과정을 통해 문화사목이 무엇이고, 필요성과 실행 방법이 명확해졌다. 다음은 시대 조류와 관련 이론들이 문화사목을 어떻게 형성하고 있는지 간단히 모델화하였다.

<문화사도의 모델>

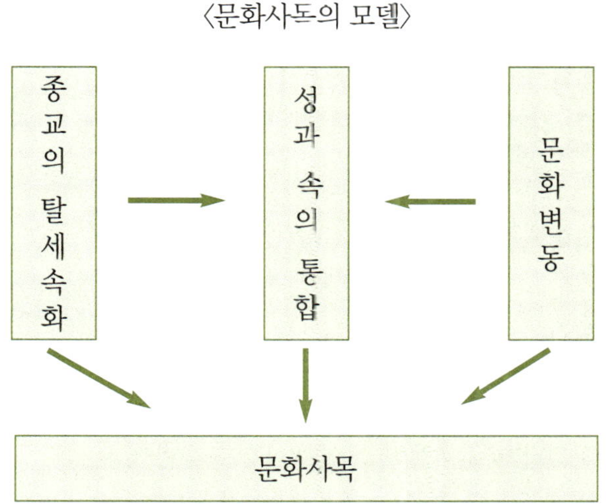

3. 문화사목의 목표

교황청 문화평의회는 「문화에 대한 사목적 접근」(1999)에서 다음과 같이 문화사목의 목표를 제시한다.

　복음을 준비할 때, 문화에 대한 사목적 접근의 일차 목표는, 복음의 근원적인 활력을 문화에 불어넣어 내부에서부터 그 문화를 새롭게 하고, 문화를 이루는 인간관과 사회관, 그리고 인간, 가정, 교육, 학교와 대학, 자유와 진리, 노동과 여가, 경제와 사회, 과학과 예술에 대한 개념을 하느님의 계시에 비추어 변화시키는 것이다.[22]

　이 문헌에서는 문화사목이 현대 문화(매우 광범위하게 규정된 의미에서)를 하나의 대상으로 설정하고 있다. 다시 말해서, 문화사목을 교회가 그리스도 중심적인 문화인류학에 근거하여 일방적으로 현대 문화를 복음적 가치관으로 전환시키는 것으로 규정하고 있다. 그러나 문화의 복음화가 올바른 이념과 방향으로 나아가려면 현대 문화를 대상으로 취급하여 복음화 시키는 것도 중요하지만, 현대 문화가 주체가 되고 교회 문화가 대상이 되어 교회가 자기복음화를 위한 상호복음화에 열려진 문화사목을 실천해야 한다. 상호복음화에 따르는 문화사목은 올바른 교회 문화의 생성과 확산을 위한 토착화 과제와 직접적으로 연관된다.

22. 교황청 문화평의회, 「문화에 대한 사목적 접근」(Towards a Pastoral Approach to Culture, 1999) 25항.

오늘날 문화사목이 제대로 이루어지려면 복음과 신앙의 토착화가 반드시 수반되어야 한다. "문화의 복음화와 복음의 토착화는 병행되며, 서로 호혜적인 관계"에 있기 때문이다.[23] 교회가 문화사목을 제대로 수행하기 위해서는 자신을 쉽게 이해시킬 수 있는 표지이며, 선교의 유효한 도구가 되는 토착화가 동시적, 혹은 앞서서 이루어져야 한다.

궁극적으로, 문화사목은 문화를 도구나 수단으로 활용하는 사목, 문화를 대상으로 하여 그것을 복음의 힘으로 새롭게 변화시키도록 하는 사목이다. 그리고 전통적, 현대적 문화를 융합, 토착화하여 교회 문화를 생성하고 확산시키는 사목을 목표로 지향한다. 그러나 세 가지로 구체화된 문화사목의 목표는 서로 분리될 수 없는 밀접한 상호 관련성이 있으므로 문화를 통한 사목은 문화에 대한 사목을 동반한다. 교회는 문화를 활용하기 전에 우선, 문화를 식별하여 장점은 취하고 단점은 보완하는 문화 비평과 정화의 단계를 따라야 한다. 또한 문화에 대한 사목은 필히 문화에 의한 사목으로 이끈다. 교회 문화는 타자 문화인 세속 문화를 복음의 빛으로 비판하고 정화하는 과정을 통해 형성, 정착화 한다.

<hr>

23. 교황청 문화평의회, 「문화에 대한 사목적 접근」, 5항.

4. 문화사목의 분류

문화사목은 좁은 의미에서 직접 문화 관련 분야의 사목(예: 관광사목, 미디어사목 등)에만 국한하지만, 넓은 의미로는 기존 사목의 문화적 접근을 모두 포함한다. 여기서는 광의적인 문화사목을 다루기 때문에 기존 사목들도 그 대상에 포함한다.

1) 문화사목은 계층 · 내용 · 취향에 따라 구체적으로 분류된다.

a. 계층: 어린이 · 청소년 · 여성 · 중년 · 노년 · 외국인 등등

b. 내용: 가정문화사목, 직장문화사목, 생명문화사목, 여가사목, 종교 간 대화사목, 교회 문화사목, 디지털사목, 전례문화사목 등등

c. 취향: 독서문화사목, 칭찬사목, 스포츠사목, 음악사목, 문화공간사목, 새로운 소공동체사목 등등

2) 문화사목은 다양한 하위문화사목으로 분류된다.

a. 여가사목: 관광사목, 순례사목, 자원봉사사목, 평생교육사목, 새로운 소공동체사목, 문화공간사목 등

b. 생명문화사목: 생명사목, 인권사목, 환경사목, 소비문화사목, 문화격려 등

c. 디지털문화사목: 사이버사목(인터넷사목), 모바일사목 등

d. 교회문화사목: 성미술, 성음악, 건축, 생활성가, 교회출판, 교회신문 및 방송사목 등

e. 교육문화사목: 성서공부, 재교육강좌, 문화센터, 공부방, 상담문화 등

f. 전례문화사목: 성가대, 제대 꽃꽂이, 복사사목 등

g. 친교문화사목: 각종 이벤트문화사목, 단체문화사목, 스포츠문화사목 등

h. 가정문화사목: 부부, 이혼가정, 재혼가정, 한부모, 독거인, 입양, 혼혈 등 다양한 가족 형태를 위한 사목 등

10장

문화사목의 실제

1. 문화를 통한 사목

1986년, 필자가 보좌신부로 있을 때 개봉된 영화 『미션』은 당시 많은 사람에게 깊은 감명을 주었다. 영화 줄거리는 이러하다. 1750년 스페인과 포르투갈이 남미를 식민지로 만들던 시대로 당시 예수회도 함께 들어와 과라니 족에게 선교하여 그리스도를 믿는 마을이 된다. 그러나 두 나라 간의 영토재조정으로 과라니 족이 쫓겨나야 하는 상황에 이르자 이에 대항하여 원주민과 예수회 신부들이 함께 투쟁하다 집단몰살 당한다. 영화는 나에게 몇 가지 강한 인상을 주었는데, 그 중 하나는 과라니 족과 가브리엘 신부의 첫 만남 장면이다. 호전적인 밀림 원주민 과라니 족에게 선교하러 간 가브리엘 신부가 장엄하고 험난한 이구아수 폭포를 올라가 폭포위에서 휴식을 취하던 중,

창과 화살을 든 원주민에게 포위된다. 그러나 그는 이들을 안정시키고 주의를 끌려고 겁먹은 표정으로 오보에를 연주한다. 그의 음악 연주는 원주민들을 감화시키고 그들의 마음을 열게 하여 그를 믿고 신뢰하게 만든다. 만약 가브리엘 신부가 원주민들을 향해 "나는 당신들을 해치러 온 사람이 아니다." 혹은 "나는 하느님 말씀을 여러분들에게 전하러 온 선교사다." 하며 설득하려 했다면 이전 선교사들처럼 십자가형틀에 묶여 이구아수 폭포에 던져지는 죽음을 면치 못했을 것이다. 그러나 가브리엘 신부는 만인의 공통 언어인 음악으로 원주민들과 교감함으로써 그들의 호감을 살 수 있었다. 음악을 통한 선교와 사목의 한 예이다.

최근에 대중문화는 사회 제도화되어 삶의 방식으로 자리 잡으면서 모든 분야에서 활용하고 있다. 이런 추세에 따라 교회도 이미 대중화한 연극·음악·미술 등의 예술장르를 사용하여 교육과 심리치료의 효과를 높이고 있다.[1] 영화, 비디오, 정지영상, 동영상, 인터넷 등 영상매체나 멀티미디어도 교리교육, 전례, 강론, 다양한 행사에 접목하고 있다. 또한 새롭게 등

---

1. 예를 들어 교육연극이나 표현예술심리치료가 있다. 교육연극은 연극이라는 예술장르에 존재하는 여러 가지 극적 기술과 방법을 교육적 목적을 가진 여러 분야에서 활용하는 활동을 말한다. 다음을 참조하시오. http://www.dala.co.kr/ 표현예술심리치료는 미술, 음악, 연극, 무용, 시 등의 예술매체를 두 가지 이상 사용하는 심리치료를 의미한다. 보다 자세한 내용은 다음을 참조하시오. http://www.keapa.or.kr/

장한 DMB(디지털멀티미디어방송), IPTV(인터넷텔레비전), Wibro(무선휴대인터넷) 등 새로운 디지털 문화에 의한 유비쿼터스 시대가 열리면서 교회는 소통 문화를 더욱 새롭고 다양하게 형성시키고 있다. 오늘날 사목을 효율화하려면 대중문화를 수단이나 도구로 적절하게 활용해야 한다. 문화를 통한 사목은 과연 무엇이 있고, 어떤 방식으로 실천하며, 실행에 유의할 요소에 대하여 알아본다.

1) 문화를 통한 사목의 사례

(1) 전례

문화는 전례와 접목하여 전례의 활성화 및 신자들의 능동적 참여를 북돋을 수 있다. 전례 중의 가장 핵심은 미사성제이다. 그러나 신자들이 수동적, 소극적으로 참여하여 정적으로 고착화하여 생명력을 잃어가는 분위기이다. 하지만 여기에 문화를 수용한다면 보다 활기 있고, 능동적인 참여가 이루어질 수 있다. 전례에는 예술문화로서 음악 · 미술 · 연극 · 문학 · 조각 · 무용 등이, 과학으로서 신문 · 잡지 · 영화 · 동영상 · 정지영상 · 비디오 · 파워포인트 · 인터넷 등이 활용될 수 있다.

ⓐ 강론

이 시대는 영상 문화visual culture가 지배적이다. 지금껏 하

주일미사 중에 예수님 복장으로 신자들 앞에서 복음말씀을 연극으로 재현하자 신자들의 호응이 아주 높았다.

느님 말씀을 신앙생활에 적용하도록 성직자가 행하는 강론은 거의 구두 문화oral culture였다. 강론에 이 시대에 알맞은 영상 문화를 가미하여 표현한다면 신자들과 소통하는 데 매우 효과적이다. 사회복지 주일에 아프간 난민을 위한 2차 헌금이 있었다. 어렵고 힘든 아프간 난민의 고통을 말로만 전하기보다 그들의 처참한 모습을 담은 비디오테이프의 일부를 보여주며 신자들의 도움을 호소한 적이 있다. 평소보다 훨씬 효과가 컸음은 물론이다. 하나의 영상 장면은 즉시성과 현장성 특징을 지니고 있어서 신자들에게 큰 감동을 전해주었기 때문이다.

연극은 인간의 육체를 매개로 어떤 주제를 표현하는 종합예술이다. 연극을 활용하여 하느님 말씀을 재현하고 성경의 행간까지 표현할 수 있다. 따라서 신자들에게 성경을 가깝게 하며, 쉽게 이해시키고 깊은 감동을 줄 수 있다. 언젠가 몇몇 신자들과 함께 호흡을 맞추고, 주일미사 중 복음을 읽은 후 예수님 분장으로 신자들 앞에서 복음말씀을 연극으로 재현하자, 신자들이 복음의 내용을 빨리 받아들임과 동시에 큰 호응을 얻었다.

음악은 소리와 내용을 통해 인간의 감정에 강하게 호소할 수 있는 예술이다. 음악이 강론 자료로 활용될 때 신자들에게 쉽게 다가갈 수 있고, 하느님 말씀을 일상생활에서 실천할 수 있도록 이끈다. 한 방법으로 생활성가 중에 기도에 관한 성가를 골라 신자들에게 프린트 물로 나눠준다. 먼저 성가대가 부른 후에 신자 모두가 따라 부르게 한다. 그러고 나서 주례사제는 성가 가사를 통해서 기도가 무엇인지, 왜, 어떻게 기도해야 하는지 예증을 들면서 강론한다. 마지막으로 그 성가를 다 함께 다시 부른다. 미사가 끝나도 신자들은 생활성가 가사가 은연중 깊이 새겨졌음을 느낄 것이다.

문화 활용이 어른들에게도 유효하지만 어린이나 청소년을 대상으로 강론할 때에는 필수적으로 큰 역할을 한다. 예를 들면, 마술은 어린이들의 호기심을 매우 자극시킨다. 주례사제는 간단한 마술을 익혀 강론과 연관하여 보여준다면 매우 인상적일 것이다. 또 다른 방법은, 소경의 눈을 뜨게 해주신 예수님의 기적 이야기를 설명하기 위해 아이 한 명을 선정하여 눈을 가려서 일정 구간을 걸어서 돌아오게 한다. 그리고 난 다음 그 아이에게 캄캄하여 아무것도 안 보일 때 어떤 느낌을 가졌는지 물어본다. 여러 아이가 함께 하도 된다. 사목자가 영화, 애니메이션, 파워포인트, 인터넷, 게임, 보드게임Board game, 음악, 연극, 동화구연 등 다양한 문화를 활용하여 하느님 말씀과 접목한다면 아이들의 시선을 모으는 효과적인 강론이 될 것이다.

ⓑ 미사전례나 각종 전례의식

가톨릭은 미사나 각종 전례의식을 일정한 형식으로 전례주기에 따라 행한다. 같은 형식과 내용이 반복되므로 신자들은 수동적 자세로 전례에 참여하게 되며, 이로 인해 미사가 무미건조해 질 수 있다. 때문에 전례의 근본적인 의미를 알려주어 적극적으로 참여하도록 사목자는 정지영상, 동영상, 혹은 연극 등 다양한 멀티미디어[2]를 사용, 능동적인 신자로 바꾸어 주어야 한다.

예전에 주교회의 매스컴위원희에서 개최한 '영상연극미사'에서, 미리 편집된 영화 '나자렛 예수'를 미사 시작부터 끝날 때까지 사이사이 영상으로 보여주었고, 복음 말씀인 자캐오 이야기(루카 19, 1-10)를 각색하여 구두로 선포하는 강론 대신, 연극으로 한 적이 있다.

2. 멀티미디어는 영상, 음성, 데이터 등 이질적인 형태의 정보를 디지털 신호라고 하는 단일한 신호처리 방식에 따라 통합적으로 처리하고 전송하고 표시하는 미디어이다. 멀티미디어의 특성은 디지털화(digitalization), 정보의 통합적 처리(integration), 정보이용의 상호작용성(interactivity)이다. 그러나 멀티미디어는 넓은 의미로 음악, 연극, 물건, 무형물, 그리고 사람까지도 포함하는 다양한 미디어를 함축하는 의미로 사용될 수 있다.

또 사순시기에 십자가의 길을 연극으로 했는데, 신자들은 무거운 십자가를 지고 넘어지고 넘어지며 끝내 십자가에 달리신 예수님의 수난과 고통의 길에 눈물 흘리며 온 마음으로 참여하였다. 또 다른 예로, 종교영화 중의 하나인 『패션오브크라이스트』(2004)를 이용하여 14처를 동영상으로 작업한 콘텐츠를 보여주었는데 큰 감동을 주었다. 영성체후 묵상 때 당일 복음에 관련된 좋은 글이나 시를 낭독하거나 동영상 내지 정지영상을 보여준다면 신자들의 영성을 더욱 깊게 해줄 수 있다.

(2) 교육

교회는 하느님의 말씀 곧 그리스도교의 진리를 전수하기 위해 교육을 근본으로 한다. 예비신자 교리, 성서강의, 신자 재교육, 주일학교, 특별강좌 등 다양한 방법과 통로로 하느님 말씀을 전달하여 일상생활화하도록 한다. 이전까지는 신자 교육을 위해 전통적으로 구두 문화oral culture와 인쇄 문화print culture에 의존했다. 그러나 오늘날의 디지털 문화 시대에는 말이나 문자에 국한된 방식으로 교육시키는 데 한계가 있다. 말은 기억으로, 문자는 이성과 논리에 의존하기 때문에 감성적이고 전인격적 차원이 결여되어 있다. 따라서 교회는 다양한 디지털 문화를 통해 기억, 이성, 감성을 자극하여 더욱 효율적으로 교육시켜야 한다. 디지털 시대는 교사와 학습자가 지식 제공자와 수용자라는 일방적인 틀에서 벗어나 학습자의 경험과 창조적 능력 배양을 추구하도록 교사가 협력하는 새로운 교육패러다임을 알아야 한다.

ⓐ 주일학교

한국 가톨릭교회는 초등부와 중고등부를 오랫동안 주일학교 체제로 운영해왔다. 전통적인 주일학교는 교사가 교리나 성경 지식을 학생에게 교재를 사용하여 일방적으로 주입하는 형태였다. 그러나 이러한 교육 형태는 디지털 문화에 익숙한 신세대의 감각을 맞추기에는 한계가 있다. 교재를 통한 과거의 교리교육 자체만으로 운영하기엔 그 효율성이 떨어지기 때문에 대안으로 청소년 문화를 활용한 동아리 체제를 필요로 하게 되었다. 영상, 밴드, 인터넷, 뮤지컬 등 다양한 활동은 청소년들의 코드와 잘 맞아 그들은 교회 안에서 사목의 주체가 되어 문화생산자의 역할을 능동적, 적극적으로 할 수 있다.

몇 가지 예를 들어본다. 영상 동아리는 본당 행사나 피정 등을 비디오 캠코더나 디지털카메라(이하 디카)로 찍어서 편집한 후 그 영상을 보여주면 모든 신자가 함께 즐길 수 있다. 찍고 편집하는 작업을 배우는 기술적인 면도 있지만, 어떤 내용을 만들어내는가의 콘텐츠 개발 측면도 있다. 요즘은 개인사용자가 직접 제작하여 발표하는 UCC(User Created Contents) 콘텐츠가 유행이다. 디지털 기술의 발달로 개인이 쉽게 콘텐츠를 만드는 환경이 조성되면서 소비자가 아닌 문화생산자 역할을 능동적으로 누구나 할 수 있다. 교회 안에서 청소년들 역시 UCC를 활용하여 자신을 문화생산자로 자리매김한다면 교리교육이나 청소년사목에 도움이 클 것이라 예상된다. 특히 청소년들이 스스로 만들어가는 과정을 통해서 참된 복음적 가치관을 습득할 수 있다. 세례성사를 배우는 시간이라면 인터뷰 형식의 다큐멘터리를 만들어 본다. 본당의 각계각층을 인터뷰 대상으로 하여 "세례성사는 무엇이라고 생각합니까?" 하는 질문에 응답하는 모습을 찍고 편집하여 본다면 청소년 스스로 세례성사의 의미를 깨우칠 것이다.

ⓑ 예비 신자 교리 및 신자 재교육

모든 본당에서 교리교육의 제도적 틀 안에서 정기적으로 실시하는 예비 신자 교리나 신자 재교육에 멀티미디어를 활용한다면 주입식의 획일적인 강의에서 벗어나 참여와 체험의 교육이 될 것이다. 이미 교회 안에 확보되어 있는 기존 비디오나 동영상을 사용하면 된다. 또는 성바오로딸회, 성바오로 수도회, 베네딕토 수도회 등에서 생산되는 비디오테이프나 DVD를 대여하거나 구입하여 사용한다. 예비 신자들이 처음 만났을 때 서먹서먹한 분위기를 풀어주고 서로 친교를 나누도록 공통적인 관심을 끄는 영상 자료를 보여준다. 인터넷에서 교육에 필요한 자료(예: http://inri.dnip.net 이 홈페이지는 성직자용으로 매우 다양한 자료를 제공한다)를 찾거나, 스스로 파워포인트나 동영상, 정지영상을 만들 수 있다.

본인이 직접 비디오 캠코더나 디카로 해당 내용의 장소나 인물을 찍어 편집한다면 더욱 상생한 현장감과 친근감을 제공할 수 있다. 본당 각 단체를 담아서 예비 신자들에게 소개한다. 또는 TV드라마, 뉴스, 다큐멘터리, 시사프로그램 등을 녹화하여 교육에 관련된 부분만을 편집하여 보여주어도 된다.

교리교육을 담당하는 사람들은 TV를 단지 재미와 오락으로만 수용하지 말고 교육 내용과 방법에 도움이 되는 프로그램이 있다면 언제든지 활용할 수 있도록 녹화하거나 눈여겨보는 습관을 길러야 한다. 또한 교육 내용을 구두나 인쇄물에 의존하기보다 파워포인트 작업으로 내용을 작성하여 빔 프로젝터로 화면을 보여준다면 지루하지 않고 충실한 강의가 이루어진다.

(3) 피정이나 캠프
ⓐ 피정

가톨릭에서 전통적인 피정은 일상을 벗어나 멀리 떨어진 피정센터에 가서 고요에 침잠하여 하느님을 만나고 체험하며 내면의 쇄신을 기하는 즉, 자기 성찰의 시간이다. 최근에 미디어를 활용하는 '영상피정'이나 '음악피정'이 확산되고 있다. 가톨릭 영상선교 모임 '밝은 세상'은 매년 서울 장충동 성 베네딕

열정적 생활성가 합창과 뜨거운 율동에도 참석자들은 박수를 치거나 손을 흔들며 함께 하느님을 찬미한다. '음악을 통한 문화 복음화'라는 새로운 영역을 개척하고 있는 한국가톨릭문화원의 음악피정 모습.

토 피정의 집에서 여러 영화와 함께 하는 사순 피정을 마련하고 있다. 또한 2003년 초 대전교구 솔뫼 성지 피정의 집에는 서울대교구 역삼동 본당 청소년 80여 명 몰려들었는데, 이들은 가톨릭 문화복음화사업단 '띠앗누리'가 기획한 '음악피정'에 2박 3일 일정으로 참가한 것이었다. 피정에 참여한 청소년들은 쉬운 발성법 연습부터 찬미의 몸짓, 떼제의 기도, 성서구절을 따서 노랫말을 만들고 직접 작곡까지 하는 '우리가 만드는 창작성가', 청소년성가 100% 활용하기 등의 프로그램을 차례로 접하였다.

ⓑ 캠프

돈보스코정보문화센터[3]는 정보화 시대에 능동적으로 대처키 위한 청소년 영상캠프를 매년 개최한다. 참가자들은 캠프 기간 동안 연출·연기·카메라·내리이션·음향 등 영상제작을 자신이 직접 해보고 작품에 대해 서로 의견을 나누며, 자신의 내면과 정체성을 탐구하고 되새기는 뜻 깊은 시간을 보낸다.

(4) 본당의 문화센터나 문화행사

최근 교회는 지역 사회와 여러 분야에서 연계되어 있다. 본당의 울타리를 벗어나 환경·인권·복지·생명·교육 등의 사회적 이슈를 지방자치단체, 사회복지, 타종교기관과 협력하는 열린 교회, 열린 사목을 하고 있다. 교회의 개방성은 문화적으로 접근할 때 효율성을 높일 수 있으며 그것은 문화가 신자나 비신자 모두의 삶에 쉽게 다가갈 수 있기 때문이다.

이에 따라 본당의 부속 공간인 교육관이나 문화관을 지역 사회에 개방하여 신자와 비신자 모두를 대상으로 문화센터나 행사를 유치하고 있다. 문화센터에서는 다양한 문화 프로그램을 개설하여 어린이에서 어른까지 참여할 수 있는 기회를 제공한다. 명동성당과 전민동성당은 음악회나 전시회를, 일산성당은

---

3. 돈보스코정보문화센터는 살레시오 수도회 소속(서울시 영등포구 소재)으로, 미디어를 통한 청소년 교육의 장이다. 이 센터는 문화나 미디어 교육을 위한 다양한 강좌, 돈보스코 미디어(가족지/출판물/기획물), 돈보스코 청소년 방송국(http://www.dybs.or.kr/), 매년마다 개최하는 돈보스코 청소년 영상제를 운영하고 있다.

명동성당 본당에서 이루어진 음악회 장면. 신자와 지역 주민의 문화적 욕구를 충족
시켜주고, 지역 주민이 성당을 자연스럽게 드나들게 하는 간접선교가 이루어진다.

유기농과 재활용 매장으로, 대화본당은 농산물 축제와 음악회, 전시회를, 요나성당은 피서지 관광사목의 일환으로 음악회와 미술전시회를, 대학동성당은 여성상담소로, 명동성당, 목동성당 혹은 역촌동성당은 문화강좌 프로그램을 실천하고 있다. 이러한 프로그램들은 본당 신자들뿐만 아니라 비신자들도 참여할 수 있으므로 본당은 지역 사회에 열린 문화 공간이 되고 있다. 많은 본당이 가톨릭 공간을 문화 공간으로 활용하는 추세를 보인다.

본당에서 마련하는 문화강좌나 문화행사는 세 가지 주된 역할을 한다. 첫째, 본당신자와 지역 주민의 문화적 욕구를 충족시켜준다. 둘째, 본당신자에게 소속감을 주어 냉담을 막게 한다. 셋째, 지역 주민이 성당을 자연스럽게 드나들어 간접 선교의 역할을 수행한다. 위와 같은 문화사목 프로그램에서 바로 언급한 부가가치 효과를 교회 안에서 창출한다면 선교와 사목에 문화의 활용이 얼마나 중요한지 알 수 있다.

2) 문화 활용에 관한 유의사항

(1) 가톨릭 시각에서 문화와 미디어를 수용해야 한다.

교회가 대중문화를 복음화를 위해 활용할 때 가톨릭 가치관이라는 해석의 틀을 통하지 않고 문화와 미디어를 수용하면 자칫 비복음적 가치관을 여과 없이 그대로 전달할 수 있다. 영상물의 내용과 미사전례에 사용되는 생활성가, 밴드, 다양한 문화 활동 등은 반드시 복음적 가치관에 비추어 판단하여 사용해야 한다. 예를 들어, 영상물이나 문화 활동 중에는 뉴에이지를 지향하는 내용이나 형식이 포함될 수도 있다. 생활성가를 미사전례에 적용할 때도 어느 부분까지 사용해야 하는지 논란의 대상이 되고 있다.

(2) 미디어 활용은 메시지 전달의 보조적 수단이다.

교리교육이나 미사 전례에 미디어를 활용하면 관심을 모으고 흥미를 유발하는 효과를 내지만 미디어가 주가 된다면 오히려 역효과를 불러 올 것이다. 미디어 사용은 효율적인 메시지 전달을 위한 것인데, 교리교육 시간 전체를 미디어 활용으로 하면 전달하고자 하는 메시지는 부차적인 것이 될 수 있다. 미사― 전례 특히 청소년과 청년 미사 ―에 보컬그룹이나 밴드가 활동하면 활기찬 미사가 되지만 자칫 하면 그룹이나 밴드가 부각되어 미사의 참된 의미가 손상되기 쉽다.

동영상이나 정지영상의 지나친 활용은 자제해야 한다. 본당에서 매주일 영상물에 의존하는 강론은 이야기체로 엮어지며 다양한 상징어로 전개될 수 있는 강론의 기본적인 구술 문화의 가능성을 단절하는 역효과를 낸다. 또한 반복되는 영상물은 신자를 식상하게 한다. 따라서 영상물 사용이 적절하게 가미된다면 그 효과는 배가 될 것이다.

(3) 문화를 통한 사목은 상상력과 창의력이라는 노력이 필요하다.

영화 『트로이』(2004)에 나오는 유명한 "트로이 목마"는 상상력을 대변하고 있다. 사실은 그리스 군과 트로이 군 사이의 전쟁에서 그리스 군의 왕인 오디세우스가 나무로 작게 만든 말인 목마를 손에 쥐고 생각하다가 트로이 목마를 떠올린 것이다. 영화에서는 주인공 아킬레우스가 장난감 목마를 보고 "트로이 목마"를 생각해낸 것으로 나타난다. 이 영화에서처럼 장난감 목마에서 아이디어를 얻어 커다란 목마를 만들어 그 안에 군사들이 숨어서 트로이 성 안으로 잠입할 수 있었고, 결과적으로 전쟁을 승리로 이끌었다. 창의력과 상상력이 발휘된 것이다. 마찬가지로 오늘날 이 사회의 변화도 창의력과 상상력에 달려 있다.

문화를 통한 사목을 하고자 하는 사람은 상상력을 기르고 창의력을 발휘하려는 노력이 있어야 한다. TV 프로그램이나 영화를 보더라도 사목에 어떻게 접목할 수 있는지 생각해야 한다. 오락 프로그램에서 보이는 진실 게임이나 서바이벌 게임이 주일학교 아이들의 교리교육에 모방과 수정 작업을 거쳐 활용된다면 매우 흥미로운 수업이 될 것이다. 영화『데드맨 워킹 Deadman Walking』(1996)이나『우리들의 행복한 시간』(2006)은 사형제 폐지 운동의 일환으로 시민들의 의식을 일깨우는 홍보영화로 선정할 수 있다.

상상력이나 창의력은 언어의 이미지화에서도 나타난다. 이미지는 넓은 의미에서 생동감 있는 언어이다. 상상이란 우리의 마음속에 이미지를 만드는 능력이므로 상상력은 곧 이미지로 표현된다. 이미지화에는 추상적인 말을 구체화할 때 드러난다. 한 예를 소개한다. 지하철 계단에 10세 안팎의 소녀 장님이 구걸하고 있었다. 소녀 옆에는 이런 글귀가 있다. "전 태어나면서 장님입니다." 오가는 사람은 많으나 동정하는 사람은 별로 없었다. 소녀가 움츠리고 빵을 먹을 대 한 남자가 다가와서 글귀를 바꾸었다. "전 봄이 와도 아름다운 꽃을 볼 수 없습니다." 글귀가 바뀌자 사람들의 동정심이 살아나 돈을 주는 사람이 많아졌다. 이 예는 일종의 패러다임의 전환이라 할 수 있다. 추상적인 말이 이미지로 구체화되면 사람들의 마음이 움직인다. 패러다임을 전환하려면 상상력과 창의력을 키워야 한다.

사목자는 자신이 전하고 싶은 메시지 혹은 진리를 청중의 마음에 심어 주기 위하여 어떤 이미지를 사용해야 하는지 끊임없이 고민해야 한다. 평범한 말을 이미지화하려면 예수님이 하셨듯이 은유나 비유로 할 수 있고, 또는 여러 가지 미디어를 활용하여 창의적으로 사목에 접근할 수 있다. 상상력이나 창의력은 새로운 것을 생각할 수 있는 능력이다. 이 능력은 자연히 생성되는 것이 아니라 부단한 독서 습관, 사물을 바라보는 통찰력, 사목적 열성이 수반될 때 가능하다.

2. 문화에 대한 사목

교회가 죽음의 문화에서 생명의 문화로 전환시키는 노력이 바로 문화의 복음화이며, 엄밀히 말하자면 문화에 대한 복음화이다. 이것은 문화에 대한 사목으로 구체화되는데, 복음적 가치관에 비추어 죽음의 문화를 비판하고 그것에 항거하며, 정화시키는 복음화 실천이다. 우리 시대는 광범위한 죽음의 문화에

많이 노출되어 있다. 전쟁과 테러, 폭력과 차별, 낙태와 안락
사, 불의와 부정부패, 성의 상품화, 가난, 환경오염 등 수많은
죽음과 죽임의 문화가 존재한다. 교회는 하느님의 뜻인 생명의
존엄성에 기반을 두어 문화에 대한 사목을 적극적으로 시대에
맞게 펼쳐야 한다. 교회는 죽음의 문화를 생명의 문화로 변화
시키기 위해 어떤 대안이 있는가? 그것을 어떻게 실천하고 있
는지 살펴본다.

1) 생명문화사목

(1) 생명교육

서울대교구에서 1992년부터 운영해오던 「참생명학교」는 참
여자가 줄어 안타깝게 2003년에 중지됐다. 그러나 서울대교구
는 2005년 생명위원회를 설립, 2006년에 참생명학교를 재가
동하여 생명윤리교육을 실시하고 있다. 또한 가톨릭대학교 생
명윤리연구소는 「생명윤리 단기연수과정」을 생명윤리 문제와
의식에 대한 올바른 이해를 도모하고 심어주기 위해 연 4회 정
기적으로 실시한다. 대부분의 신자가 생명윤리에 대한 인식과
실천이 저조한 것이 현실이다. 교구에서뿐만 아니라 본당에서
도 보다 폭넓은 생명 이해를 통합한 교육을 해야 한다. 신승환
교수는 생명교육에 문화적 접근이 필요함을 역설하고 있다.

인간생명을 존중하는 생명과학분야의 연구와 생명존중의 문
화 확산을 위하여 천주교 서울대교구 생명위원회가 제정한
'생명의 신비상' 수상 장면. (서울대교구 생명위원회 제공)

생명윤리 교육만으로는 오늘날 생명과학이 지닌 다층적 문제를 극복
할 수는 없다. 생명존중에 대한 교회의 선언이 우리나라의 일반 문화에
크게 공명을 얻지 못하는 이유도 여기에 있을 것이다. 교회가 선언하는
생명존중의 가르침이 우리 문화의 지평 안에 올바르게 수용되도록 하
기 위해서는 현대 문화 일반에 대한 반성과 그에 대한 분명한 이해가
필요하다. 그것은 한편으로 죽음의 문화를 극복하고 생명을 살리는 문
화적 변화에 교회가 기여한다는 의미를 담고 있다.[4]

(2) 「생명 31」 운동

한국주교회의는 2003년 2월 7일 「생명 31」 운동을 선포하고

---

4. 신승환, 「이 시대 이 문화: 69. 생명교육의 목표와 내용」(가톨릭신문, 2006년 10
월 22일).

생명문화 건설을 향한 교회 의지를 천명했다. 이날 공식 선포된「생명 31」운동은 모자보건법 제정 30주년을 맞아 생명경시 풍조를 낳아온 반생명적 문화에 종지부를 찍고 새로운 생명문화를 건설하는 원년으로 삼자는 뜻을 담아 교회가 범국민적 차원에서 펼쳐나갈 생명운동이다. 특히 범종교적인 연대를 통해 확산된다는 점에서 바람직하다고 보겠다. 이러한 생명운동에 낙태와 같은 직접적인 죽음을 초래하는 문제뿐만 아니라 대중문화의 전반에 걸쳐 죽음을 강요하는 비복음적 가치관에 대한 정화노력도 더불어 한다면 더욱 바람직한 방향으로 갈 수 있다.

(3) 생명의 신비상

2007년 1월에 서울대교구 생명위원회는 제1회 국제 생명의 신비상을 제정하여 실시하였다. 학문적, 실천적으로 생명문화 건설에 기여해온 사람들에게 주는 상이다. 이러한 제도는 생명문화에 기여한 사람들을 칭찬하고 격려하며, 더 나아가 우리 모두가 생명의 존엄성을 깊이 인식하고 각자의 삶의 영역 안에서 생명의 가치와 문화를 존중, 실천하도록 북돋아주며 그로 인해 생명운동이 더욱 확산될 것이다.

2) 디지털문화사목

디지털 문화가 일상화되면서 삶의 방식으로 자리 잡았다. 이것은 우리의 삶을 편하고 풍요롭게 만드는 긍정적인 역할도 하지만 인간관계를 단절시키거나 비인간화하는 부정적인 역할도 한다. 교회는 디지털 문화 속에 들어있는 죽음의 문화를 찾아내어 복음의 빛으로 이를 비판하고 정화하여 생명과 사랑의 문화로 전환해야 한다. 디지털 문화에 대한 사목은 '인터넷사목'과 '모바일사목' 으로 나눈다.

(1) 인터넷사목

인터넷은 '정보의 바다' 라고 할 만큼 정보가 넘쳐난다. 하지만 검증할 수 없는 확실치 않은 정보와 사회를 피폐하게 하는 해로운 정보의 과다로 바다가 죽어가고 있다. 교회에 대한 안티사이트, 자살사이트, 음란물, 사생활 침해, 디지털 격차, 인터넷 중독, 사이버테러 등의 일탈적 행위가 엽기문화, 폭력문화, 상업적이고 퇴폐적인 성문화를 확대재생산한다. 이러한 생명경시 풍조의 죽음의 문화를 생명의 문화로 전환하는 것이 바로 인터넷사목의 중요한 몫이다.

(2) 모바일사목

모바일사목은 휴대전화의 역기능에 대해서 식별하여 비판하고 올바른 모바일 문화가 확립되도록 정화하려는 교회의 노력이다. 휴대전화의 가장 부정적인 면은 청소년들의 휴대전화 중독증이다. 휴대전화가 없으면 초조하고 불안해하며 어찌할 바를 몰라 하고, 특히 한시도 가만있지 못하고 엄지손가락을 바삐 움직이는 심각한 '문자 중독'에 빠진 경우다. 지나칠 경우 인간관계를 맺지 못하고 고립되어 외톨이가 된다. 또 전화상으로는 대화를 하지만 직접 만나면 말을 못하는 경우도 있다. 정신적으로 불안하고 두렵고 우울해 하므로 휴대전화의 위험성에 대한 경각심을 심어주고 지나친 사용을 자제하도록 가르쳐야 한다.

또한 휴대전화는 우리에게 사색과 성찰의 기회를 박탈한다는 것이다. 인터넷처럼 휴대전화에 매달리는 시간이 길어질수록 홀로 있는 시간, 지루한 시간에 대한 면역력이 떨어지기 때문이다. 사람이 자신의 삶을 제대로 살기 위해서는 홀로 자신의 삶을 반성하고 성찰하는 시간이 필요하다. 고독의 시간을 견디지 못하고 휴대전화에 매달리다 보면 자신의 삶을 황폐화시킬 수 있다. 모바일 사목은 사람들에게 사색하고 기도하면서 자신을 되돌아볼 수 있는 성찰하는 시간의 필요성도 역설해야 한다.

가톨릭 전용 휴대전화인 '가톨릭폰'. 성경과 가톨릭 기도문이 내장되어 있고, 초기화면에 가톨릭 전용 메뉴를 볼 수 있으며, 매일 미사, 주보, 가톨릭 성인과 성지에 대한 신앙 정보를 간편하게 검색할 수 있게 되어서 '모바일 복음화' 사업의 새로운 전기를 마련하게 되었다.

(3) 디지털미디어교육

디지털 문화에 대한 사목이 제대로 이루어지려면 반드시 ‘디
지털미디어교육’이 따라야 한다. 이 교육은 인터넷이나 모바일
의 유익과 해악의 양면성을 정확히 인식하고, 디지털 미디어의
유해환경에서 규제를 통해 청소년을 보호하기보다
IT(Information Technology) 기술을 긍정적으로 활용하는 역량
강화에 목적이 있다. 특히 복음적 가치관에 따라 교육이 이루
어져 디지털 문화가 교회 문화로 토착화하도록 노력해야 한다.

3) 환경문화사목

(1) 환경운동

한국 교회의 환경운동은 80년대 말에서 90년대 초에 본격화
되기 시작해서 주교회의와 각 교구의 환경운동 조직들이 자리
잡고 대외적인 환경운동 참여와 연대를 지속적으로 추진하고
있다. 한국 가톨릭교회에는 다음과 같은 환경단체들이 있다.
전국환경사제모임, 천주교환경연대, 서울대교구 환경관련단체
(환경사목위원회, 한마음한몸운동본부, 새만금천주교모임, 천주교 여성생
태모임), 인천교구의 가톨릭환경연대, 수원교구의 생명환경연
합, 그리고 각 교구마다 환경 살리기 모임이 있다.
환경운동은 또한 종교 환경 단체와 시민단체가 연대하여 확

가정의 골치거리인 음식물 쓰레기를 줄이기 위하여, 지렁이를 키우고 있는 모습. 2000년에 출범한 서울대교구 환경사목위원회에서는 생태적 삶을 위한 구체적인 실천으로 지렁이 키우기 대작전 등 '즐거운 불편' 운동을 펼쳐오고 있다. (환경사목위원회 제공)

산되고 있다. 예를 들어, 2002년에 종교 환경 단체들은 '생태 사회를 위한 종교인 대화마당'을 열어 각 종교에 나타난 생태적 음식 문화를 살펴보고 이를 실생활에 적용하는 방안을 모색했다. 또 다른 예로서, 천주교와 불교를 비롯한 각계 환경 관련 인사들이 모여 새만금 갯벌을 살리기 위한 대화마당을 열어 생명과 인간성을 파괴하는 새만금 간척사업의 중단을 주장하였고, 2005년 새만금 갯벌의 생명과 평화를 염원하며 삼보일배 순례단이 65일간 기도수행을 했다.

가톨릭 환경운동이 교구 혹은 대사회적 차원에서 활발하게 진행되고 있지만 정작 일선 본당을 중심으로 하는 교회 내 환경보전운동은 제자리걸음 상태르 보인다. 우선 교구의 환경단

체는 본당에서 환경운동이 활성화될 수 있도록 본당과의 연계
를 적극적으로 모색해야 하고, 본당에서는 환경교육을 위한 다
양한 프로그램을 본당상황과 신자들의 취향에 맞게 계발해야
한다. 특히 환경운동이 거창한 말로만 끝날 우려가 많기 때문
에 그 운동에 대한 구체적인 대안 창출과 실천이 절대적으로
이루어져야 한다. 현재 가톨릭 단체가 주도하는 대안환경운동
의 예는 다양하다. EM(유효미생물: Effective Microorganism),[5] 즐
거운 불편 운동, 초록 지구 지키기 운동, 대안 에너지 운동, 사
랑의 생명줄 기증 운동, 아크릴사 수세미 보급 운동, 음식물쓰
레기 줄이기 운동 등이다.

(2) 아나바다운동

아나바다운동은 국제구제금융(IMF) 시대를 극복하기 위해 일
부 천주교 환경단체와 본당이 중심이 돼 수년 전부터 전개해오
고 있는 '아껴 쓰고', '나눠 쓰고', '바꿔 쓰고', '다시 쓰는' 운
동이다. 환경을 생각하며 재활용과 나눔의 차원에서 전개돼 온

5. 환경운동을 위한 적절한 대안으로 EM(유효미생물: Effective Microorganism)이
최근에 떠오르고 있다. EM은 유효미생물균의 약자로 자연계에 존재하는 많은
미생물 중에서 사람에게 유익한 미생물 수십 종을 조합 배양한 것이다. 악취를
제거하고, 남은 음식물을 발효하여 퇴비로 사용할 수 있으며, 세제 대신 EM을
사용하여 설거지하고, 과일을 씻을 때 마지막 행구는 물에 EM을 타서 과일을
10분 정도 담그면 농약성분이 줄어든다. 그 밖에도 수많은 활용이 가능하다. 자
세한 것은 다음을 참조하시오. http://emcenter.or.kr

이 운동은 교회 내에서 상설 매장 형태로까지 발전해왔다. 서울대교구 화곡본동본당 '아나바다' 매장, 엠마우스 여성공동체, 신당종합사회복지관 '녹색가게'가 있으며, 성동자활후견기관 '녹색살림'과 강북평화의 집 '살림', 명동 하늘땅물벗 매장 내 '살림'과 같은 공간은 일자리 창출도 하고 있다. 그러나 아직도 신자들에게 잘 알려지지 않아 홍보를 통해 더 많은 참여를 유도해야 한다. 이 운동은 소비주의에 길들어 있는 현대인들에게 적절한 대안문화가 되고 있다.

(3) 환경 교육 및 문화 활동

하느님의 창조 세계인 생태계가 몸살을 앓고 파괴되는 상황은 분명 죽음의 문화이다. 이러한 죽음의 문화를 사랑과 생명의 문화로 전환하기 위해서는 교육과 다양한 문화 활동이 필요하다. 환경 교육은 동영상, 정지영상, 음악, 파워포인트 등 멀티미디어를 활용할 때 효과가 커진다. 미디어는 오염되고 파괴된 환경을 시간과 장소를 가리지 않고 그대로 담아서 사람들에게 생생하게 보여 줄 수 있으므로 생태 환경에 대한 인식을 심어 줄 수 있기 때문이다.

서울대교구 가톨릭여성연합회는 오래전부터 환경 교육을 실시해왔다. 본당 구역장이나 일반 신자를 대상으로 "음식물 쓰레기 줄이기 위한 친환경 식단"을 주제로 환경 교육을 시키고,

환경운동지도자를 양성하기 위하여 실시하고 있다. 또한 주교회의 정의평화위원회 환경소위원회는 환경 학교나 환경 피정을 신자를 대상으로 실시하고 있다.

하느님의 창조 질서를 온몸으로 느끼는 방법 중에 생태체험이 있다. 생태체험은 피정, 캠프, 농촌봉사, 탐방 등의 형식으로 한다. 예를 들어, 강원도 평창에 위치한 성 필립보 생태마을에서는 가족 캠프나 에코 피정으로 생태환경을 체험할 수 있다. 서울대교구 환경사목위원회는 2006년에 청소년들과 함께 생태환경 탐방을 통해 하느님이 주신 소중한 자연을 체험하기도 했다.

생태환경 문화를 보존하고 확산시키기 위해서는 학술대회, 사진전, 음악회, 생태 다큐멘터리 방영 등 다양한 문화적 접근이 필요하다. 미래사목연구소는 2006년에 '생태영성과 민족의 복음화'를 주제로 학술발표회를 개최했다. 고성 올리베따노 성 베네딕도 수도원은 2005년에 장박재 영천강 생태보존을 기원하며 수도원에서 생태 음악회를 열었다. 또한 자연의 아름다움을 사진에 담아 달력을 만들어 배포하거나 사진전을 열 수도 있다. 앞으로도 생태환경보존을 위해 환경상 제정, 환경고발 프로그램, 시민운동과의 연계 등 사회문화적으로 다양하고 광범위하게 실시해야 한다.

4) 도덕성 회복 운동

한국 천주교 평신도사도직협의회(이하 평협)는 90년대에 벌인 신뢰회복운동인 "내탓이오 운동"에 이어 새 천년기를 맞아 신뢰회복운동의 일환으로 "똑바로 운동"을 전개해왔다. 우리 사회는 물질적 풍요는 누리고 있지만 도덕성 상실과 윤리관의 부재로 비인간적인 문제들이 드러나고 있다. 생명경시풍조, 물질만능, 적당주의, 한탕주의로 부정부패가 만연되어 있는 현실은 신자인 자신을 포함해서 우리 모두가 똑바로 서 있지 못했기 때문이다. 따라서 평협은 각 교구별로 전국 교회운동 단체를 통하여 똑바로 운동을 펼치면서 평신도들이 적극적으로 실천하도록 이끌어왔다.

똑바로 운동은 평신도들의 자발적인 운동이라는 것에 상당한 의미가 있다. 평신도들의 능동적 참여로 이루어진 이 운동은 공명정대한 선거, 성매매 근절을 위한 서명운동, 음식물쓰레기 줄이기운동 등, 범국민적 운동으로 확대되고 있다. 그러나 이 운동이 사람들의 의식과 삶의 방식을 올바른 방향으로 전환시키고, 우리 사회에 급속히 확산되려면 문화의 도움이 절대 필요하다. 생명과 사랑의 문화건설을 위한 다양한 문화 프로그램(문화강좌, 매스미디어를 활용한 커뮤니케이션 및 자료, 문화실천을 위한 체험과 참여의 장 마련 등등)이 계층과 연령에 맞도록 마련돼야 한다.

5) 나눔과 기부문화

전쟁과 폭력, 불의와 부정부패가 가난과 기아를 낳고 있다. 전 세계적으로 국가 간 빈부의 격차가 심화되고 있다. 우리 사회에는 노숙자, 소년소녀가장, 독거노인, 저소득 장애인, 비닐하우스나 쪽방 거주자 등 부익부 빈익빈 현상 속에서 빈곤의 나락으로 빠져드는 가난한 이들이 많다. 이러한 신 빈곤 현상은 외환위기 이후 신자유주의적 시장경제질서가 자리 잡으면서 생겨난 새로운 사태이다. 생계형 가족동반 자살이 늘어나고 가난이 대물림되고 있다. 경제적으로 고통 받는 소외된 계층을 위한 사회적, 종교적 대안 중 하나는 나눔과 기부문화의 정착과 확산이다. 사회 양극화 현상이 심해지면서 부의 재분배 필요성과 함께 각종 선행에 앞장서 참가하며 사랑 나눔을 실천하는 것이 사회 공동체에 꼭 필요하다는 인식이 확산됐기 때문이다.

최근 일반 대기업들, 연예인이나 스포츠 스타들, 그리고 사회 지도자들은 각 분야에서 수익금을 적립해 소외된 이들에게 기부하거나 대규모 인원이 봉사 활동을 하고 있다. 온라인 공간에서도 나눔이 이루어진다. 각종 포털사이트와 온라인 장터는 쇼핑 적립금이나 핸드폰 포인트, 게임 아이템 등을 현금 대신 기부할 수 있어 참여의 폭을 넓히고 있다.

예수 그리스도가 성체성사를 통해 자신의 몸과 피를 내어주시는 모범에 따라 서울대교구는 1989년 '한마음한몸운동본부'

를 설립하여 해외원조와 긴급구호, 성명운동 등 다양한 분야에
서 나눔을 실천해왔다. 다른 교구나 본당, 수도회, 평신도단체
들도 다양한 형태로 교회 안팎에서 나눔 운동을 펼친다. 나눔
운동을 강조하고 적극 실천할 때 현 가톨릭교회의 중산층화로
가난한 이들을 소외시키고 있다는 우려를 배제시킬 수 있을 것
이다. 나눔 운동이 확산되기 위해서는 나눔으로써 더욱 풍성하
게 된다는 진리를 깨닫게 해주는 교육이 선행되어야 한다.

6) 소비와 여가사목

우리나라는 90년대 들어서면서 경제적 풍요로움 속에 소비
와 여가 시대를 맞이하였고, 더 나아가 주5일근무제 실시로 소
비와 여가 문화가 일상 안에 정착하였다. 소비하고 여가를 즐
기는 행위는 각 계층별로 삶의 질을 높여주고, 자신을 표현하
는 커뮤니케이션 수단이며, 다른 사람들과 공동체를 이루게 해
주는 긍정적인 역할을 한다.

그러나 소비와 여가 문화는 생태계의 파괴, 물질만능주의,
소비중독, 윤리적 타락 등 죽음의 문화를 양산하는 부정적 역
할을 하기도 한다. 따라서 교회는 소비문화의 이중성을 깊이
인식하여 긍정적인 면은 적극적으로 활용하고 부정적인 면에
대해서는 잘 식별하여 비판하고 대안을 제시하는 예언자적 노
력을 기울여야 한다.

(1) 과소비의 억제

과소비는 신용불량자를 양산하고 가정해체나 위기를 가져올 수 있다. 또 대량의 음식 쓰레기를 배출해 환경을 오염시킨다. 인터넷, 휴대폰, 텔레비전 등의 매스미디어에 대한 과중한 의존은 생각하고 비판하며 사색할 수 있는 시간을 빼앗아 사고의 능력을 저하시킬 수 있다. 소비교육, 신용교육, 미디어교육, 그리고 다양한 운동(예: 소비자운동)을 통해 과소비를 줄이도록 해야 한다. 절약운동의 차원에서 한 예를 든다면, 본당에서 '벼룩시장'을 가끔 개최하는 것이다. 각 가정마다 쓸 만한 물건이지만 버리기 아까워 보관하고 있는 물건이 있을 것이다. 이런 사용하지 않는 것들을 다른 사람들이 유용하게 쓴다면 '재활용'의 의미를 부여하므로 벼룩시장은 소비문화를 매우 건전하게 이끌 수 있다.

(2) 생태계 보존

소비는 인간의 삶을 풍요롭게 하지만 과소비는 자원의 고갈뿐만 아니라 오염물질을 배출하기 때문에 자연환경을 파괴한다. 따라서 생태계를 보존하기 위한 환경운동과 교육이 제대로 이루어져야 한다. 교회가 건전한 소비문화를 지향하기 위해서는 환경운동과 연계해야 한다.

(3) 소비 중독증의 치유

소비 중독 증세는 쇼핑중독증, 인터넷 중독증(게임, 채팅, 포르노, 도박), TV중독증, 명품 중독증, 그리고 마약, 알코올, 니코틴 중독증 등이 있다. 소비 중독은 소비자로 하여금 더 많은 시간과 돈을 소비할 것을 요구한다. 여기에 대처하려면 교회는 대안시설을 마련하고 교육을 시킴으로써 중독 예방과 치유에 부단한 노력을 기울여야 한다.

(4) 건전한 여가 문화

여가 문화는 가족 간의 화합과 인간의 자기실현을 위한 긍정적인 역할을 하는 반면에 향락적 욕망 충족이나 쉴 틈 없이 규격화된 오락(패키지 여행이나 조직화된 각종 위락시설들)에 빠져 인간 정신의 황폐와 위기를 초래하기도 한다. 특히 우리나라의 밤문화는 단란주점, 퇴폐이발소, 모텔, 나이트클럽 등의 향락, 퇴폐 업소가 공룡화되어 있어 성을 상품화하고 쾌락을 일삼는 비인간화로 내몰고 있다. 교회는 사회에 확산된 여가 문화의 부정적인 내면을 신자들이 인식하도록 의식화 작업을 해야 하며 또 각계의 도움을 받을 수 있는 사회시민운동과 연계하여 정화를 위한 적극적인 태도를 취해야 한다.

3. 문화에 의한 사목

문화의 시대에 사는 교회는 복음과 문화, 신앙과 문화와의 밀접한 상호 관계성과 역동성을 인식할 때 복음화를 제대로 실천할 수 있다. 교황 바오로 6세는 "복음과 문화의 괴리는 틀림없이 우리 시대의 비극"(「현대의 복음 선교」20항)이라며 복음 선교가 지역·시대·사람에 따라 다양한 문화를 고려해야 한다는 '복음의 문화화'를 강조하였다. 교황 요한 바오로 2세는 한 걸음 더 나아가 "문화가 되지 못한 신앙은 완전히 수용되지 못하고 충분히 숙고되지 않았으며 성실히 실천되지 않은 신앙이기 때문"[6]이라고 언급하면서 '신앙의 문화화'를 주장하였다. 여기서 문화화란 제2차 바티칸공의회에서 촉발된 '토착화'와 같은 맥락이다.

시대·지역·사람에 따라 형성된 다양한 문화 속에 복음이 용해될 때 신앙은 자연스럽게 삶 안에서 표현된다. 다시 말해서 문화를 삶의 총체적 양식으로 받아들인다면 신앙과 삶이 일치되는 토착화가 스스로 이루어진다. 커뮤니케이션 신학자인 화이트는 신앙의 토착화 현상을 구체적으로 다음과 같이 언급한다.

6. 요한 바오로 2세, 「교황청 문화평의회 설립 교서」(1982. 5. 20): AAS LXXIV, 1982, 683~688쪽.

자주 신앙의 토착화가 있어왔던 곳에서 사람들이 모든 사건을 꽤 자연스레 하느님의 행위로 보고, 감사, 찬양, 청원 그리고 하느님과의 일치를 갈망하는 자연스런 반응을 나타낸다. 어린이들이 하느님의 선물로 보인다. 직업과 한 사람의 전문성이 하느님의 창조 사업에 협력하고 사람들에게 봉사하는 하느님의 손이 되는 방법으로 보인다. 성적 욕망은 사랑, 존경 그리고 책임성을 깊게 하는 하느님의 창조적인 행위의 표현이다. 여가와 공휴일은 가족과 공동체를 즐겁게 하고, 하느님의 선하심에 감사하는 순간이다. 아픔과 죽음은 그리스도의 십자가에 참여하고 부활의 순간이 다가왔음을 확실히 한다. 갈등이 있는 곳에 용서와 화해라는 복음적 표징이 상상 속에 넘쳐흐른다. 사람들이 세상을 보는 방법인 용서, 봉사 그리고 연민이라는 복음적 표징이 참된 복음화이다. 복음은 문화의 부분이 되며 사람들의 삶의 방식이 되기 시작한다.[7]

신앙을 삶이라는 문화 속에 스며들도록 하기 위한 방식이 바로 문화사목이다. 그러나 여기서의 문화사목은 세 가지 차원의 문화의 복음화 중 '문화에 의한 복음화'에 토대를 두고 있으며, '토착화, 교회 문화, 그리고 복음화'라는 테마를 수행하게 된다. 구체적으로 언급하면, 전통문화나 대중문화에 대한 그리스도교적 토착화 작업을 통해 교회 문화가 형성되고, 기존 혹

7. Robert A, White, sj, "Communication planning for Church Renewal," ed., Victor Sunderaj, *Pastoral Planning for Social Communication*, Paulines: Montreal, QC, 1998, p. 30.

은 새롭게 형성된 교회 문화는 자기복음화를 통해서 오랫동안 고질적 문제였던 신앙과 삶의 괴리 현상을 완화시킬 수 있다. 따라서 문화에 의한 사목은 신앙의 토착화와 그에 따른 교회 문화 형성, 교회 문화에 대한 복음화, 그리고 교회 문화를 통한 사목이라는 과제를 실천하는 것이다. 이런 과정을 통해 정화된 교회 문화는 교회 밖의 현대 문화를 복음화 시키는 도구가 될 수 있다.

1) 토착화 작업

(1) 종교 간 대화문화

한국만큼 무교, 불교, 유교, 그리고 전통적인 종교들이 오랜 기간 공존하는 나라도 드물 것이다. 조선시대 서구 종교의 유입으로 현재는 불교, 개신교, 천주교가 대중 종교로 되어 있지만, 무교나 유교의 영향력도 면면히 이어지고 있다. 한 가족 안에서도 남편은 유교나 무신론자이고 아내는 불교, 개신교, 혹은 천주교신자이며, 대부분의 자녀들은 어머니를 따르는 경향이 있다.[8] 또 많은 불교인과 그리스도교인은 유교의 이념과 실천을 중시하고 있어 동시에 두 가지 이상의 종교에 소속되는

---

8. Kim, Kwang—Ok, "The Religious Life of the Urban Middle Class," *Korea Journal*, 1993, Vol. 33, No. 3.

1988년 가톨릭의 수녀, 불교의 비구니, 원불교의 정녀 등 여성종교인들이 모여 결성된 삼소회는 종교화합구현과 불우이웃돕기에 앞장서 왔다. 인도 사르나트의 녹야원에서 평화 명상 중인 삼소회 회원들. (삼소회 제공)

이른바 "이중 종교시민"dual religious citizens 현상을 볼 수 있다.[9] 이러한 종교적 다원주의는 제2차 바티칸공의회에서 마련한 타종교 간의 대화를 통해 그리스도교를 토착화할 수 있는 긍정적인 면도 있지만, 다른 면으로는 여러 종교적 관념과 실천을 혼합하고 종합하려는 우려도 있다. 한국의 전통종교에 그리스도교의 토착화를 위해 사목적으로 실천해왔거나 실천할 수 있는 사항들을 몇 가지 예시하겠다.

9. Hans Kung, "Epilogue," *Christianity and Chinese Religions*, Eds., Hans Kung and Julia Ching, New York: Doubleday, 1988.

ⓐ '종교청년 평화캠프'와 삼소회三笑會와 같은 여러 종단과 만남의 행사가 있다.[10]

ⓑ 특별 강론이나 피정 때에 스님이나 목사를 초청한다.

ⓒ 본당과 불교 사찰, 개신교 교회 간의 활발한 교류가 필요하다. 서울 수유1동 본당은 2000년부터 조계종 화계사, 기독교 장로회 송암교회와 손잡고 난치병 어린이 돕기 종교연합 바자를 개최, 종파의 벽을 넘어 이웃 사랑을 실천한 바 있다.

ⓓ 환경 문제나 사형제도폐지운동과 같은 사회운동은 타종교와 연대하면 효과적이다.

ⓔ 최근 신흥종교로 대두되는 신영성운동으로 불리는 뉴에이지운동에 대한 비판적 안목을 키우고, 교회가 여기에 적극 대응해야 한다.

(2) 상제례 문화

한국의 유교전통 중의 하나인 상제례 문화는 그리스도교적 신앙생활에 토착화하여 자연스럽게 한국 천주교 상제례 문화를 형성해왔다. 그 중에는 토착화한 천주교 기도인 연도, 염습과 입관예식을 함께 하는 상례의 토착화, 시신의 화장과 납골당의 설치라는 장묘문화의 토착화, 조상을 위한 제례의 토착화를 대표적으로 꼽을 수 있다. 이러한 한민족 고유의 상제례 문

10. 「'다름'에서 찾는 '같음'이 아름답다」(평화신문, 2002년 5월 19일).

화에 대한 그리스도교적 토착화가 한국 교회 안에서 아름다운 전통으로 계승되도록 실천할 수 있는 사목의 예를 들어본다.

ⓐ 연도경연대회나 연도강좌를 개최하여 죽음에 대한 묵상뿐만 아니라 신앙인으로 거듭날 수 있는 계기를 마련한다.

ⓑ 초상이 났을 때 가급적 본당 신부, 수녀 그리고 사목회장이 방문하여 함께 연도를 바친다면 간접 선교의 효과가 있을 것이다.

ⓒ 염습예식과 입관예식을 주관하는 봉사자를 본당 차원에서 양성한다.

ⓓ 본당에 납골당을 조성하여 새로운 장묘문화를 앞당기게 한다. 의정부 신곡2동 성당이나 용산 성당의 '베다니아의 집'이 대표적인 예이다.

ⓔ 추석과 구정 합동위령미사 때에 본당 제대 앞에 제사상을 마련하여 절하고 분향하는 의식을 한다. 또한 집에서 거행하는 천주교식 제사상 차리기와 예식 순서를 안내한 인쇄물을 전 신자에게 배포한다.

(3) 현대 대중문화의 새토착화

시대의 지배적인 대중문화를 수용하는 과정인 '새토착화'는 최근 사목 현장에서 활발히 실천하고 있지만 이것을 분석하고 체계화시키는 노력은 미미하다. 기존 사목과 새롭게 출현하는 사목 분야에서 보이는 새토착화 현상을 간단히 나열한다.

ⓐ 기존 사목

시대가 변하면서 기존 사목의 내용과 형식이 변화하고 있다. 예를 들어, 전통적인 청소년사목은 주일학교 체제에서 이루어졌다. 그러나 오늘날 청소년은 자신의 세대문화와 함께 정체성을 형성하고 삶을 영위하므로 문화와 분리될 수 없다. 따라서 이제는 '청소년사목'이 아니라 '청소년문화사목'이 되어야 한다. 청소년문화사목은 주일학교 체제에 국한하지 않고 다양한 청소년 문화를 향유하면서 하느님 말씀을 깨닫게 해준다. 사목자는 인터넷, 휴대전화, 영상이나 시청각 자료, 음악, 율동, 연극, 여러 체험을 통해서 청소년들과 소통하고 교류하며, 청소년 스스로 자신의 문화를 생산하여 함께 사목을 한다.

고령화 사회가 되면서 노인사목도 변화하고 있다. 노인사목은 노인들이 하느님께 대한 강한 믿음 안에서 생활하다 영원한 생명을 얻게 하는 것을 궁극적 목적으로 한다. 기존의 노인사목은 노인들을 대상으로 복지문제, 노인대학, 경로잔치 등 매우 제한적인 영역에서 추진, 행사도 일회성으로 끝나는 경향이 있었다. 그러나 이제는 이 시대의 코드인 문화와 접목하려는 '노년문화사목'이 나타나고 있다. 노년문화사목은 노년층이 주체로 생산자가 되어 적극적, 창조적 삶으로 지속되도록 한다는 점에서 과거의 것과 차별화한다.

노년문화사목은 첫째, 노인에 대한 사회의 왜곡된 시선을 바로 잡아 노인과 늙음에 대한 올바른 인식을 심어주고 노인문화의 대안을 제시한다. 둘째, 다양한 문화를 활용하여 노년층의 만족한 여가와 취미생활이 이루어지게 한다. 셋째, 교회 안에 바람직한 노년문화를 형성하여 신앙 안에서 다양한 모임이나 활동으로 사도직에 참여케 하여 영성적인 삶이 되게 한다.

기존 사목이 새토착화되는 또 다른 예는 본당 단체문화에서 찾아볼 수 있다. 본당에는 전례, 신심, 친교, 봉사, 조직운영, 행사 등 뚜렷한 목적을 수행하기 위해 여러 단체모임이 오래전부터 있었다. 레지오마리애, 구역모임, 소공동체모임, 성모회, 자모회, 헌화회, 연령회, 빈첸시오회, 성서후원회 등이 본당 단체의 주류를 이루었다. 그러나 여성의 경제 참여가 점점 증가하고, 자아계발을 위한 활동, 교회 밖의 다양한 문화 소비가 늘어나면서 본당 활동 시간이 줄거나 아예 없고, 취미와 취향에 따른 '선택문화Culture of Choice'가 생활화되면서 본당의 기존 단체가 쇠퇴하고 다른 형태의 단체 문화 즉, 여러 동호회가 출현하고 있다. 스포츠(등산 · 골프 · 테니스 · 축구 · 베드멘트 등), 취미(음악 · 미술 · 독서 · 바둑 · 영화 · 공연 등), 취향이 비슷한 사람들의 모임인 새로운 소공동체가 생겨나고 있다. 기존의 소공동체 모임은 지역을 축으로 기초 본당 신자 모임이었지만, 이제는 교통·통신·정보기술의 발달로 시공간의 압축과 격차가 생겨 탈지역 현상이 벌어져 지역 중심의 모임이 쇠퇴하고 있기 때문이다. 따라서 본당 사목자는 시대적 변화를 감지하고 거기에 합당한 사목을 적용하여 기존 단체문화도 살리고 '새로운 소공동체사목'도 적극적으로 펼치고 있다.

ⓑ 새로운 사목

세계화와 정보화, 다양한 디지털 문화의 출현과 끊임없는 진화, 새로운 문화 공간과 문화 콘텐츠, 심화되는 개인화와 다양화, 소비와 여가를 통한 자기실현, 관광과 이주민의 증가, 환경오염과 자연파괴 증가, 인권확립과 정의 실현 등 시대 변화에 교회가 새로운 사목으로 대처하고 있다.

디지털 문화사목이 사목 현장에 새롭게 등장했다. 우리나라는 세계에서 정보화 3위를 기록할 정도로 초고속인터넷망, 이동통신기술, 방송통신융합과 같은 첨단기술이 앞선 IT강국이다. 이에 따라 교회는 디지털 문화를 수용하여 사목에 활용하는 추세이며, 이것을 다시 '인터넷사목'과 '모바일사목'으로 나누어 실행하고 있다.

인터넷사목은 인터넷 사이버 공간에서 이루어지는 모든 활동, 즉 정보검색, 사이버공동체, 채팅, 이메일, 전자상거래, 교육 등과 연계하여 신앙생활을 도모하고, 더 나아가 인터넷 중독, 인격침해, 유해사이트를 비판, 정화하려는 사목이다. 모바일사목은 이동통신의 이점을 살려 교회의 다양한 메시지를 단문메시지서비스Short Message Service: SMS 형식으로 교회 구성원에게 전달하여 신앙생활에 도움을 주는 것이다. 교회 행사, 당일 복음말씀이나 강론, 성직자와 평신도 간의 긴밀한 소통 등 여러 분야로 SMS가 활용될 수 있다. 그러나 휴대전화 중독과 같은 해악에 대해서도 충분히 설명하고 그 대안을 제시해야 한다.

요즘 부각되는 '여가사목'은 주5일근무제와 초등학교의 주5일 수업으로 시대에 요청되는 새로운 사목이다. 늘어난 여가를 알차게 보내지 못하고 TV와 영화 관람으로 보내는 경우가 많다. 교회는 문화사목의 한 분야로 여가 활동을 선택해서 세상에 건전한 여가 문화를 확산, 복음화 하여야 한다. 더 나아가 복음적 가치관에 따라 왜곡된 여가 문화를 바로잡고 정화하여 올바로 여가 문화를 제시하는 사명과 목적이 있다고 본다. 여가사목은 본당이라는 울타리 안팎을 경계로 나눠 생각해볼 수 있는데 먼저 본당 밖에서 이루어지는 여가사목은 여행, 레저 등과 연계할 수 있는 '관광사목', 성지순례를 위한 '성지순례사목', 개인이나 혹은 가족이 함께 자원봉사활동을 위한 '자원봉사사목' 등이 포함된다. 반면에 본당 안에서는 연령·성별·지역·취미·취향·직업 등에 따라 다양한 문화강좌를 하는 '평생교육사목', 각종 동호회 활성을 위한 '새로운 소공동체사목', 광장, 전시장, 공연장, 노래방, 독서방, 공부방 등으로 활용하는 '문화공간사목' 등이 포함될 수 있다.

(4) (새)토착화를 위한 유의 사항

ⓐ 교회 문화를 올바로 인식해야 한다.

문화의 복음화가 교회 안에서 제대로 수행되지 못하는 걸림돌 중의 하나는 교회 구성원이 교회 문화를 정확히 제대로 이해하지 못하는 것이다. 가톨릭 신자들이 어떻게 인식하는가에 따라 문화의 복음화와 문화사목이 바르게 이루어진다. 교회 문화를 정의한 진교훈 교수의 말을 들어보자.

가톨릭교회 문화는 한마디로 가톨릭교회의 정신이 역사와 사회 속에서 현현된 모든 것을 지칭할 수 있다. 교회 문화는 교회 활동의 정점이라고 할 수 있는 거룩한 전례와 성서로부터 흘러나온다. 교회 문화는 좁게 말하면 성시聖詩나 성극聖劇이 중심이 되는 교회 문학, 성화聖畵와 성조각이 중심이 되는 성미술 즉 교회 미술, 교회 건축과 같은 성예술 즉 교회 예술을 지칭하기도 한다. 그러나 교회 문화를 넓게 보면 가톨릭 신자의 모든 문화 활동, 다시 말해서 예술뿐만 아니라 가톨릭 신자의 정치와 경제활동, 학문활동, 노동과 휴식의 방식, 교육, 특히 일상적인 의식주 생활 등을 망라할 수도 있다.[11]

진 교수에 따르면, 협의의 교회 문화는 가톨릭교회가 역사적으로 오랫동안 축적한 고급문화를 지칭하는 반면에, 광의적으로는 신자들의 총체적인 삶의 방식으로 간주된다. 이처럼 포괄적으로 교회 문화를 바라보는 태도는 매우 바람직하다고 볼 수 있다. 그러나 현실적으로 한국 교회 구성원의 대부분은 교회 문화를 협의적인 의미로 받아들이고 있어 교회 문화의 생활화 혹은 대중화에 어려움이 있다. 교회 문화를 넓은 의미로 수용할 때 비로소 삶과 신앙의 괴리 현상이 극복될 수 있다.

사실, 대부분의 교회지도자들은 고급문화적 관점에서 교회 문화를 이해하고 있다. 성미술, 성음악, 조각, 연극, 문학, 철학, 신학 등에 교회 문화적 가치를 두고 있으며 이러한 태도는 몇 가지 재고할 여지가 있다.

첫째, 교회가 대중문화를 수용하여 교회 문화를 창조하는 가능성을 위축시킨다.

둘째, 교회가 일상 안에 만연되어 있는 죽음의 문화를 비판, 정화하고, 생명의 문화를 제시하고 키우는 '문화에 대한 복음화'를 간과하게 되어, 예언자로서 교회의 대사회적 기능을 제대로 수행하지 못 한다.

셋째, 일반신자들이 고급문화에 쉽게 접근하지 못하므로 일상 문화 안에서 하느님을 자연스케 만나고 체험할 수 있는 장

11. 진교훈, 「21세기와 교회 문화」, 『사목』, 한국천주교중앙협의회, 221호, 65쪽.

을 교회가 마련하지 못하는 결과를 초래한다.

넷째, 교회는 교회 문화의 고급문화적 인식으로 일상화되어 있는 대중문화를 통해서 교회 쇄신의 기회를 배제할 수 있다.

ⓑ 토착화는 복음적 가치관을 기준으로 식별, 정화된 문화를 수용해야 한다.

교회는 문화를 하느님의 선물로 받아들여 사목에 무조건 활용하는 경우가 있다. 그러나 교회의 문화 수용은 반드시 복음적 가치관이라는 해석 틀을 거쳐야 한다. 무분별한 문화적용은 자칫 교회의 세속화를 낳을 수 있다.

ⓒ 토착화는 신앙과 영성으로 인도해야 한다.

식별되지 않은 전통문화나 대중문화를 토착화하여 교회가 사목에 투입할 때 자칫 신앙이나 영성이 배제된 기능적, 도구적 차원으로 문화적용될 수 있다. 단순한 문화의 기능이나 수단은 신앙을 삶 안에 녹여 스며들도록 할 수 없으며 올바른 토착화를 통해 형성된 교회 문화만이 성숙한 삶과 신앙인으로 인도할 수 있다.

2) 새로운 교회 문화의 복음화

(새)토착화가 형성시키는 새로운 교회 문화가 사목을 주체적으로 실행하려면 반드시 자기복음화라는 비판과 쇄신의 과정을 거쳐야 한다. 다시 말해서 교회 문화가 주체가 되어 주도적

인 입장에서 복음화를 수행하고 사목실천을 이루려면 먼저 여러 과정을 거쳐 토착화한 다양한 교희 문화를 수용해야 한다. 교회 문화의 반성적 성찰에 대한 필요성을 「현대 복음선교」는 "교회가 전 세계를 참으로 복음화 하려면 끊임없는 회개와 쇄신으로 교회 자체가 복음화 되지 않으면 안 된다."(15항)고 강조한다. 사실, 한국 교회가 토착화 과정을 통해 형성해온 교회 문화 중에는 정화하고 쇄신되어야 할 사항들이 누적되어 있다. 일상적 신앙생활 안에 저절로 뿌리내린 교회 문화가 존재하는데 이 중에는 바람직하지 않은 문화가 토착화된 경우도 있다. 예를 들어, 교회의 권위주의, 성직자 중심주의, 여성 신자들의 성차별, 교회의 대사회적 역기능 등은 잘못된 교회 문화의 현주소이며 반성과 쇄신의 대상이기도 하다.

(1) 교회의 권위주의

한국 천주교회 안에 만연된 권위주의라는 비그리스도교적 현실은 잘못 형성된 교회 문화의 한 단면이다. 민경석 교수는 한국 천주교회의 권위주의를 다음과 같이 설명하고 있다. "그것은 한국적 전통, 특히 유교 문화에 내재한 양반 귀족의 신분적 권위주의와 천주교적 전통 자체에 내재하고 있는 성직자들

12. 민경석, 「미주 교회 내의 권위주의와 가톨릭의 권의주의적 풍토」, 『한국 가톨릭 교회 이대로 좋은가?—예수 그리스도오- 교회의 권위주의』, 서공석 · 정양모 엮음, 분도출판사, 1999, 129쪽.

의 신분적 권위주의의 복합이라고 볼 수 있다."[12] 복합형태의 교회 권위주의가 모든 선교와 사목적인 면에서 여러 가지 모습으로 드러나고 있다. 본당 신부와 신자 간의 지배와 순종은 수직, 상명하달 방식 관계로 교회 운영에서 극명하게 나타나고, 때로는 서로 간의 갈등으로 비화되기도 한다. 한 가지 예로, 교회 안에서의 언어폭력을 들 수 있다. 민경석 교수는 다음과 같이 기술하고 있다. "언어생활 자체가 성직자들의 권위주의와 평신도들의 자기비하를 부추기고 있다. 교회의 언어에는 서열의식이 도사리고 있다. 교회의 여러 집단을 나열할 때 언제나 성직자를 먼저 부르고 평신도는 마지막이다."[13]

예전에 필자는 어느 수도원에서 거행하는 행사에 참석한 적이 있다. 수많은 신자들이 축하하기 위해 모였다. 무척 더운 야외에서 미사가 긴 시간을 통해 장엄하게 거행되었다. 미사가 끝날 무렵 사회자는 미사에 참석한 사람들을 호명하며 감사의 말을 전했다. 그런데 그 자리에는 주교와 사제가 약 50여 명 그리고 수많은 수도자와 신자가 있었지만 오직 주교와 사제만 호명하며 박수를 보내는 것이었다. 미사 시간이 길어져 지루한 분위기였는데도 사회자는 사제 한 사람 한 사람 호명하여 일어나 박수를 받게 했다. 그리고는 다른 어떤 참여자에 대한 소개 없이 행사를 마쳤다. 성직자를 제외한 나머지 참석자는 단지

13. 민경석, 앞의 책, 133쪽, 137~138쪽.

그 행사의 들러리에 불과한 듯한 인상을 받았다.

　성직자 권위주의는 개인의 자율성과 창의성을 중시하는 문화의 시대에 더 이상 유효하지 않다. 오늘날 대중화된 인터넷 문화는 개인과 개인의 평등한 위치에서 쌍방향 커뮤니케이션을 행하기 때문에 일방적이고 획일적인 권위주의는 도태될 수밖에 없다. 편중된 권력은 동등한 관계를 맺을 수 없기 때문이다.

　교회 권위주의에서 탈피하려 한다면 문화사목을 다음처럼 실천하면 도움이 될 것이다.

　ⓐ 성직자는 평신도와 대화할 때 존댓말을 사용한다.

　ⓑ 본당 신부는 수도자나 사목위원들을 사목협력자로 인식한다.

　ⓒ 본당 신부는 본당 행사나 전례행위를 독단적으로 결정하기보다는 가급적 본당 사목회와 협의하고, 신자들의 의견을 수렴한다.

　ⓓ 신학교에서 남녀 평신도 신학자가 신학생들에게 신학을 가르칠 기회를 준다.

　ⓔ 성직자 중심주의에서 평신도 중심주의로 나아가기 위해서 본당 신부는 평신도 양성을 적극적으로 추진해야 하며, 평신도 역시 교회 안에서 실시하는 다양한 교육에 사명과 확신을 가지고 자발적으로 참여해야 한다.

(2) 여성 신자들의 성차별

교회 안에 여성차별에 대한 비판은 남녀가 하느님의 모상대로 창조되었다는 창조신앙에 근거를 두고 있다(창세 1, 27). 교회 내에서 여성 신자는 두 가지 정체성, 즉 평신도이면서 동시에 여성이라는 이중성을 지니고 있다. 사회와 가정에서 여성이 겪는 성차별과 구조적 억압이 교회 안에서도 그대로 재현되어 유교사상에 뿌리를 둔 가부장적인 남성 중심의 사목으로 인해 교회 안에서 여성 신자들은 불평등과 차별을 겪어왔다. 또한 평신도로서 여성은 성직자 중심의 사목으로 지배와 순종의 수직적 관계에 종속되어 있어서 결국 여성은 교회 안에서 이중적 억압구조 속에 신앙생활을 해온 셈이다. 교회에서 거의 70% 이상을 차지하는 여성들은 "교회 유지의 기본 기능과 선교의 최선봉으로 중요한 역할을 수행하지만, 교회 내에서 그에 상응하는 지위는 보장받지 못하고 있다."(「평신도선언」1999) 가톨릭 여성 신학자 강영옥이 지적하듯이, "여성 신자들은 교회 안에서 겸손과 순종만을 강요당하고 있으며, 의사 결정 과정에서 참여가 배제된다고 말한다."[14] 이와 같은 불평등을 해소하는 방편으로 그녀는 다음의 세 가지를 제안하고 있다.

14. 강영옥, 「여성의 권리 증진을 위한 교회의 역할」, 『사목』, 1999년 9월, 248호, 19쪽.

ⓐ 교회 안에서 일어나는 모든 형태의 남녀차별은 철폐되어야 한다.

ⓑ 여성의 존엄성을 일깨우기 위한 신앙 교육이 필요하다.

ⓒ 교회 내 여성 지도자들을 길러내야 한다.[15]

좀 더 구체적으로 교회 안의 올바른 여성문화의 형성을 위한 문화사목을 살펴보자.

ⓐ 본당은 여성들의 다양한 문화적 욕구충족을 위한 문화 공간과 문화 프로그램을 확보한다.

ⓑ 여성들이 본당의 의사결정 체제(예: 본당 사목협의회)에 보다 적극적으로 참여하도록 유도한다.

ⓒ 여성들이 전례에 다각적으로 참여하게 한다. 예를 들어, 여자어린이 복사나 여성 성체분배봉사자를 들 수 있고, 독서자 중에 제1 독서자를 여성으로 한다.

(3) 교회의 대사회적 역기능

세상에 빛과 소금이 되어야 할 교회가 사회와 화합하지 못하고 충돌하여 교회의 이미지를 손상하는 경우가 있다. 전에는

---

15. 서공석 · 정양모 엮음, 『한국 가톨릭교회 이대로 좋은가? - 예수 그리스도와 교회의 권위주의』, 1999, 160~161쪽.

종교가 사회로부터 성역으로 인정받았지만 근래에 들어 부패와 도덕적 타락에 대한 비판의 목소리가 높아지고 빈번히 일어나는 분란(종교 내 권력쟁탈)으로 사회의 곱지 않은 시선을 받고 있다. 안티 종교적 태도가 공적 영역에서 공공연하게 거론되고 있다.

한신대 강인철 교수는 한국천주교회가 선교를 목적으로 설립한 기관이 일으킨 사회 불화 사건을 열거하고 있다.[16] 가톨릭계 병원들의 노동분쟁, 가톨릭계 학교들의 전교조 가입과 교사 해직 및 사립학교법 개정 반대운동, 가톨릭계 사회복지기관(꽃동네)을 둘러싼 분쟁, 교회와 시민사회의 충돌 등이다.?

최근의 정보사회는 정보의 빠른 이동과 확산으로 어떤 종교적 성역도 모든 사람에게 드러나는 열린 종교로 나아가게 하고 있다. 따라서 한국 천주교회의 성직자들은 신자들과의 관계가 달라지고 있음을 체험한다. 이제는 교회가 사회적으로 비판과 우려의 대상이 될 수 있음을 인식해야 한다.

대사회적으로 자기복음화를 향한 교회의 문화사목의 예는 다음과 같다.

ⓐ 교회는 주교회의 과거사 반성 문건인 「쇄신과 화해」를 되

16. 편집부, 「천주교, 불교의 권력신화를 넘어」, 『기독교사상』, 2003년 3월호, 제47권, 통권 531호, 46~56쪽.

새겼다. 2000년 대림 첫 주일에 한국 천주교회는 「쇄신과 화해」라는 문헌을 발표하여 과거에 저지른 과오들에 대해 반성하고 새롭게 거듭 태어날 것을 다짐한 바 있다. 이러한 움직임은 교회의 질적 성숙을 위한 기반이 되었다고 보며, 교회는 문헌의 발표에 만족치 않고 쇄신과 화해를 위한 구체적인 실천을 늘 해야 한다.

ⓑ 교회는 대화문화를 공론화하여 육성시켜야 한다. 사제의 강론이나 강의, 본당운영에 관한 사항, 본당 행사, 단체 활동, 신문이나 잡지에 게재된 글, 사회 이슈 등에 대한 대화와 비평이 있어야 한다. 대화와 평가 없는 개인이나 단체는 시들하며 발전이 없다. 실제로 가톨릭 신자는 비판에 익숙하지 않으며 이를 비난으로 간주하는 성향이 짙다. 그러나 비판을 겸허한 자세로 수용한다면 성숙을 위한 디딤돌이 될 수 있다.

ⓒ 교회가 자기복음화 하려면 사회 각계각층의 목소리를 들어야 한다. 한 예로, 2006년 영화 『다빈치코드』가 전 세계에 개봉되었을 때 예수님의 신성 문제로 논란이 컸다. 우리나라의 경우, 개신교의 한국기독교총연합회는 영화 상영을 극구 반대하여 상영금지 가처분 신청을 하였고, 가톨릭은 일부는 논란의 가치가 없다며 무시하고, 또 다른 일부에서는 영화의 잘못된 부분을 지적하면서 선교나 교육의 자료로 활용하자는 태도를 보였다. 물론 영화가 종교를 상업적으로 남용하는 근본적인 문

제점을 안고 있지만 깊이 숙고해본다면 세속 문화가 주체가 되어 교회를 향해 대화를 시도한 것이라고 본다. 그러나 대부분은 대화보다 무시나 거부 반응을 보였다. 세속 문화와 소통, 대화함으로써 자신을 되돌아보며 성찰하고 성숙할 수 있는 기회를 마련할 수 있다. 따라서 교회는 타자 문화의 목소리를 들을 수 있도록 언제나 귀를 열어놓아야 한다.

3) 새로운 교회 문화를 통한 복음화

토착화되고 자기복음화 된 교회 문화는 이제 교회 안팎에서 주체가 되어 주도적으로 복음화에 기여할 수 있다. 한국 교회는 전통과 현대적인 교회 문화를 풍부하게 소유하고 있으므로 합당한 곳에 적극적으로 활용하는 지혜가 있어야 한다. 다음은 대표적인 교회 문화의 활용 사례들이다.

(1) 고급문화 활용

성미술, 성음악, 교회건축, 전례 등에 관한 교회 예술문화는 대중화 작업을 통해서 복음화에 기여하고 있다. 2002년 서울대교구 명동 주교좌성당 문화관이 '코스트홀'로 개관, 교회공연문화의 전당으로 교회 문화를 확산시키고 있다. 서울대교구의 평화화랑과 가톨릭출판사의 가톨릭화랑에서는 가톨릭 미술가나 조각가들의 작품을 전시하여 교회 문화를 대중화하고 있

다. 2002년 평화화랑 부속 '가톨릭미술아카데미', 2006년 '이
콘연구소'를 개설하여 가톨릭 성미술의 발전과 보급에 큰 역할
을 하고 있다. 특별히 서울대교구를 비롯하여 몇몇 교구는 주
보 첫 면에 주일 복음에 해당하는 성화나 성당건축물을 싣고
있으며, 평화TV는 「함께 보는 교회미술」프로그램을 통해 복음
화를 꾀하고 있다. 가톨릭문학상과 평화문학상을 통해 교회문
학도를 발굴하고 기존 소설가와 시인의 작품을 소개하여 복음
적 가치관을 알린다. 가톨릭 합창단의 정기연주회, 성음악 감
상은 신앙을 풍요롭게 만든다. 2002년 극단 '아리랑'이 연극
'정약용 프로젝트'를 연출하였듯이 일반 극단이 가톨릭 내용
을 다루기도 하고, 같은 해 면형강학회의 '님이여! 나를 찾았나
이다'라는 순교극은 복음 정신을 구체적으로 형상화하여 보는
이로 하여금 신앙을 굳게 만들기도 한다.

(2) 교회출판문화

한국 교회는 오래전부터 인쇄매체에 관심을 가지고 복음화
에 적극 활용해왔다. 대표적인 교회 문화 중의 하나인 교회출
판문화는 신자들의 신앙생활에 많은 영향을 줄 수 있다. 하지
만 현실은 일반 출판사와 마찬가지로 가톨릭출판계[17]의 도서발

17. 한국 가톨릭 출판업계들은 바오로딸, 성바오로, 가톨릭, 분도, CCK, 성서와 함
    께, 생활성서사, 가톨릭대학교 출판부, 크리스챤, 공동선을 포함한다. 이들의 공

행과 보급에 어려움을 겪고 있다. 최근 디지털 미디어가 등장하면서 독서 인구가 감소하였고, 사실 교회 서적의 열독률은 매우 낮은 편이다.[18] 신자들의 신앙과 영성을 키우고 가꾸기 위해 교회 서적들은 좋은 영양분을 제공하지만 어떤 제목과 내용으로 출판되고 있는지 관심이 별로 없다. 신자들에게 교회 책 읽기를 권장할 수 있는 가장 영향력 있는 성직자나 수도자가 교회 서적을 홍보한다면 큰 관심을 불러일으킬 것이다.

(3) 종교방송과 신문

서울대교구 소유인 평화방송과 평화신문은 주간지인 평화신문, 105.3MHz 평화방송 라디오, 평화방송 케이블TV라는 세 가지 매체가 통합되어 있다. 또한 여러 교구가 평화방송 라디오 채널을 소유하고 있고, 평화신문과 가톨릭신문이 공존하고 있다. 종교방송과 신문은 이미 교회 문화로 자리를 굳혔고, 교

통된 목적은 미디어를 통한 복음 선포와 그리스도교 문화 소개이다. 거의 수도원이나 교구가 소유주로 되어 있고, 개인이 운영하는 곳은 크리스챤과 공동선이다. 또한 특징으로는 거의 출판사마다 잡지를 보유하고 있다. 성바오로딸: 『야곱의 우물』(2만 부), 성바오로 출판사: 『내친구들』(3만 부), 가톨릭 출판사: 『소년』(정기구독자, 3천2백여 명; 4~5천부 발행), 분도 출판사: 『들숨날숨』(정기구독자, 2천여 명), CCK: 『경향잡지』(정기구독자, 7천여 명); 『사목』(정기구독자, 2천5백여 명), 성서와 함께: (정기구독자, 6천8백여 명), 생활성서사: (정기구독자, 2만여 명), 가톨릭대 출판부(정기구독자, 3백여 명), 공동선(정기구독자, 2천여 명).
18. 김민수, 「외면당하는 교회 서적의 현실과 제안」, 『사목』, 한국천주교중앙협의회, 2001년 5월, 268호, 99~105쪽.

평화케이블TV, 평화신문, 평화
라디오 세 매체가 있는 사옥.
이 매체들은 대중화된 교회 문
화로 가톨릭 신자들뿐만 아니
라 비신자들에게도 직간접적인
선교를 하고 있다.

회가 매스미디어를 복음화를 위해 적극 활용하는 예라고 할 수
있다. 특히 평화방송과 평화신문처럼 인쇄와 방송을 통합하여
운영하는 것은 세계적으로 극히 드물다. 더구나 대사회적으로
공동선과 사회복지를 추구하며 공익에 기여하는 평화방송의
역할은 매우 중요하다.[19] 현재 평화방송은 일종의 대중화된 교
회 문화로 한국 가톨릭 신자들뿐만 아니라 비신자들에게도 직
간접적으로 선교를 하고 있다. 그러나 열악한 제작 환경과 낮

19. 김민수, 「종교방송의 공익적 성격에 대한 분석: 종교 케이블TV 3사를 중심으
　　로」, 『2000방송실무논문집』, 방송문화진흥회 엮음, 73~97쪽. 이 논문은 방송문
　　화진흥회의 논문보조기금으로 저술된 것임.

은 시청·청취율로 방송복음화가 활발하게 이루어지지 못하는 실정이다. 교회는 평화방송을 복음화에 적극적으로 활용하기 위해 더 많은 재정 투자와 각 사목 분야와의 밀접한 연대를 위한 꼼꼼하고 세밀한 계획이 요청된다.

(4) 디지털 문화사목

21세기 지식정보화 시대에 일상화된 디지털 문화는 종교생활에도 많은 영향을 끼쳐 기존의 신앙생활과 구분되는 다양한 신앙생활의 형태를 양산하고 있다. 이를테면, 가상 신앙 공동체로 사이버 교회가 등장하면서 그에 따른 "인터넷사목"이 주목을 받고 있는가 하면 매일 복음과 묵상을 제공하거나 본당 신자들에게 일괄적으로 문자메시지를 보내는 "모바일 사목"도 점차 큰 몫을 차지할 것이다. 이 시대에 적합한 새롭고 다양한 디지털 문화사목이 또 하나의 교회 문화로 등장하여 사목 현장에서 실천되고 있다.

ⓐ 인터넷사목

가상공간 시대에 인터넷은 세계를 네트워크화 시키는 무한한 가능성을 지닌 뉴미디어로써 한국 사회에서 이미 생활화되어 문화로 자리 잡고 있다. 교회는 오래전부터 인터넷 선교와 사목을 다양한 방법으로 수행해왔다. 각 교구, 본당, 수도회,

단체, 개인 차원에서 정보교환, 공동체 형성, 채팅, 이메일 등 내부 커뮤니케이션을 위해 홈페이지Hcmepage, 블로그Blog, 미니홈피Mini-homepage, 카페Cafe를 개설 운영해오고 있다. 「교회와 인터넷」(2002) 문헌은 인터넷 문화의 복음화에 대해 다음과 같이 언급하고 있다.

인터넷은 재복음화와 새로운 복음화와 전통적인 만민 선교 활동을 포함하는 복음화, 교리교육과 그 밖의 교육, 소식과 정보, 호교, 운영과 관리, 사목 상담과 영성 지도 등 교회의 여러 활동과 계획에 적합하다.(5항)

인터넷을 통한 가상 세계에서 선교나 사목의 종교 활동은 두 가지 형태로 구별될 수 있다. "종교온라인"과 "온라인종교"가 그것이다. "종교온라인"은 종교 정보나 각종 서비스를 제공하여 기존의 오프라인 교회의 연장을 우한 도구 역할을 수행한다. 교구·본당·단체·수도회·개인 등이 구축한 홈페이지나 포털사이트와 같은 가상공간들이 여기에 해당된다.

"온라인종교"는 인터넷 방문자들로 하여금 기도·묵상·예식·영적 상담 등의 종교적 실천에 참여하도록 이끈다. 예를 들어, '인터넷성당'이 이 같은 역할을 한다. 이 두 가지가 뚜렷이 구분되기보다는 함께 섞인 경우가 많다. 그러나 아직까지는

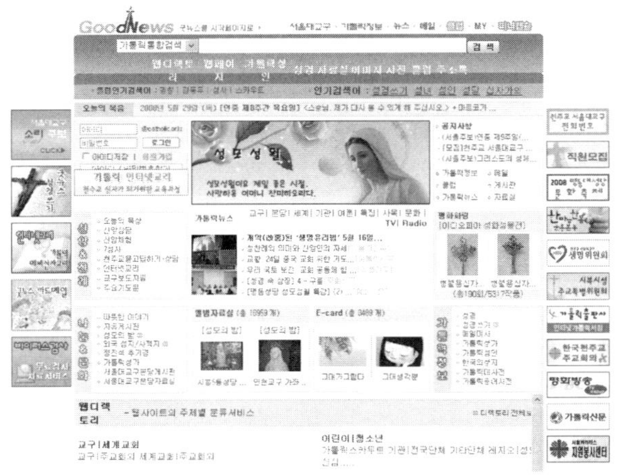

서울대교구 가톨릭인터넷 굿뉴스 메인 홈페이지. 종교정보검색을 비롯한 가톨릭뉴스 · 커뮤니티 · 게시판 · 콘텐츠 등을 제공하며 인터넷 성당 역할을 하고 있다.

"종교온라인"이 주류를 이루고 있다.

최근 조사에 따르면 1천4백40개 본당에서 5백60개 본당이 홈페이지를 가지고 있으며 6백여 개 단체가 홈페이지를 활용하여 선교를 하고 있다. 또한 서울교구의 "가톨릭인터넷 굿뉴스"가 종교정보검색을 비롯한 가톨릭뉴스 · 커뮤니티 · 게시판 · 콘텐츠 등을 제공하고 있고, 의정부교구의 "UTV"는 인터넷 방송을 통해서 선교와 사목을 집중적으로 하고 있다.

가톨릭사이트를 이용하는 주된 이유는, 신자 간의 교류나 뉴스 이용, 토론 및 의사결정 참여 등이다. 이용자가 다른 종교에 비해 월등히 높은 것은 종교적 이유보다는 인터넷의 편익을 활용하고자 하는 욕구가 크기 때문이다. 따라서 콘텐츠나 서비스, 항시적인 업그레이드가 미비한 사이트들은 인터넷 이용자들에게 외면당할 수 있다. 사이트를 만들어 놓고 돌보지 않아 현재 거의 휴면상태에 있는 본당 홈페이지들이 상당수이다.

"종교온라인" 형태의 종교 활동을 위해 인터넷을 도구로 활용하는 필요성도 있지만 "온라인종교"의 선교와 사목의 중요한 역할을 간과해서는 안 된다. "온라인종교"는 인터넷을 신앙의 방식으로 받아들여 인터넷 교회 문화로 토착화시키게 한다. 온라인 가톨릭사이트 안에서 서로를 위해 기도해주는 '기도방' 구역별이나 반별로 이어가는 '성서쓰기' 주일미사에 참례할 수 없는 병자나 노약자를 위한 '동영상미사', '동영상강론', 예비 신자들의 원격 교리교육을 위한 '인터넷교리실', 친교와 대화를 나누는 '가상신앙공동체' 등 교회 안에 인터넷문화를 정착시킬 수 있는 아이템이 매우 많다.

인터넷을 통한 예비 신자 교리교육과 신자 재교육이 실행될 수 있다. 광주대교구는 2003년 초부터 '인터넷통신교리'를 하고 있고, 서울대교구는 2005년 원격 교육인 '인터넷교리'를 시작하였다.

교회 내에서 인터넷TV도 선교에 한몫을 하고 있다. 2002년부터 '인터넷 인천방송국'이 성직·수도자 CJ(Cyber-Jockey)방식의 독특한 진행과 꾸밈없고 편안한 프로그램 편성으로 매일 수십여 명의 고정 청취자가 방문하는 호조를 보이고 있어 인터넷 선교의 새로운 가능성이 되고 있다. 2005년에 개국한 의정부교구의 'UTV'(www.utv.or.kr)는 처음으로 교구가 운영하는 인터넷TV이다. UTV는 사이버선교 활성화를 위한 것이며, 교구, 본당, 사회복지, 문화, 그 밖의 행사들에 대한 다양한 콘텐츠를 포함하고 있다.

인터넷 대화방은 청소년과의 소통을 가능하게 하고, 본당이나 교구의 자유게시판은 잘 운영하면 교회 구성원 간의 쌍방향 커뮤니케이션을 원활하게 한다. 또한 본당이나 개인 인터넷 홈페이지에 정지영상, 동영상, 음악, 문자 등을 복합적으로 이용한 다양한 콘텐츠들은 신앙을 돈독히 해 주는 역할을 한다.[20]

그러나 인터넷 안에는 성사가 이루어질 수 없다. 신자들이 인터넷을 활용하여 자신의 신앙을 고양하는 것은 매우 필요하다. 그러나 인터넷을 통한 미사, 고해성사, 세례성사, 혼배미사 등은 실천될 수 없다. 물론 인터넷으로 중계되는 주일미사에 참여는 가능하지만 영성체의 효과는 없다. 「교회와 인터넷」에서는 이 점을 명백히 하고 있다.

가상현실은 성체성사 안에 계신 그리스도의 실체적 현존, 다른 성사

---

20. 예를 들어, 다음 카페에 있는 '빈들'(http://cafe.daum.net/ellia)은 다양한 감동적인 내용과 여러 계층을 포괄적으로 다루고 있다. 이와 같은 사이트들이 가상공간에 상당히 많이 존재하고 있으며, 소규모의 회원으로 운영되고 있다.

들의 성사적 실재, 인정이 넘치는 인간 공동체의 공동 예배를 대신할 수 없다. 인터넷에는 성사가 없다.(9항)

ⓑ 모바일사목

2006년 국내 휴대전화 가입자는 4천1만 247명인 것으로 나타났다. 전체 인구 대비 휴대전화 가입률이 82.3%에 이를 정도로 일상화되어 있다. 교회는 그 구성원과의 원활한 소통을 위해 일상화된 이동통신 수단을 사목에 다양하게 활용할 수 있는 모바일사목을 필수적으로 수용해야 한다. 본당에서는 휴대전화를 활용하여 성탄, 부활, 축일을 맞이하는 신자들에게 축하의 메시지나, 본당 행사에 신자들의 참여를 독려하기 위해 홍보 차원의 메시지를 보낼 수 있다. 본당 사무실과 연결하여 교무금 납부나 전출입에 대한 확인 메시지를 보내는 경우도 있다. 또는 쉬는 교우, 외짝교으, 비신자를 상대로 간접 선교의 일환으로 문자메시지를 활용하기도 한다. 어느 본당에서는 "선교문자 메시지 보내기 운동"을 벌이그 있다. 주일을 앞둔 매주 금·토요일에 신자들이 가까운 이웃과 쉬는 신자에게 하느님의 축복을 기원하는 문자메시지를 보내는 방법도 있다.

모바일 활용의 가장 적극적 방법은 많은 이용자를 위해 한 수도회가 메시지 생산자 역할을 하는 것이다. 성바오로 수도회는 가톨릭 인터넷 포털사이트 성바오로 선교네트(www.paolo.net)

를 통해 성서말씀과 묵상말씀을 휴대전화 문자로 보내주는 모바이블Mobible 서비스를 운영하고 있다.

모바이블Mobible은 이동통신을 뜻하는 모바일Mobile과 성서를 뜻하는 바이블Bible의 합성어이다. 모바이블은 말씀보내기, 가톨릭 문자보내기, 성서검색 등 다양한 서비스를 제공한다. 말씀보내기는 말씀사탕 및 부부, 우리가족, 예비 신자 성서말씀 등으로 구성돼 대상별로 알맞은 성서구절을 사용자가 지정한 시간에 문자로 보내준다. 가톨릭 문자보내기는 이용자가 직접 예쁜 이모티콘을 고르거나 만들어 보낼 수 있고, 성서검색은 검색창을 통해 성서말씀을 찾아 문자로 전송할 수 있다. 각종 묵상 내용도 선택하여 사용할 수 있도록 다양한 서비스를 마련해 놓고 있다. 또한 이동하며 TV를 볼 수 있는 DMB폰이 일반화되면 이러한 서비스를 통해 교계뉴스나 다양한 사목 콘텐츠를 받아볼 수 있으므로 앞으로 모바일사목이 활발하게 이루어질 것으로 보인다.

(5) 여가사목Pastoral Ministry for Leisure

최근 한국 사회는 세계화, 정보화의 흐름에 따라 경제 · 정치 · 문화적으로 급변하고 있다. 커다란 변화 중의 하나는 여가의 대중화, 노동조건의 유연화에 따라 주5일근무제와 토요휴업제의 사회적 확산이다. 이러한 사회제도적 변화 역시 교회에

고래 뱃속에 들어가 3일을 지냈다는 선지자 '요나'의 이름에서 성당 이름을 지었고 모양도 물고기 모양이다. 대천해수욕장 내에 콘도와 성당이 함께 있는 한국 관광사목의 대표적인 표징으로 손꼽는 대전교구 대천 요나성당 전경.

직간접적으로 막대한 영향을 끼치고 있다. 냉담자 증가, 주일 미사 참여, 교회 활동 저조와 같은 교회 이탈 현상이 나타나고 있다. 세속화와 같이 신앙생활에 부정적 영향을 받기도 하고, 주일학교나 단체, 각종 회의, 행정, 관리 등 여러 교회조직과 체계를 변화시키기도 한다. 이어 대비하여 교회는 여가의 대중화가 미치는 상황에 대응할 수 있는 적절한 대안인 여가사목을 적극 도입하여 올바르고 다양한 신앙생활을 할 수 있도록 해야 한다. 다음은 여가사목의 몇 가지 예를 소개해본다.

ⓐ 관광사목Pastoral ministry for tourism

여가사목에는 여행, 레저 등과 연계할 수 있는 "관광사목"이 있다. 교황청 이주사목평의회가 펴낸 관광사목지침서인 「지상의 나그네Peregrinans in terra」(2001)는 관광사목의 주된 목적을 다음과 같이 말하고 있다.

그리스도인들이 관광의 현실을 은총과 구원의 계기로 살아가도록 도와주는 데 있다. …… 교회는 신자들이 휴식과 관광을 통해 창조에 대해 묵상하고, 약속된 구원의 희망을 위해 기도하고 이를 새롭게 할 수 있도록 도와야 한다.(18항)

한국에서 관광사목의 표징으로 손꼽는 곳은 대전교구 대천 요나본당이다. 대천해수욕장에 위치한 성당은 성체조배실, 콘도형 가족 숙소, 단체 숙소, 세미나실, 전시실, 식당, 야외무대, 탈의실, 샤워실, 야외 음악당 등 다양한 편의시설을 갖추고 있다. 또한 신자들의 신앙과 휴식을 함께 배려한 다양한 프로그램을 운용, 신자들의 큰 호응을 얻고 있다.

춘천의 스키장과 가까운 횡계본당은 관광, 레저, 휴양지 부근 성당, 공소도 상설 혹은 비상설로 주일미사를 마련하고 있다. 원주교구에서는 고속도로 휴게소에 '성체조배실'을 설치하는 등 적극적인 관광사목을 전개하고 있다.

위에서 언급한 곳은 극히 소수이며, 현재 한국 교회의 관광사목은 걸음마에 불과하며 관광사목 발전을 위해서는 몇 가지 문제점을 해결해야 한다. 첫째, 관광사목 인프라가 몇몇 지역에 한정돼 있고, 그나마 본당 신부 개인의 의지에 의존하고 있으며 관광사목 본당들도 대부분 장소(숙소) 제공 차원에 머무르고 있는 것이 현실이다. 둘째, 관광사목 현장에 대한 홍보가 미흡하고 휴양지에서 여가와 관광을 연결하는 교회내 프로그램 부족으로 미사를 봉헌하는 정도다. 앞으로 관광사목에 대한 전문적인 연구와 계획, 그에 따른 전국 관광사목 프로그램 네트워크 개발이 따라야 할 것이다.

ⓑ 성지순례사목 Pastoral Ministry for Holy Land Pilgrimage

순례는 하느님께로부터 특별한 은혜를 얻기 위하여 또는 회개·감사·신심의 행위로 거룩한 장소나 성지를 여행하는 것이다. 특히 성지순례는 신앙 선조들의 발자취를 묵상하며 주님의 길을 더욱 충실히 따르려는 기도이다. 한국 교회는 주교회의 이주사목위원회를 중심으로 성지순례사목 소위원회를 설립하여 전국적으로 순례사목 담당 사목자끼리 네트워크를 형성, 성지 개발, 성지정보 확산, 교회정신에 벗어난 해외성지순례 방지책 등 다양한 활동을 하고 있다.

요즘 여가 시대에 걸맞은 여가사목의 한 사례인 성지순례사목을 위한 세밀하고 다양한 프로그램을 개발해야 한다. 최근 수원교구는 경기관광공사와 함께 교구 내에 있는 성지와 농촌 체험마을, 음식점 등을 연계하는 성지순례 프로그램을 개발하였다. 신자들을 대상으로 성지와 연계한 다양한 맞춤형 농촌체험상품을 개발한 것이다. 각 교구마다 성지와 같은 가톨릭 문화유산이 있기 때문에 테마마을, 공연, 전시장, 음식점 등의 주위 입지조건을 최대한 이용하여 각계각층의 신자 상황에 맞게 취사선택할 수 있도록 다양한 성지순례 프로그램을 짜야 할 것이다.

ⓒ 자원봉사사목 Pastoral Ministry for Volunteer Work

주5일근무제가 제도화하면서 근무시간이 단축되고 더 많은 여가 시간을 누리게 되었다. 여가 시간은 자기가 좋아하는 일을 마음대로 할 수 있는 개인적인 "나만을 위한 시간"이기도 하지만, 엄밀한 의미에서 공적으로 함께 기쁨과 즐거움을 나누는 시간이며 동시에 하느님께 봉헌된 시간이기도 하다. 최근 자기 시간을 이웃과 나누려는 자원봉사가 자연스럽게 보편화되고 있다. 자원봉사야말로 현대 사회의 문제점 중에 하나인 인간 소외현상을 극복하고, 봉사를 통해서 자신의 존재가치와 긍지, 보람과 기쁨을 동시에 느낄 수 있으므로 봉사자들이 늘어나는 추세이다. 또한 자원봉사자들은 봉사를 하면서 자신이 가진 능력과 재능을 발휘하고, 자신을 재발견하며, 여러 가지 유용한 생활 방법을 배우고, 사회적 기술을 습득할 수 있다.

교회는 개인 혹은 가족이 함께 자원봉사 활동을 할 수 있도록 체계적인 자원봉사사목 프로그램을 개발할 필요가 있다. 우선, 신자들에게 여가 시간의 참뜻을 알려주고, 이웃이나 공동

체를 위해 자신의 시간을 나누는 자원봉사의 필요성을 강조하
는 의식화 작업이 따라야 한다. 또한 참여 및 봉사활동 프로그
램을 여러 계층과 상황에 맞게 개발하여 개인·가족·단체가
골고루 참여할 수 있도록 해야 한다.[21]

ⓓ 평생교육사목Pastoral Ministry fcr Lifelong Learning

우리는 이미 '평생학습사회'에 살고 있다. 개인이 일생 동안
자신의 삶을 향상시킬 목적으로 지속적으로 학습하는 시대이
다. 급변하는 시대에 적응하기 위해 끊임없이 자기를 계발하고
창조적인 삶을 살아가야 한다. 각 대학교를 비롯하여 언론사,
백화점, 시민단체가 주관하는 강좌에 연령·학력·지위를 불
문하고 남녀노소가 몰려든다.

우리 사회의 평생교육 분위기는 교회에도 영향을 끼치고 있
다. 교회는 그리스도의 가르침을 근본으로 예비신자교리, 성서
공부, 신앙재교육, 특별강좌, 구역반장, 주일학교교육 등을 정
기적, 또는 비정기적으로 통상적 교육을 실시해왔다. 그러나
평생교육의 확산으로 교회도 지속적인 사도직 활동과 영성 생
활 등을 위한 교육을 적극적으로 실현하고 있다. 특히 최근 경

---

21. 2008년 2월에 서울가톨릭사회복지회(대표이사 김운회 주교)는 자원봉사 통합
네트워크 시스템을 구축하여 시범사업게 착수했다. 부설 서울카리타스 자원봉사
센터가 구축한 자원봉사 통합네트워크 시스템은 복지시설이나 교회 기관 등 자
원봉사 인력을 필요로 하는 수요처와 봉사 희망자를 인터넷 상에서 하나의 시스
템 아래 통합해 체계적·효율적으로 지원할 수 있는 것이 특징이다.

제성장과 사회변화에 따라 여가 생활을 풍요롭게 하는 다양한 형태의 취미·교양 교실을 많이 개설하고 있으며, 아울러 사회·윤리·가족생활과 연관된 전문 강좌도 점차 늘려가고 있다. 이에 따라 교회는 새롭게 출현하는 교육 환경을 수용하고, 여기에 접근하고자 조직적이고 체계적인 평생교육사목을 추진하고 있다. 이것은 여가 시대에 교회가 신자 간 친교와 일치, 취향과 취미에 따라 충만한 신앙생활, 지역 주민이 함께 하는 간접 선교를 지향하는 데 교육의 목적이 있다.

평생교육사목은 본당이 문화센터를 운영하면서 연령·성별·지역·취미·취향·직업 등에 따라 다양한 문화강좌를 제공한다. 대표적 성당으로 명동·화곡본동·목5동, 역촌동이 있으며 여러 교구 본당에서도 다양한 형태로 문화강좌를 실시하고 있다. 특히 서울 역삼동성당 내에 마련된 서강대평생교육원·강남가톨릭문화원은 강좌의 범위와 질을 높여 종합대학과 연계, 전문적이고 체계적인 교육서비스를 제공하고 있다. 더 나아가 가톨릭 세계관에 입각해 다양한 평생교육 프로그램을 신자 및 지역 사회 주민들에게 널리 제공해 열린교육·평생교육의 의의를 적극적으로 알리고 있다.

평생교육사목은 세 가지 중요한 효과를 얻는다. 첫째, 평생교육사목은 본당 신자는 물론이고 지역 주민의 문화 욕구를 충족시켜 준다. 둘째, 본당 신자들로 하여금 본당 소속감을 가지게 하여 냉담을 막게 하고 신자 간 친교와 단합을 도모한다. 셋째, 지역 주민들이 성당을 자연스럽게 접하게 하여 간접 선교의 역할을 수행한다.

ⓔ 새로운 소공동체사목Pastoral Ministry for New Small Communities

우리가 살아가는 현 시대는 선택의 문화가 보편화된 다양성, 차이성, 개인성의 시대이다. 과거에 획일적이고 동일하게 통제되고 지배되던 '포드주의 사회'가 아닌 개인의 관심·취향·취미에 따라 삶의 질과 스타일을 취사선택하는 '탈포드주의 사회'에 살고 있다.[22] 또 통신·교통의 발달로 시공간의 압축·분리에 따라 탈지역화가 심화되고 있다. 이제는 가톨릭교회가 오래전부터 실시해온 속지주의 원칙이 상황에 따라 적용되지

---

22. 노동과 생산에 주력하는 산업사회는 다음과 같은 포드주의(Fordism)의 특징을 보인다. 동일한 제품을 대량생산, 관리하는 데 유리한 조립라인과 함께 표준화된 단순 작업방식을 채택하며, 생산성을 향상시키는 '규모의 경제'(Economy of Scale)를 지향함으로써 소비형태를 동질화시킨다. 특히 포드주의는 중앙집권적인 관리체제하에 위계질서가 있는 관료적 작업조직 형태를 지니고 있다. 반면에 탈산업적인 탈포드주의 성향은 다음과 같다. 첫째, 대량생산 제품에 대한 관심이 줄어들고 반면에 고객 위주의 특수한 제품, 특히 제품의 스타일과 품질에 대한 관심이 높다. 둘째, 단일 제품을 생산하는 대규모 공장체제에서 다양한 제품을 만들어내는 소규모 공장체제로의 전환이 일어나고 있다. 따라서 다품종 소량생산에 주력한다. 셋째, 새로운 기술에 힘입어 유연한 생산체제가 수익을 낼 수 있으므로 '범위의 경제'(Economy of Scope)를 추구하는 데 유리한 유연한 경영 시스템이 선호된다. 다음을 참조하였음. George Ritzer, *The McDonaldization of Society*, C.A.: Sage Publications(조지 리처, 김종덕 옮김, 『맥도날드 그리고 맥도날드화』, 도서출판 시유시, 1999, 267~268쪽).

못하는 경우도 발생하고 있다. 한 예로서, 본당에서 지역을 중심축으로 여는 신자들의 기초 모임인 소공동체 모임은 오늘날 탈포드주의 사회에서는 여러 가지 문제점을 보인다. 다시 말해서 기존 소공동체 모임은 관심·취향·취미에 따라 취사선택하는 삶을 사는 신자들의 욕구를 충족시켜주지 않으며, 탈지역적인 삶을 사는 신자들도 많다. 따라서 교회는 신자들의 삶 — '선택하는 공동체의 삶'의 방식을 읽고 그에 따른 대안으로 새로운 소공동체사목의 필요성을 인식해야 한다.

새로운 소공동체사목은 스포츠, 영화, 독서, 직장, 연령, 성, 지역, 부부, 가정, 취미 등 다양한 축을 중심으로 신자들 스스로 그룹을 형성, 동아리 혹은 동호회를 만드는 것이다. 본당에서 가장 많이 하고 있는 새로운 소공동체사목은 스포츠이다. 골프, 테니스, 등산, 낚시, 축구, 베드멘트, 조깅, 바둑, 볼링 등 운동을 통해 신자 간의 친목을 다진다. 스포츠는 누구에게나 쉽게 접근할 수 있으므로 직간접 선교와 쉬는 교우 되찾기에 매우 유용하다. 또한 영화를 좋아하는 사람들 모임(영사모), 책을 좋아하는 사람들 모임(책사모)과 같은 동호회는 대중매체를 통한 모임이라는 특성이 있다. 함께 영화를 관람하거나, 책 읽는 취미를 공유하면서 서로 느낌을 나누며 친교와 신앙을 다질 수 있다.

또 다른 예는 직장을 다니는 본당 신자들을 대상으로 소공동체를 형성하고 운영하는 것이다. 최근 여성들이 활발하게 사회로 진출하면서 여성 신자의 상당수가 기존의 소공동체 모임 시간에 함께 할 수 없는 상황에 놓여 있다. 따라서 구역마다 직장여성을 위한 소공동체 모임을 만들어 운영함으로써 그들이 본당 소속감을 느끼게 해주고, 모임을 통한 친교로 신앙생활을 계속 유지하게 해줄 수 있다.[23]

새로운 소공동체사목은 평신도 스스로 주체가 되어 모임을 주도할 때에 가능하다. 만일 사목자가 그 모임을 주도한다면 그가 부재할 때 없어질 수도 있다. 따라서 사목자는 어떤 동아리나 동호회라도 평신도가 자발적으로 운영하도록 배려해야 한다.

Ⓕ 문화공간사목Pastoral Ministry for Cultural Space

최근 정보화, 세계화로 공간의 재배치가 활발히 진행하고, 일상의 모든 활동은 상호작용을 통해 끊임없이 새로운 공간을 생성하고 있다. 교회 공간도 성스러운 예식만을 거행하고 그에 따른 행정, 단체모임, 기도, 교육관, 사제관, 수녀원 정도로 구성되었지만 시대적 변화에 따른 공간 재배치가 불가피하므로 공간 활용에도 큰 변화가 나타나고 있다. 노인대학, 어린이집,

---

23. 예를 들어, 역촌동 성당은 각 구역마다 직장여성을 위한 소공동체 모임을 주관하고 있다. 10개 구역에서 각각 월 1회 모임에 평균 10~20명 정도의 직장여성이 활발히 참여하고 있어서 타 성당에서도 직장이라는 축을 통한 소공동체 모임은 효과적일 것으로 예상된다.

재활용매장, 우리농매장, 문화센터, 노인전문상담실, 가족상담실, 휴게실, 동아리방 등 새로운 공간들은 신자들과 지역 주민들이 함께 참여할 수 있도록 창출되고 있다. 따라서 교회 공간을 문화적으로 활용하는 문화공간사목의 중요성이 점점 커지고 있다.

문화공간사목은 급변하는 사회현상에 적응하기 위해 교회가 사회에 자신을 개방하는 사목이다. 이것은 교회 공간을 다양하게 활용하여 지역 사회와 함께 하는 열린 사목을 실천하는 것이다. 교회 공간은 많은 사람이 모일 수 있는 장소이다. 각 본당이 보유한 공간의 상황은 다소 차이는 있겠지만 전례나 단체 활동 등 본당 신자들이 사용하는 시간 이외에 비어있는 본당 공간을 지역 사회에 개방하여 다양한 문화 프로그램을 실시할 수 있다. 물론 교회 공간의 활용은 지역의 상황과 환경에 따라 다르게 나타난다. 문화공간사목이 잘 이루어지기 위해서는 지역 사회를 제대로 분석하여 필요한 용도의 공간을 위한 건축을 고려해야 한다.

ⓖ 칭찬사목Pastoral Ministry for Praise

칭찬사목은 사회에서 실천되고 있는 칭찬문화를 교회가 수용하고 토착화한 새로운 교회 문화 중의 하나이다. 칭찬은 예수님의 사랑의 계명인 "서로 사랑하라"는 말씀을 구체적으로 실천하는 것이다. 우리는 서로 사랑하라는 복음말씀을 추상적

칭찬사목은 사회에서 실천되고 있는 칭찬문화를 교회가 수용하고 토착화한 새로운 교회 문화 중의 하나이다. 신수동 성당에서 나온 『칭찬 그리고 용서』 소책자의 표지 그림.

으로만 알고 실천은 잘하지 못한다. 사랑을 어떻게 표현해야 하는지 방법을 모르는 경우도 있다. 칭찬은 사랑의 구체적인 표현 방법 중의 하나이다. 다라서 사랑으로 표현되는 칭찬은 상처받은 마음의 치유제이고, 외로움·절망·낙심에 빠진 사람들의 회복제이며, 인간관계를 원단하게 해주는 일종의 윤활유와 같다.

본당에서 사목자는 칭찬사목을 통하여 신자 간에 좋은 인간관계를 형성하고 유지할 수 있게 해주며 모든 신앙 활동과 접목하여 여러 가지 긍정적인 효과를 볼 수 있다. 한 예로서, 본당에서 전 신자 대상으로 '칭찬캠페인'을 시도한다면 효율적인 사목 결과를 얻을 수 있을 것이다.

칭찬캠페인은 강론이나 특강을 통한 신자 의식화 교육, 칭찬노트와 칭찬쪽지 또는 칭찬 스티커 활용, 주보 하단에 칭찬코

너 마련, 미사 중에 옆 사람과 칭찬 나누기, 모든 단체모임에
회원 간 칭찬하기, 칭찬릴레이 등 많은 아이디어를 적용할 수
있다. 교회 안에서 모든 사목에 칭찬문화가 접목이 될 때 그 사
목은 엄청난 효과를 볼 것이다. 칭찬문화가 새로운 교회 문화
로 정착되고 확산될 때 사랑과 생명의 문화는 어디서나 넘칠
것이다.

1. 문화사목을 위한 조건

1) 문화 개념에 대한 올바른 인식

문화의 복음화와 문화사목을 실천하려는 교회 지도자는 문화를 올바로 이해·해석해야 한다. 성음악, 성미술, 조각 등의 고급문화만을 내세우고, 일상에 널리 퍼져 있는 대중문화는 저급문화로 취급하는 이원론적 문화 개념은 더 이상 이 시대에 유효하지 않다. 또한 고유한 전통을 지닌 민족문화만을 문화로 생각하는 문화인류학적 인식도 세계화된 문화적 현상들을 설명하기에는 역부족이다. 상징·기호·코드가 대변하는 현 시대에서 문화적 헤게모니를 쟁취하려면, 일상 안에서 끊임없이 변화하고 행사되는 권력의 장으로서의 문화 개념이 필요하다.

교회 안에서 수직적, 획일적으로 행사되는 성직자의 권위주의는 수평적, 쌍방향을 추구하는 많은 신자들의 문화코드와 맞지 않음을 주시해야 한다. 또 여성 신자들은 교회의 가부장적 제도에 도전하며 모순에 맞서서 교회 내에 올바르고 평등한 여성문화를 정착하려 한다. 문화사목은 이 시대 사람들이 공유하는 상징 · 코드 · 기호에 맞게 사목을 펼치는 것이며, 올바른 문화를 교회 안에 형성, 활성화하여 문화 복음화를 수행하도록 도와주는 것이다. 이를 위해 교회 지도자는 적합한 문화 개념을 갖고 가치관과 사고방식을 수평적, 쌍방향으로 전환하는 변화와 쇄신을 해야 한다. 만일 이런 변화와 쇄신이 없다면 문화사목은 실천될 수 없다.

2) 한국적 문화신학 정립의 필요성

가톨릭교회는 전통적으로 문화를 '세상'[1]이라는 개념으로 이해하였다. 때문에 교회 안에 현재하는 하느님 나라와 반대로 파악하는 경향이 있어 교회가 사용하는 특수한 종교적 문화기능들은 절대성을 띠게 되었다. 앞에서 잠깐 언급했지만 교회는 성미술, 성음악, 교회건축, 신학, 철학 등에 절대적 가치를 부여하고 현대 대중문화는 영성 · 신앙생활을 방해하는, 저속하고 저급한 것으로 평가절하 하였다.

---

1. 전통적인 가톨릭 교리에는 영혼에 세 가지 원수를 삼구(三仇)라 칭했고, 이것은 육신, 세상, 마귀라고 하였다. 따라서 가톨릭교회는 문화를 세상으로 보았기 때문에 신앙인이 피해야 할 것으로 가르쳐왔다.

유럽 교회는 계몽 시대 이후 근대화를 거치면서 급속히 종교가 세속화하여 점점 다원화되는 사회 속에서 설 자리를 잃어가게 되었다. 고급문화인 교회 문화는 박물관에 박제되어 버린 듯 '화석화된 신앙'을 대변하거나 소수에게만 유효하게 되었다. 따라서 교회가 대립되어 있는 사회와 대화하고 내적 통일성을 회복하기 위해서 사회를 매개할 '문화'의 중요성이 대두되어, 그것을 신학이 적극적으로 수용하여 '문화신학'으로 체계화된 것이다.

문화신학은 문화와 종교 관계를 신학적으로 정립하는 학문이다. 종교가 문화를 포용하여 실체를 드러내고, 문화를 매개하기 위해서 교회는 반드시 문화에 대한 올바른 신학적 이해를 필요로 한다. 모든 문화 현상어는 구체적인 종교체험이 나타난다. 교회 공간에서는 전례·교육·봉사·친교를 위해 문화 예술이 다양하게 실천되고 있다. 인터넷이라는 디지털 문화가 만드는 가상공간에서도 종교적 체험이 언급되고 있다. 문화신학은 바로 이러한 실천과 체험들을 신학적으로 탐구하고 해석하여 교회에서 수용할 수 있도록 여과하는 역할을 한다. 따라서 교회가 문화의 복음화와 문화사목을 제대로 실천하려면 한국 사회에 적합한 문화신학이 정립되고 발전되어야 한다. 한국 가톨릭교회는 문화신학의 필요성을 절실히 인식하고 시급히 전문가를 양성하고 연구해야 한다.

3) 문화사목을 위한 문화교육

근대 사회의 교육은 정보를 가진 교육자가 정보가 부족한 피교육자에게 획일적, 주입식으로 전달하는 방식이었다. 그러나 오늘날 지식정보사회에서 교육이란 피교육자가 직접 참여하고 체험하면서 깨닫는 과정이 중요시되고, 무한한 정보의 바다에서 어떻게 하면 유익한 정보를 획득하여 활용하는가 하는 창의성을 길러주는 방식, 즉 '문화교육' 형태로 나타난다. 과거 교육방식은 교과목 간의 구분이 뚜렷한 반면, 현대의 문화교육은 그 구분을 무너뜨리고 서로 공조하여 통합교육을 통해 시너지 효과를 거두게 한다. 예를 들어 최근 새로 부상하고 있는 '교육연극'을 들 수 있다. 연극이 교육에 도입되어, 역할극, 즉흥극, 창조적 드라마 등으로 교육내용이 구성될 때 교육의 효과가 배가되는 현상을 볼 수 있다.

문화적 접근을 통한 사목이 이루어지기 위해서는 문화교육이 뒷받침되어야 한다. 문화를 수단과 도구로 활용하여 사목을 하고, 문화에 대해 복음화하며, 그리고 교회 문화화시키고 확산시키기 위해서는 문화교육이 필요하다. 급변하는 현대문화를 이해하면서 교회의 활동에 문화를 접목하려는 의식을 일깨우고, 모든 계층과 내용, 그리고 조직을 상호 통합시켜 효율적 사목이 될 수 있게 하기 위해서는 문화에 대한 교육에 지대한 관심을 가지고 많은 투자를 하여야 한다.

4) 문화사목 콘텐츠 개발

사목의 실천을 위해서는 다양한 문화 콘텐츠가 필요하다. 사목자가 강론할 때, 수도자나 교리교사가 교리를 가르칠 때 미디어를 활용하고자 한다면 영상이나 음악 혹은 그룹 작업을 위한 콘텐츠가 있어야 한다. 이러한 콘텐츠는 교육담당자가 직접 제작하거나 프로그램을 짤 수 있지만, 시간, 기술, 혹은 재정 부족으로 본인이 하기에는 어려움이 수반된다. 따라서 교회 전문가 그룹이 여러 목적에 활용할 수 있도록 다양한 콘텐츠를 개발하고 제작, 배포해야 한다. 현재 교회는 매스컴을 사도직으로 하는 수도회에서 책, CD, 비디오, 동영상 등을 생산하고 유통시키고 있다. 그러나 정작 소비자인 본당 사목자, 교리교사들이 현장에서 활용하기엔 여러 가지 어려움이 있어 쉽게 접목 못하는 부분들이 있다. 특별히 정지영상, 플래쉬, 비디오, 동영상 같은 최근의 문화소비를 위한 콘텐츠가 미비하며, 효율적인 교육을 위해 인터넷과 모바일 서비스를 이용한 다양한 콘텐츠 개발도 요청된다.

5) 가톨릭 문화센터의 필요성

교황청 문화평의회는 회칙 「문화에 대한 사목적 접근」(1999)에서 지역 교회에 가톨릭 문화센터의 필요성을 다음과 같이 역설한다.

가톨릭 문화센터는 그 지역 문화 속에 깊이 자리 잡고 문화를 복음화 하고 신앙을 토착화하면서 부딪치는 시급하고 복잡한 문제들에 접근할 수 있다. 가톨릭 문화센터는 사도 바오로의 정신에 따라(1테살 5,21-22 참조), 문화를 창조하고 그 안에서 활동하며 문화를 증진하는 모든 사람과 활짝 열린 토론을 통하여 얻는 접점에서 출발한다.

이 문헌이 주장하듯이 문화사목을 위해서 한국 교회에 "가톨릭 문화센터" 설립이 절실히 필요하다. 문화사목을 위한 이론적 연구, 프로그램 개발과 실천, 관련 문화단체의 활성화, 문화와 커뮤니케이션에 관한 각종 자료수집 등 실천할 사항들이 많다. 가톨릭 문화센터를 조속히 세워 문화의 복음화를 위한 문화사목을 선도하는 중심이 되어 활성화 역할을 충실히 해야 한다.

2. 문화의 영성을 향하여

문화의 복음화와 그것의 구체적 실천인 문화사목에 관한 이야기는 영성 문제로 귀결된다. 그리스도인이 당면한 어려움 중의 하나는 "다원화되고 세속화된 현대 사회에서 어떻게 그리스도를 따를 것이며, 어떻게 살 것인가?"하는 삶의 실천에 관한 것이다. 다시 말하자면, 급변하는 현대 문화 안에서 하느님을 만나고 체험하며, 다시 그분을 현대 문화를 향해 고백하고 증거하는 '문화의 영성'이 관건이다.

1) 무엇이 문제인가?

최근 영성 시대가 서서히 출현하고 있다. 미래학자 애버딘 Aburdene은 자신의 저서 『메가트렌드 2010』에서 7가지 트렌드 가운데 하나로 "영성의 발견"을 주장하였다.[2] 영적 가치와 영적인 힘이 필요한 시대라는 것이다. 이러한 주장은 미래학자 앨빈 토플러Alvin Toffler가 기술한 인류 역사의 세 가지 물결 이후 제4의 물결인 "영성의 물결"로도 일컬을 수 있다.[3] 사람들은 풍요로운 현대 문화를 구가하는 반면에 영적 갈증과 메마름을 호소하고 있다. 더 나아가 개인과 사회에서 영적 가치와 힘이 중요시되면서 영성을 추구하는 경향이 늘고 있다. 이러한 경향은 그리스도인에게 영성생활을 재점검하고 올바른 신앙 실천으로 나아가도록 기회를 제공한다.

그리스도인의 참된 영성은 "성령께서 맺어주시는 열매"(갈라

---

2. Patricia Aburdene, *Megatrends 2010: the Rise of Conscious Capitalism,* (패트리셔 애버딘, 윤여중 옮김, 『메가트렌드 2010』, 청림출판사, 2006) 미래학자 나이스비츠와 Megatrends를 공저한 바 있는 저자 애버딘은 이 책에서 미래 사회의 7가지 트렌드를 강조하고 있다. ① 영성의 발견 ② 새로운 자본주의의 탄생 ③ 중간계층의 부상 ④ 영혼이 있는 기업의 승리 ⑤ 가치를 추구하는 소비자 ⑥ 2010 메가트렌드를 이끄는 테크닉 ⑦ 사회책임투자의 시대.
3. 앨빈 토플러에 따르면, 제1물결은 농경사회, 제2물결은 산업사회, 제3물결은 정보사회를 일컫는다.

5, 22)를 지향한다. 이 시대의 문화가 하느님을 만나고 체험할 수 있는 장으로 받아들인다면 우리는 그 문화를 통해 "신앙인으로서 어떻게 살 것인가?"라는 삶의 방식을 인식할 수 있는 기회를 가지게 되고 이 시대에 적합한 영성을 형성할 수 있을 것이다. 드라마, 영화, 혹은 다큐멘터리와 같은 영상물은 사랑의 정체성은 어떠하며, 평화가 어떻게 실현되는지, 소외된 이웃에게 어떻게 접근하여 사랑을 나누는지 보여줌으로써 간접적으로 복음적 가치관을 알린다. 게다가 인터넷이라는 뉴미디어는 쌍방향 인간관계를 전제로 하기 때문에 인간 존중의 태도를 배울 수 있다. 그러나 현 교회는 사랑과 생명의 문화를 키울 수 있는 현대 문화의 순기능을 적극적으로 권장하고 활용하여 영성생활에 도움이 되게 하는 데에는 관심이 부족하다.

반면에 대중문화는 오히려 "육정의 열매"(갈라 5, 20-21)라는 죽음의 문화를 확산시키는 경향이 짙다. 잘못된 소비문화는 사회적 인간 차별화를 양산하고, 성의 상품화는 여성을 성적 도구로 전락시키며, 왜곡된 밤문화는 인간관계를 파괴하고 있다. 대중매체가 (확대)재생산하는 여러 허위의식들(예: 성공이데올로기, 외모지상주의, 학벌주의, 물질만능주의, 생명경시 등)은 올바른 가치 형성과 분별력을 방해하고 있다. 또한 대중매체는 자본주의 논리에 따라 최소의 경비로 최대이윤을 추구하기 때문에 문화적, 사회적으로 자연히 소외계층을 만들어낸다. 인터넷은 통제할 수 없는 포르노의 세계, 익명성에 따른 명예 훼손, 사이버 폭력 등의 비윤리적인 내용과 실천을 포함하고 있어 영성을 손상시키기도 한다. 이런 문화 환경 속에서 참된 그리스도인으로 살아가기란 쉽지 않다.

정보화, 세계화 시대에는 서로 간의 네트워킹이 쉽게 이루어지는 반면 개인주의로 인한 군중 속의 고독을 더욱 느끼며 우울증을 호소하는 소외현상이 심화되고 있다.[4] 또한 디지털 문화는 속도·경쟁을 특징으로 우리의 삶 속에 깊이 자리 잡아 휴식과 쉼, 성찰과 사색에서 멀어지기 하는 경향이 있다. 일상화된 디지털 문화는 우리 내면을 들여다 볼 수 있는 기다림, 침묵, 기억, 명상 등과 같은 시간을 빼앗는다. 신앙인 역시 묵상과 기도 시간이 짧아지거나 상실하게 되어 하느님과 점점 멀어질 수 있다.

물질적 풍요를 누릴 수 있는 물질문화가 발전하면 할수록 지체현상Cultural lag에 따른 정신문화의 황폐에서 영성의 고갈을 경험한다. 하지만 기존의 종교 체제가 현대인의 영성적 목마름을 충분히 채워주지 못하므로 욕망을 끝없이 만들어내는 대중문화(예: 스포츠나 록음악, 쇼핑이나 인터넷 게임 등)나 '신영성(뉴에이

---

4. 우리나라는 1995년 10만 명당 11.8명이던 자살률이 2005년 26.1명으로 늘어나 OECD 29개 국가 중 자살 증가율 1위를 기록한 것으로 나타났다. 전문가들은 우울증을 비롯한 정신질환, 이혼 등 가정해체, 경제문제, 직장 노동 강도와 경쟁 심화 같은 급격한 사회변화를 원인으로 꼽고 있다.

지)운동'[5]에 빠져 갈증을 해소하려는 상황이 생기고 있다.

그렇다면 그리스도인들은 오늘날의 현대 문화 환경에서 올바른 영성생활을 어떤 방법으로 추구할 수 있을까? 어떻게 하면 한국 가톨릭교회가 소비자본주의 사회 속에서 대안의 공동체로 존속하며 개인과 사회를 복음화 할 수 있을까? 우선 문화 저변에 깔려있는 영성의 방향적 원리를 자각하여 그리스도교의 영성을 재발견하는 시도와 그것의 구체적 대안을 제시하는 것이 필요하다.

2) 영성의 재개념화

(1) 전통적인 영성 개념

그리스도교의 전통적인 영성은 주로 하느님과 개인과의 관계 속에 하느님의 거룩함을 본받아 완전함을 추구하는 형태를 띠고 있다. 그것은 "사심 없음, 자제력, 항구한 친절, 순수한 사랑, 분노로부터의 해방, 성욕의 극복 등 우리가 도달해야 할 높은 이상을 제시한다."[6] 여러 수도회와 신비가들이 형성하고 지

---

5. 신영성운동 혹은 뉴에이지운동은 서양의 인본주의, 합리주의, 과학주의와 동양의 신비주의가 결합해 이루어진 대단위 운동이다. 이 운동은 인간의 영적인 변형에 중점을 두기 때문에 인간과 관계있는 종교, 사회, 정치, 문화, 예술, 과학 등 모든 분야에 관련되어 있으며, 특히 대중문화를 통해 자연스레 확산되고 있다. 잘못된 근대화에 대한 비판적 시각은 긍정적인 면이지만 그리스도교의 신론, 그리스도론, 계시론, 교회론 등의 내용과는 부합되지 않는다.

속해온 전통적인 영성은 오늘날까지 그리스도인들의 신앙생활을 이끌며 지대한 영향을 끼치고 있는 반면에 그에 대한 비판도 만만치 않다.

라틴 아메리카의 대표적인 해방신학자인 구띠에레즈는 그리스도교 영성의 전통적인 특징을 두 가지로 요약하면서 그에 대한 한계점을 명확하게 지적하고 있다.[7] 하나는 폐쇄적인 소수 그룹에 알맞게 조정된 것으로써, 수도원에서 행하는 것과 같은 '완전한 상태의 종교적인 삶'을 말한다. '완전/불완전' 개념에 따라 종교적 삶과 합당한 길은 세상과 그 일상적인 행위들로부터의 모종의 분리를 전제하였다. 이러한 영성 개념은 사회적으로 두 계급, 즉 성스러운 엘리트들(성직자와 수도자)과 속된 평신도로 그리스도인의 삶을 구별하는 기제로 오늘날까지도 작용해왔다.

또 다른 전통적인 영성은 '개인주의적 성향'을 드러낸다. 영적인 삶은 개인적인 완전에 이르는 길로써, 외부 세계와는 거의 무관한 '내면적인 삶'을 추구하는 것이다. 여기에는 그리스도인의 삶에 고유한 공동체적인 차원들이 형식에 불과할 뿐만

---

6. Anselm Grün, *Der Himmel Begnnt in Dir*, 1994. (안셀름 그륀, 정하돈 옮김, 『하늘은 네 안에서부터』, 분도출판사, 1999, 17쪽).
7. 이하는 다음을 참조하였음. Gustavo Guttierrez, *We drink from our wells*. (구스타보 구띠에레즈, 김문호 옮김, 『우리의 우물에서 생수를 마시련다』, 한국신학연구소, 1986, 34~37쪽).

아니라 성서가 지닌 사회적이고 역사적인 현실을 개인의 마음에서 일어나는 현상으로 축소시키는 '영성의 사유화'를 초래하게 된다. 예를 들어, 가난한 자와 부자의 대립은 겸손한 자와 교만한 자의 대립으로 환원시킴으로써 현실적 불평등 문제에 무감각한 '도피의 영성'을 만들어 내는 것이다.

과거부터 지금까지 그리스도인에게 영향을 미치고 있는, 위에서 언급된 전통적인 영성들에 대해 21세기 문화의 시대에 사는 우리들은 아무 비판 없이 수용하는 단순한 '영성의 소비자'이기를 거부한다. 낡은 부대(전통적인 영성)에 새 술(문화의 복음화)을 담을 수 없기 때문이다.

(2) 새로운 영성 개념

전통적 영성들이 시공을 초월하시는 하느님을 찾는 수직적인 길이라면 새로운 영성은 그리스도 신앙의 경험으로써 현세의 충만한 삶을 강조하는 수평적 길이다. 즉, "현대 영성은 삶을 확장하고 육화하며, 각 개인 안에 있는 성령을 자유롭게 하면서 역사의 투쟁에 더욱 접촉하기를 선호한다."[8] 현대 영성의 특징을 세 가지로 요약해 본다.[9]

8. Gallagher, Michael Paul, S.J., *Clashing Symbols: An Introduction to Faith and Culture*, Paulist Press: New York, NJ, 1998, p. 137.
9. Gallagher, Michael Paul, S.J., 앞의 책, p. 138.

① 살아있는 신앙 체험을 강조하고, 교의보다는 하느님께 신앙의 응답을 하는 데 더욱 주의를 기울인다.

② 관상적, 실천적인 사랑으로 성숙한다는 의미에서 발전 지향적이다.

③ 기도와 그 밖의 성찰 행위를 통해 하느님과의 의식적인 관계를 키우는 실제적인 기능을 알려 준다.

위의 세 가지 면을 토대로 유추해볼 때, 새로운 영성은 인간의 경험, 사회적 현실, 실천적 투신을 중요시함을 알 수 있다. 문화의 복음화를 위한 문화의 영성 역시 이 새로운 영성의 개념과 깊은 관련을 맺고 있다고 보겠다. 다른 말로 표현하면, 문화의 영성은 "아래로부터의 영성"[10]에서 출발한다. 기쁨과 즐거움뿐만 아니라 고통, 괴로움, 절망, 갈등을 겪는 삶의 자리로서 문화 속에서 갖는 체험을 통하여 하느님을 만나고 느끼는 신앙이 이 시대에 필요한 영성으로 자리 잡게 될 것이다. 그러나 문화의 영성은 성경과 교회를 통해 주어지는 '위로부터의 영성'과 접목됨으로써 더욱 풍성해진다는 것을 주시해야 한다.

10. Anselm Grün OSB, *Spiritualität von unten*, 1994. (안셀름 그륀, 전헌호 옮김, 『아래로부터의 영성』, 분도출판사, 1999).

3) 문화는 영성과 신앙의 자리

문화는 "어떻게 살 것인가?"하는 문제와 직결되어 있다. 삶의 방식은 매우 다양하다. 바르게 사는 모습이 있는가 하면 그렇지 않은 면도 있다. 윤리 문제이면서 동시에 영성의 문제이다. 문화의 복음화는 "어떻게 하면 신자로 만들 수 있는가?"에 답할 뿐만 아니라 "어떻게 그리스도인으로 살 것인가?"에 대한 대안이다.

영성은 문화의 자기표현이다.[11] 문화가 일상화된 이 시대에 문화는 '일상성의 영성'과 관련이 있다. 먹고, 듣고, 보고, 입는 삶의 기본부터 생각하고 즐기고 소비하는 모든 일상적인 삶에서 하느님의 말씀이 실천되어야 하는 것이다. 이를테면 교회의 가르침이 일상 문화 안에서 실천되도록 교리교수법이 상황화contextualization 되어야 한다. 그것이 삶의 정황, 사회적 현실과 유리된다면 신앙은 문화 안에서 육화할 수 없다.

문화가 일상화되어 있으므로 영성과 신앙에 상당한 영향력을 끼치며, 이로 인해 우리는 예기치 못한 혼란을 겪고 있다. 현대 문화는 하느님이 인간을 창조하실 때 선물로 주신 마음의 다양한 영적 능력들을 단절시킬 위험성을 내포하고 있다. 경이로움, 탐구, 경청, 수용능력, 그리고 연민과 사랑을 선택할 삶의 권리들이 누구나 지니고 있는 영적 차원이며 신앙이 생겨나

11. 정제천 · 박일 옮김, 『영성신학』, 가톨릭출판사, 2007, 341쪽.

게 하는 들음의 기반이 된다. 현대 문화는 이러한 영적 차원들이 계발되지 못하게 함으로써 '문화적 영양실조'의 형태를 초래하는 경향이 있다. 씨 뿌리는 사람의 비유 이야기(마르 4, 1-9)로 말한다면, 문화가 신앙이라는 씨앗을 탈취하기도 하고, 뿌리를 내리지 못하게 하기도 하며, 혹은 허약한 식물을 쓰러뜨리게 한다는 면에서 여러 모로 신앙의 적이 될 수 있다는 것이다.[12]

우리는 일상 문화 환경에 스스럼없이 빠져들어 익숙해지고 거기에 안주하게 하는 것이 현대 문화의 최대 유혹임을 인식해야 한다. 구약의 탈출기에서 이스라엘 백성에게 가장 큰 위험은 각종 폭력과 죽음이 아니라 오히려 이집트에서의 노예적 삶을 당연한 것으로 받아들인 사고방식이었다. 패션·음식·레저·소비·게임·미디어·조직 등의 각종 문화를 낯설어 하지 않고 자연스럽게 받아들여 현대인은 문화의 부정적 측면까지 수용하고 있다. 이런 이유로 문화는 신앙과 영성에서 점점 멀어지고 분리시키는 결과를 초래하기도 한다.

현대 문화 속에서 올바른 영성이 열매 맺기 위해서는 먼저 문화에 대한 분별력을 키워야 한다. 문화적 분별력은 현대 문화가 미치는 영향이 영성에 이로운지 아닌지를 판단하는 능력이다. 밭에서 자라고 있는 '밀과 가라지'(마태 13, 24-30)를 식별

<hr>

12. Gallagher, Michael Paul, S.J., *Clashing Symbols*, p. 139.

할 수 있어야 하며, 종국에 가라지를 통해 밀이라는 문화의 긍
정성을 보급, 재생산해야 한다.

4) 올바른 영성을 위한 문화적 행위

영성이 삶의 방식인 문화와 깊은 관련이 있으므로 우리는 삶
의 방식을 구체적으로 살펴보아야 한다. 우리는 다양하고 복잡
한 삶의 방식으로 살아간다. 권력 · 명예 · 재물 · 학식 · 이성 ·
진리 · 건강 · 취미 등을 제 각기 다른 방식으로 생각하고, 판단
하고, 행동하는 것은 반복을 통해 습관화되고 고정화된다. 어
떤 고정적인 형태로 패턴화된 삶의 방식을 '삶의 구조' Life
Structure[13]라고 부른다.

이러한 삶의 구조는 무의식적으로 형성되는 것이 아니라 끊
임없는 선택 과정을 통하여 구조화하는 것이다. 밖에서 햄버거
를 사먹을 수도 있고, 된장찌개를 사먹을 수도 있다. 문제는 이
러한 선택을 자의로 하기보다는 외부의 영향력, 예를 들어 광
고나 TV 같은 대중문화의 영향을 많이 받는다는 것이다. 한 예
로, 어려서부터 햄버거에 길들여진 아이는 어른이 되어도 햄버

---

13. 삶의 구조는 마이클 워렌이 주장하는 용어로 영국 문화주의자인 윌리엄스의
   '느낌구조'(Feeling Sturcture)와 같은 맥락에 있다고 보겠다, 삶이나 느낌은 개
   인의 차원이지만, 동시에 구조에 영향을 받고 있음을 시사하고 있다(다음을 참조
   하시오. Warren, Michael, *Seeing through the Media*, Trinity Press
   International: Harrisburg, Pennsylvania, 1997, p. 27).

거를 즐겨 찾을 것이다. 햄버거라는 퍼스트푸드가 습관화되었기 때문이다. 이러한 패스트푸드의 소비는 사실 광고나 다른 매체들이 끊임없이 강요하는 이미지의 결과이다. 이는 패스트푸드 선택에 막대한 영향을 주었고, 소비자는 속도를 중시하는 생산자의 의미를 당연하게 수용한다. 이로 인해 비만이 늘어나고 각종 질병과 성인병을 유발하며, 개인이 혼자 간단히 식사를 해결함으로써 인간관계도 소원해지게 된다. 그러나 최근, 대량생산, 규격화, 기계화된 패스트푸드에 대항하여 지역적 특성을 살린 전통음식과 전통적인 식생활 양식을 권장하는 슬로우푸드Slow food 운동이 나타났다. 소비자는 패스트푸드에 식상하여 건강을 고려한 슬로으푸드에서 새로운 의미를 찾는다. 이처럼 새로운 의미를 만들어 내는 것이 바로 '문화적 행위' Cultural Agency이다. 문화적 행위가 가능한 것은 개인이나 집단의 자율성이 인정되고, 기존의 지배 문화에 대한 나름대로의 해독능력literacy에 기인한다. 따라서 문화적 행위는 능동적으로 적극적인 삶의 구조를 만들어 가게 하는 기제이다.

현대의 지배적인 문화는 쉽게 바뀌지 않는 삶의 구조에 영향을 미친다. 요즘은 텔레비전, 신문, 영화, 인터넷, 게임, 그리고 다양한 소비문화와 문화 공간들이 '어떻게 살 것인가?' 를 규정하고 있다. 많은 경우 현대 문화는 이기주의, 개인주의적 패턴으로 몰아가고 있다. 그러나 그리스도교 신앙은 자기 초월과 자기 증여라는 아주 다른 문화를 지향하고 있는데, 이는 복음에 기반을 둔 공동체 안에서의 삶의 방식으로 문화적인 육화를 도모하도록 촉구한다.

아주 다른 문화를 지향하기 위해 그리스도인은 공동체의 제도적 패턴과 개인적 차원에서 삶의 구조에 의문을 던지는 문화적 행위를 시도해야 한다. 교회의 제도가 과연 현대 문화를 어떻게 수용하고 있고 또 어떻게 대항하고 있는지, 더 나아가서 교회 구성원은 자신이 선택한 삶의 방식이 복음적 가치관을 따르고 있는지 성찰할 것을 요청한다. 이러한 성찰은 문화적 식별Cultural Discernment과 밀접하게 관계 맺어 교회로 하여금 현대 문화에 저항하는 대안문화를 창출하는 문화생산자가 되게 한다. 또는 역으로 현대 문화 속에 담겨있는 복음적 가치관을 발견하여 그것을 적극 장려, 확산하도록 이끌어 준다.

5) 문화 시대에 그리스도 따르기

이제 우리는 문화 시대에 그리스도를 어떻게 따를 것인지 영성의 구체적 대안을 살펴보자. 문화의 복음화를 위한 대안으로 영성의 차원을 두 가지 제시할 수 있다. 하나는 '저항의 영성'Spirituality of Resistance이요, 다른 하나는 "창조의 영성"Spirituality of Creation이다. 저항의 영성은 지배적인 삶의 방식과 선택을 식별하고 비판하는 삶으로 '문화에 대한 복음화',

'문화에 의한 복음화'와 관련이 있다. 창조의 영성은 저항의 영성 과정을 통해 걸러진 문화의 유익한 면이나 현대 문화 속에 숨어있는 복음적 가치관을 찾아 그것들을 증폭하여 새로움을 만들어 내는 삶이며 '문화를 통한 복음화'와 연관된다. 궁극적으로, 문화의 복음화는 '문화 저항'cultural resistance과 '문화 창조'cultural creation라는 두 축으로 구성된 삶의 실천을 통해 하느님과의 일치라는 영성의 목적을 이루게 한다.

(1) 저항의 영성

교회는 사회와 문화가 영성, 신앙과 밀접하게 연결되어 있음을 인식해야 한다. 정의의 실천에서 신앙을 분리시킬 때, 구체적인 문화적 실천에서 신앙이 떨어져 나갈 때 그리스도교는 존립의 의미를 상실한다. 현실에서 억압적인 기존체제나 기득권층을 거부하거나 여기에 투쟁하는 저항은 그리스도교가 이 땅에서 빛과 소금의 역할을 하고 있다는 증거이다. 그리스도교가 말하는 저항의 영성은 구약의 예언자들에게서 찾아볼 수 있다. 구약의 예언자들은 부유한 자들의 착취와 부패에 대해 분노·저항·비판·고발·저주까지 한다. 신약에서 예수님 역시 예언자적 정신으로 사회적, 제도적 불의와 잘못된 종교 이데올로기에 분노하고 비판한다. 그러나 저항은 근본적으로 사랑에 기반을 둔다. 하느님의 사랑과 이웃 사랑이 없는 저항은 배타적이고 이기적인 태도를 보이기 때문이다. 구약의 예언자와 예수님은 인간과 제도의 불의한 면에 고발·비판·단죄했지만 언제나 하느님의 자비와 용서, 화해로 이끌었다.

오늘날 우리가 저항해야 할 대상은 모든 삶의 방식으로 고착화된 문화이다. 일상 문화는 선과 악의 양면성을 지니고 있다. 모든 사람의 마음에 내재한 성령의 인도로 문화는 사람들을 성장시키고, 인격적 존재로 이끌며, 공동체를 형성하도록 모든 것을 제도화시킨다. 또한 문화는 함께 모이게 하고, 서로 일치시키며, 치유시킴으로써 생명을 증여하고 생명을 유지하기 때문에 '생명의 문화'이기도 하다. 반면에 냉혹한 죽음의 법칙에 놓여 있다 보니 항상 부패할 위협에 노출되어 있다. 문화의 어두운 면은 죽음과 파괴, 독점과 무관심, 제도화된 억압과 불의, 합법화된 부당한 권력, 가난한 이들에 대한 착취, 여성의 타락, 지구의 자원 낭비 등 '죽음의 문화'에 관한 것이다. 문화의 복음화는 생명의 문화를 강화하고, 복음의 빛으로 죽음의 문화를 생명의 문화로 전환하는 것이다. 저항은 구약의 예언자들이 하였듯이, 또한 궁극적으로 예수님이 보여주었듯이 죽음의 문화를 식별하여 그것을 비판하고, 고발하여 정화되도록 이끄는 노력이다. 하느님 나라의 담지자인 교회는 저항의 영성을 통해 죽음의 문화를 생명의 문화로 바꾸어야 한다.

다음의 시는 일상생활 속에 깊숙이 내재된 불의와 부정부패에 대한 문화적 저항을 소거하고 있다. 어린이의 동심에서 바라본 어른의 세계를 꼬집은 시다.

무엇을 마실 수 있겠어?[14]

아빠가 구린내 나는 돈으로
가죽옷을 사 주었는데도
엄마는 그 냄새를 맡지 못하고 있어
그래서, 그 옷을 입고
온 동네를 돌며 구린내를 풍기고 있어
마침내 동네 엄마들이 모여
구린내의 잔치를 벌이는 거야

그 속에서 우리들 아이들이
무엇을 마실 수가 있겠어?
질식할 정도야

아빠! 구린내 나는 돈으로
제발 우리들의 옷을 사지 마!
엄마! 구린내 나는 옷 입고

14. 김영수, 『이슬 마르지 않는 나라게서』, 가틀릭 출판사, 2001, 82쪽.

제발 우리들의 풀밭에 오지 마!

한국 사회는 정치, 경제적으로 '부패공화국'이란 오명을 쓸 정도로 부정부패의 골이 매우 깊다.[15] 위의 시에서 아빠는 부정한 방법으로 돈을 번다. 삶의 방식이 자발적 부정행위로 일상화된 아빠는 불의라는 구린내조차 인식하지 못하고 있다. 부정하게 번 돈은 엄마의 가죽옷에 사용된다(가죽옷뿐이겠는가? 아파트 투기, 증권투자, 과소비 등등). 구린내는 가죽옷뿐만 아니라 온 집안, 온 동네로 퍼지면서 진동시킨다. 아빠, 엄마, 동네엄마들 모두가 부정부패의 공범이다. 이들은 "보아도 보지 못하고 들어도 듣지 못하고 깨닫지도 못하는"(마태 13, 13) 사람들이다. 이러한 아빠, 엄마가 이루는 가정에서 자녀들이 무슨 올바른 교육을 받으며 자랄 수 있겠는가? 자녀들이 가정에서 부정으로 오염된 물을 마실 수밖에 없는 이 사회의 현실 속에서 정직이라는 어린이의 눈과 입과 코는 구린내를 맡고, 정의를 외치며, 이를 고발한다. 부패문화로 가득한 사회구조와 삶의 구조에 저항하는 것이다. 부모의 구린내를 고발하는 어린이처럼 교회는 사회를 향해 저항의 영성을 보여야 한다.

---

15. 부패감시 국제 민간단체인 국제투명성기구(TI · Transparency International)는 7일 세계에서 가장 청렴한 나라는 핀란드이며, 한국의 청렴성 순위는 조사대상 133개 국가 중 50위라고 발표했다(조선일보, 2003년 10월 7일).

저항의 영성은 그 실천을 위해 관찰observation, 판단judg-ment, 행동action이라는 과정이 필요하다. 이 과정을 따를 때 올바른 실천이 될 수 있다. 그러나 이 과정을 위한 전제조건은 저항의 대상을 향한 '영적 식별'spiritual discernment이다. 영적 식별은 우리와 하느님 사이의 차이점을 보기 위하여 우리의 내적 혼돈을 살펴보는 것이다. 식별은 우리의 것에서 하느님의 것을 구별하는 것이다. 문화적 저항을 위한 영적 식별은 개인적, 공동체적 차원을 포함하며, 더 나아가 일반적인 학문(미디어 교육, 사회심리학 등)의 도움을 받아야 한다. 이러한 영적 식별은 그리스도교적 관점에서 문화의 긍정적인 면과 부정적인 면을 분별해낼 수 있다.

궁극적으로 저항의 영성은 죽음의 문화에 저항으로 끝나는 것이 아니라 대안을 제시해야 한다. 다시 말해, 교회와 그 구성원인 우리는 문화에 대한 저항의 영성을 통해 '나눔의 영성', '살림의 영성', '어울림의 영성'으로 나아가야 한다.[16] 그러나 여기서 유의할 점은 교회 문화 자체도 세상의 저항에 노출되어 있다는 것이다. 교회 문화 역시 세상(현대 문화)의 비판과 고발을 통해 복음화 되어야 하는 대상이기 때문이다. 교회 문화의 복음화를 위해 그리스도교의 깊은 전통 속에 이어져 내려오는 신앙의 실천들— 기도, 성사, 투신, 공동체 생활 —이 도움이 될

16. 이천진, 「N세대와 영성」, 『기독교세계』, 2000년 5월, 16쪽.

것이다. 현대 문화이든 교회 문화이든 모든 문화는 저항의 영
성으로 정화되고, 그럼으로써 나눔과 살림과 어울림이라는 하
느님 나라를 실현하기 위해 창조의 영성을 필요로 한다.

(2) 창조의 영성

창조는 사전적인 의미로 이제껏 없었던 것을 새로이 만들어
내는 일이다. 그리스도교에서는 하느님이 우주만물을 무에서
만드셨음을 창조의 원형으로 고백하고 있다. 특히, 하느님은
인간을 당신의 모상대로 지으시고 모든 피조물을 다스리도록
문화명령을 내리셨다. 인간이 하느님의 모상으로 창조되었다
는 사실은 모든 사람이 하느님의 창조능력을 부여받았음을 의
미한다. 창조성은 선택받은 소수의 전유물이 아니라 모든 사람
이 가지고 있는 특권이다. 인간은 자신이 지니고 있는 창조능
력으로 하느님의 문화명령을 수행해야 한다. 따라서 인간은 이
름을 짓는 자, 상징을 찾는 자, 이미지를 만들어 내는 자가 된
다.(창세 2, 19 이하) 다시 말해 인간은 문화적 행위를 통해 삶을
창조해내고 하느님의 뜻을 실현한다.

성서의 전통에서 보면, 모든 해방과 구원은 하느님의 창조
행위다. 보만Boman은 이 사실을 다음과 같이 서술하고 있다.
"하느님의 창조 행위는 창세에 국한된 것이 아니다. 창조는 모
든 시대를 통하여 적극적으로 개입하는 하느님의 구원 행위를

표현하는 집합 개념이다."[17]

프랑스의 고고학자인 떼이야르 신부에 따르면, 진화라는 현상에는 '창조'가 깃들여 있어서 하느님이 마법의 지팡이를 든 요술쟁이처럼 당신의 창조 과업을 지금 눈에 보이는 상태처럼 뚝딱하고 완결시킨 것이 아니라 만물의 최종 완성을 위한 창조 과정에 끊임없이 개입하시고, 작용하시는 분으로 보았던 것이다.[18]

누구에게나 하느님의 선물로 주어진 창조라는 삶의 방식을 선택하는 삶이 바로 그리스도의 영성이며 창조의 영성이다. 그것은 복음에 근거한 그리스도인의 삶의 태도이다. 자비와 평화를 지향하는 가치들— 용서, 치유, 나눔, 약함을 받아들이기, 자유에 대한 존중 —을 실현하는 태도이다. 따라서 창조의 영성은 '문화를 통한 복음화'와 연결된다. 세속 문화이든 교회 문화이든 그것을 복음화의 수단과 도구로 사용하여 복음적 가치를 적극적으로 실현할 수 있다.

그리스도인은 창조의 영성을 유지하고 실천하기 위한 조건으로 그리스도교 전통을 회복하고 생활화해야 한다. 문화적 고

17. Torleif Boman, *Hebrew Thought Compared with Greek* N.Y.: Norton, 1960, p. 173.
18. 김용기, 「현대 영성가 시리즈: 첨단 과학 시대에 걸맞은 신앙 이해, 떼이야르 드 샤르댕1」, 『생활성서』, 2007년 1월호, 20쪽.

립주의에 대항하는 데에는 그리스도교의 '공동체' 정신, 그리
스도인의 정체성을 확립시켜 주는 '기도', 인격체의 삶을 형성
해 주는 '성사'를 들 수 있다. 예를 들어, 예수회 카바나 신부는
기도를 다음과 같이 설명하고 있다.

　　기도는 문화에 저항하는 행위일 뿐만 아니라 우리의 인간성, 정체성
에 관한 재확인이며 또한 산산이 부서진 우리의 삶을 서로 다시 연결
시키고 본연의 우리로 — 탈 상품화되도록 — 되돌아오게 한다.[19]

　　사도 바오로가 말했듯이 "믿음이 들음에서 온다면"(로마 10,
14), 현대 문화 안에 무엇이 영적인 '믿음의 귀머거리'faith-
deafness로 이끄는지 그리스도인은 기도를 통해 인식하게 되
고, 다시 들을 수 있는 귀를 회복하는 은총을 받게 될 것이다.
　　그리스도교가 주창하는 문화의 복음화와 문화사목은 저항의
영성에서 창조의 영성으로 나아가는 문화의 영성을 통해 나눔,
살림, 어울림이라는 하느님 나라를 이 땅에 건설하는 것이다.

---

19. John F. Kavanaugh, *Following Christ in a Consumer Society.* (존 프란시
　　스 카바나, 오장균 옮김, 「소비사회에서 그리스도를 따르기」, 도서출판 지평,
　　1998, 229쪽).

참고문헌

1. 교회 문헌

「광고윤리」(1997)
교황청 문화평의회, 「문화에 대한 사목적 접근」(Towards a Pastoral
　　　　Approach to Culture, 1999).
「교회와 인터넷」(2002)
「교회의 선교사명」(1990)
「놀라운 기술」(1963)
「매스커뮤니케이션 윤리」(2000)
「새로운 시대」(1992)
「인터넷 윤리」(2002)
「일치와 발전」(1971)
「현대의 복음선교」(1975)
"Miranda Prorsus", *AAS*, XXIV, 1957.

2. 국내 문헌

『가톨릭 신자의 종교의식과 신앙생활』(가톨릭신문 창간 80주년 기념
　　　　신자 의식 조사 보고서), 통합사목연구소, 가톨릭신문사, 2007.
감성건, 『세계화와 영성』, 프리칭아카데미, 2006.
강영옥, 「여성의 권리 증진을 위한 교회의 역할」, 『사목』, 1999년 9월,
　　　　248호.
강철근, 『한류이야기』, 도서출판 이채, 2006.
권태호, 「아침햇발: 빵과 중미」(한겨레신문, 2006년 11월 9일).

김경재, 『문화신학담론』, 대한기독교서회, 1997.

김민수, 「문화의 복음화(2): 구시대적 문화 개념을 버려라!」, 『사목』, 한국천주교중앙협의회, 2003년 2월, 289호.

______, 「외면당하는 교회 서적의 현실과 제안」, 『사목』, 한국천주교중앙협의회, 2001년 5월, 268호.

______, 「종교방송의 공익적 성격에 대한 분석: 종교 케이블TV 3사를 중심으로」, 『2000방송실무논문집』, 방송문화진흥회 엮음.

김상봉, 「창간사: 시대의 전환과 인문학의 부흥」, 『신인문』, 1997년 제1호 창간호.

김영동, 「복음과 문화」, 『교회와 신학』, 2002년, 가을호, 제50호.

김영수, 『이슬 마르지 않는 나라에서』, 가톨릭출판사, 2001.

김영한, 『한국기독교 문화신학』, 성광문화사, 1995.

김용기, 「현대 영성가 시리즈: 첨단 과학 시대에 걸맞은 신앙 이해, 떼이야르 드 샤르댕1」, 『생활성서』, 2007년 1월호.

______, 『멀티미디어 시대의 복음화』, 가톨릭대학교 신학대학 대학원 석사논문, 2000.

김웅태, 『종교의 현대적 적응』, 가톨릭대학교출판부, 2001.

김창남, 『대중문화의 이해』, 한울아카데미, 1998.

라틴 아메리카 주교회의 제3차 총회, 『푸에블라, 라틴 아메리카의 현재와 미래의 복음화』, 1979.

맹영선, 「토마스 베리의 우주론적 생태신학」, 『우리신학』, 2002, 창간호.

민경석, 「미주 교회 내의 권위주의와 가톨릭의 권위주의적 풍토」, 『한국 가톨릭교회 이대로 좋은가? II: 예수 그리스도와 교회의 권위주의』, 서공석·정양모 엮음, 분도출판사, 1999.

박광수, 『광수생각』, 소담출판사, 1998.

박구용, 「역사는 발전하지 않는다」(한겨레신문, 2006년 8월 16일).

박금옥, 『오늘의 복음화: 회개, 친교, 전달』, 가톨릭교리신학원.

박문수, 「가톨릭신자의 종교의식과 신앙생활 실태로 본 미래 교회 전망: '가톨릭신문 창간 80주년 기념 신자의식 조사보고서'를 기초로」, 통합사목연구소 6차 연구발표회, 『한국인의 종교심성을 통해 본 가톨릭교회의 발전방향』, 2007년 6월 21일, 명동성당 별관.

박양식, 『성경에서 찾은 문화선교전략』, 예영커뮤니케이션, 2002.

박재복, 「한류, 글로벌 시대의 문화경쟁력」, 『Seri 연구에세이』 제36권, 삼성경제연구소, 2005.

방정배 · 한은경 · 박현순, 「한류와 문화 커뮤니케이션」, 커뮤니케이션북스, 2007.

배경민, 「토착화의 중요성 소고: FABC 토착화 회의에서」, 『선교』, 2000년 봄, 8호.

______, 『현대 복음화: 교회의 선교학 총론』, 분도출판사, 2006.

배영호, 「"2005년 한국 천주교회 통계"를 발표하며」, 2006년 6월 12일 (2006년 5월 한국통계청에서 발표한 "종교인구" 부문에 대한 설명서).

서공석 · 정양모 엮음, 『한국 가톨릭교회 이대로 좋은가? II: 예수 그리스도와 교회의 권위주의』, 분도출판사, 1999.

서울가톨릭사회복지회, 『본당 사회복지 활동안내서』, 2000.

서울대교구 200주년 기념 사목 의안집, 「교리교육의안」, 1984.

서울대교구 시노드, 『선교 · 신앙 교육의안』, 2003.

신승환, 「이 시대 이 문화: 69. 생명교육의 목표와 내용」(가톨릭신문, 2006년 10월 22일).

신응철, 『기독교 문화학이란 무엇인가』, 북코리아, 2006.

심광현, 「신자유주의와 시민사회의 위기: 문화적 공공 영역의 출현」, 『21세기 한국 사회와 공공 영역 구축의 전망』, 문화과학사 게릴라 총서, no. 13, 1998.

심상태, 「21세기 새 복음화의 과제와 한국 교회」, 제3회 새천년복음화 사도회 심포지엄, 2006년 10월 21일, 가톨릭회관 7층 대강당.

심상태, 「새로운 복음화의 의미 연구」, 『한국그리스도사상』, 제3집, 한국그리스도사상, 1995.

______, 「한국 천주교회의 토착화 전망」, 『사목』, 1987년 5월, 111호.

______, 『「제삼천년기」와 한국 교회의 '새복음화'』, 한국그리스도사상연구소, 1998.

오스카 G. 브로켓, 김윤철 옮김, 『연극개론』, 한신문화사, 1990.

요한 바오로 2세, 「교황청 문화평의회 설립 교서」(1982. 5. 20): AAS LXXIV, 1982.

______, 「제19차 CELAM 정기 총회에서의 연설」, AAS LXXXV, 1983.

______, 교황청 문화평의회에 행한 연설(1985년 1월 15일).

우리신학연구소, 「가톨릭신자의 종교의식과 신앙생활」, 『가톨릭신문 창간 70주년기념 신자 의식조사 보고서』, 가톨릭신문사, 2000.

유승학, 「한국 교회 안에서 청년」, 서울대교구 청소년국–가톨릭대학교 사목연구소 공동주최 학술심포지엄 "청년 사목의 현실과 전망" 중에서, 2006년 11월 11일.

윤민구, 「한국천주교회의 본당사목」, 『한국천주교회사의 성찰』, 최석우 신부수품 50주년 기념논총 제2집, 한국교회사연구소, 2000.

이동연, 『문화부족의 사회: 히피에서 폐인까지』, 책세상, 2005.

______, 『아시아 문화연구를 상상하기』, 도서출판 그린비, 2006.

이상훈, 『신학적 문화 비평, 어떻게 할 것인가?』, 예영커뮤니케이션, 2005.

이정덕, 『21세기 한국의 문화혁명』, 살림출판사, 2004.

이종록, 『성서로 읽는 디지털 시대의 몸 이야기』, 책세상, 85권, 2004.

이천진, 「N세대와 영성」, 『기독교세계』, 2000년 5월.

이해영, 『낯선 식민지, 한미FTA』, 메이데이, 2006쪽.

잔 네더빈 피더스, 「혼융화로서의 세계화」, 롤런드 로버트슨 · 브라이언 S. 터너 외 공저, 윤민재 편역, 『근대성, 탈근대성 그리고 세계화』,

사회문화연구소, 2000.

장경철, 「미디어 활용을 위한 신학적 이해」, 『21세기의 도전과 문화선
  교』, 대한예수교장로회사회부 편, 한국장로교출판사, 2000.

정성하, 『종교와 문화의 사이공간과 선교』, 한들출판사, 2004쪽.

정수복, 「지하철 속의 일상 문화」, 『일상속의 한국문화: 자기성찰의 사
  회학2』, 일상 문화연구회 편, 나남출판, 1998.

정일, 「새로운 복음화를 위한 토착화」, 『선교』, 2000, 봄, 8호.

정제천 · 박일 옮김, 『영성신학』, 가톨릭출판사, 2007.

조엘 베스트 지음, 안진환 옮김, 『댓츠 어 패드』, 사이 출판사, 2006.

진교훈, 「21세기와 교회 문화-」, 『사목』, 한국천주교중앙협의회, 1997년
  6월, 221호.

최인식, 『다원주의 시대의 교회와 신학』, 한국신학연구소, 1996.

토머스 L. 프리드만, 김상철 외 옮김, 『세계는 평평하다』, 창해, 2005.

편집부, 「천주교, 불교의 권력신화를 넘어」, 『기독교사상』, 2003년 3월
  호, 제47권, 통권 531호.

평신도분과 전문위원회, 「한국 교회 토착화를 위한 사목방향」, 『사목』,
  1985년 3월, 98호

한국 교회사 연구소, 「사목직」, 『한국가톨릭대사전』, 제6권, 분도출판
  사, 1998.

한국가톨릭대사전편찬위원회, 『한국가톨릭대사전』, 가톨릭출판사,
  1991.

한국천주교중앙협의회, 2005년 통계.

홍석표, 「교회에서의 문화선교를 위한 연구 – 지역 교회 문화선교사역
  지침 마련을 위하여」, 장로회 신학대학교 대학원, 대학원논문,
  2002.

황종렬, "한국신학의 관점에서 본 문화의 복음화," 「문화의 복음화, 그
  현재와 미래」워크숍, 한국천주교 주교회의 매스컴위원회 주최,
  2004년 11월 5일.

「'다름'에서 찾는 '같음'이 아름답다」(평화신문, 2002년 5월 19일).
[한국까르푸] 마크 욱생 사장, 「문화센터 한국에만」(조선일보, 12월 10
    일).

3. 외국 문헌

Andrew M. Greeley, *God in Popular Culture*, Illinois: The
    Thomas More Association, 1988.

Anselm Grün OSB, *Spiritualität von unten*, 1994. (안셀름 그륀, 전
    헌호 옮김, 『아래로부터의 영성』, 분도출판사, 1999).

______, *Der Himmel Beginnt in Dir*, 1994. (안셀름 그륀, 정하돈 옮
    김, 『하늘은 네 안에서부터』, 분도출판사, 1999).

C. A. van Peursen, *Cultuur in stroomversnelling: Een geheel
    bewerkte uitg. van Strategie van de cultuur*, Elservier,
    1975.(C.A. 반 퍼슨, 강영안 옮김, 『급변하는 흐름 속의 문화』, 서
    광사, 1994).

Carlo Maria Martini, *Communicating Christ to the World*,
    trans., Thomas M. Lucas, S.J., Claretian Publications:
    Diliman, Quezon City, 1996.

D. Bosch, *Transforming Mission*, 1991

Donal Dorr, *Spirituality and Justice*, Orbis Books, Maryknoll,
    N.Y., 1984. (도날 도어, 황종렬 옮김, 『영성과 정의』, 분도출판
    사, 1990).

Emile Durkheim, *The Elementary Forms of Religious Life*,
    Joseph Ward Swain, trans., London, Allen and Unwin,
    1915.

Faith Popcorn and Lys Marigold, *Clicking: 17 Trends That Drive*

Your Business—And Your Life, Revised, N.Y.: Harper Business, 1998.

Franz-Josef Eilers, *SVD, Communicating in Community*, 3rd eds., Logos Publications, Manila, 2002.

Gallagher, Michael Paul, S.J., *Clashing Symbols: An Introduction to Faith and Culture*, Paulist Press: New York, NJ, 1998.

George Ritzer, *The McDonaldization of Society*, C.A.: Sage Publications. (조지 리처, 김종덕 옮김, 『맥도날드 그리고 맥도날드화』, 도서출판 시유서, 1999).

Gustavo Guttierrez, *We drink from our wells.* (구스타보 구띠에레즈, 김문호 옮김, 『우리의 우물에서 생수를 마시련다』, 한국신학연구소, 1986).

H. Richard Niebuhr, *Christ and Culture Harper & Row*, 1956. (리차드 니버, 김재준 옮김, 『그리스도와 문화』, 대한기독교서회, 1997).

Emmanuel Levinas, *Ethics and Infinity*, Duquesne University Press, 1985.

______, *Time and the Other and Additional Essays*, Duquesne University Press, 1987.

H. Schuster, *Pastoral Theology*, Sacramentum Mundi, Vol. 2.

Hans Kung, "Epilogue," *Christianity and Chinese Religions*, Eds., Hans Kung and Julia Ching, New York: Doubleday, 1988.

Harvey Cox, *The Secular City: Secularization and Urbanization in Theological Perspective*, The Macmillian Company: New York, 1966.

J. F. Kavanaugh, *Following Christ in a Consumer Society*,

Orbis Books, Maryknoll, N.Y., 1991. (존 프란시스 카바나, 오 장균 옮김, 『소비사회에서 그리스도를 따르기』, 도서출판 지평, 1998).

James W. Carey, *Communication as Culture*, New York: Routledge, 1988.

Joana Breidenbach and Ina Zukrigl, *Tanz der Kulturen*, Munchen: Verlag Antje Kunstmann GmbH, 1998(요아나 브 라이덴바흐 · 이나 추크리글, 안성기 옮김, 『춤추는 문화: 세계화 시대의 문화적 다원화』, 영림카디널, 2003).

John F. Kavanaugh, *Following Christ in a Consumer Society*. (존 프란시스 카바나, 오장균 옮김, 『소비사회에서 그리스도를 따 르기』, 도서출판 지평, 1998.)

Joseph S. Nye. Jr., "Soft Power." *Foreign Policy* 80, Fall 1990.

Kim, Kwang-Ok (1993). "The Religious Life of the Urban Middle Class," *Korea Journal*, 1993, Vol. 33, No. 3.

M. Eliade, *Image and Symbols*, London: Sheed and Ward, 1961.

Marilyn J. Matelski, *Vatican Radio: Propagantion by the Airwaves*, London: Praeger, 1995.

Michael Paul Gallagher, SJ., *Clashing Symbols: An Introduction to Faith and Culture*, Paulist Press: New York, 1998.

Mike Featherstone, "Localism, Globalism, and Cultural Identity," *Global Local*, Duke University Press, 1996.

______, "The Body in Consumer Culture," *Theory, Culture, and Society*, Vol. 1..

Naisbitt, John & Patricia Aburdene, *Megatrends 2000*, N.Y.: William Morrow and Company, Inc., 1990.

Ohmae, K., *Beyond National Borders: Reflections on Japan and* the World, Tokyo: Kodansha, 1987.

Patricia Aburdene, *Megatrends 2010: the Rise of Conscious Capitalism*. (패트리셔 애버딘, 윤여중 옮김, 『메가트렌드 2010』, 청림출판사, 2006).

Patrick Granfield, "The Theology of the Church and Communication," *The Church and Communication*, Kansas City, Sheed & Ward, 1994.

Paul Tillich, *Theology of Culture*, New York: Oxford Press, 1959. (폴 틸리히, 김경수 옮김, 『문화의 신학』, 대한기독교서회, 1997).

Peter Berger, *Religion and Globalization*, Sage Publications: London, 1994.

______, *The Desecularization of the World: Resurgent Religion and World Politics*. (피터 버거, 김덕영 · 송재룡 옮김, 『세속화냐? 탈세속화냐?』, 대한기독교서회, 2002.)

R. Williams, *Culture*, Fontana: London, 1981.

______, *Keywords*, London: Fontana, 1983.

Robert A, White, SJ, "Communication planning for Church Renewal," ed., Victor Sunderaj, *Pastoral Planning for Social Communication*, Paulines: Montreal, QC, 1998.

Robert E. Webber, *The Secular Saint: The role of the Christian in the Secular world*, 1984. (로버트 E. 웨버, 이승구 옮김, 『기독교 문화관』, 도서출판 엠마오)

Robert J. O'Donnell, CSP, "John Paul II on Evangelization of Culture in the United States," *The Living Light*, 1993, Vol. 30.

Robert Wuthnow, *After Heaven: Spirituality in America Since the 1950s*, Berkeley: University of California Press, 1998.

Romanowski, William D. *Eyes Wide Open*, Brazos Press, 2001. (윌리엄 로마노프스키, 정혁현 옮김, 『맥주 타이타닉 그리스도인: 기독교 세계관으로 대중문화 읽기』, IVP, 2004)

Ronald Robertson, *Globalization: Social Theory and Global Culture*, London: Sage, 1992.

Rudolf Otto, *The Idea of the Holy: An Inquiry into the non-rational factor in the idea of the divine and its relation to the rational*, John W. Harvey, trans., Oxford University Press, 1923.

S. Acquaviva, *The Decline of the Sacred in Industrial Society*, trans., Particia Lipscomb, Harper & Row Publications: New York, 1979.

S. P. Huntington and L. E. Harrison, *Culture Matters: How Values shape*, Human Progress, N.Y.: Basic Books. (새뮤얼 헌팅턴 · 로렌스 헤리슨, 이종인 옮김, 『문화가 중요하다』, 2001, 김영사).

Smith, Wifred C. *The Meaning and End of Religion*, Augsburg Fortress Publishers, 1991. (윌프레드 캔트웰 스미스, 길희성 옮김, 『종교의 의미와 목적』, 분도출판사, 1997).

Stephen Crook, et al., *Postmodernization: Change in Advanced Society*, Sage: London, 1992.

Steve Bruce, *Religion and Modernization*, Clarendon Press: Oxford, 1992.

Thomas F. O'Meara, O.P., *Theology of Ministry*.

Torleif Boman, *Hebrew Thought Compared with Greek* ,N.Y.: Norton, 1960.

Tylor, E. B. *The Origin of Culture*, N.Y: Harper and Row, 1958.

Ulf Hannerz, *Transnational Connections*, London, 1996.

Vincet J. Miller, *Consuming Religion: Christian Faith and Practice in a Consumer Culture*, N.Y.: The Continuum International Publishing Group Inc., 2003.

Warren, Michael, *Seeing through the Media*, Trinity Press International: Harrisburg, Pennsylvania, 1997.

4. 인터넷 문헌

http://cafe.daum.net/ellia
http://emcenter.or.kr
http://www.dala.co.kr/
http://www.dybs.or.kr/
http://www.keapa.or.kr/
http://www.ewtn.com/(미국 Eternal World Television Network)